L'OUVERTURE DES FRONTIÈRES EUROPÉENNES DANS LES ANNÉES 50

Fruit d'une concertation avec les industriels ?

P.I.E.-Peter Lang
Bruxelles · Bern · Berlin · Frankfurt/M · New York · Oxford · Wien

EUROCLIO est un projet scientifique et éditorial, un réseau d'institutions de recherche et de chercheurs, un forum d'idées. EUROCLIO, en tant que projet éditorial, comprend deux versants : le premier versant concerne les études et documents, le second versant les instruments de travail. L'un et l'autre visent à rendre accessibles les résultats de la recherche, mais également à ouvrir des pistes en matière d'histoire de la construction/intégration/unification européenne.

La collection EUROCLIO répond à un double objectif : offrir des instruments de travail, de référence, à la recherche ; offrir une tribune à celle-ci en termes de publication des résultats. La collection comprend donc deux séries répondant à ces exigences : la série ÉTUDES ET DOCUMENTS et la série RÉFÉRENCES. Ces deux séries s'adressent aux bibliothèques générales et/ou des départements d'histoire des universités, aux enseignants et chercheurs, et dans certains cas, à des milieux professionnels bien spécifiques.

La série ÉTUDES ET DOCUMENTS comprend des monographies, des recueils d'articles, des actes de colloque et des recueils de textes commentés à destination de l'enseignement.

La série RÉFÉRENCES comprend des bibliographies, guides et autres instruments de travail, participant ainsi à la création d'une base de données constituant un « Répertoire permanent des sources et de la bibliographie relatives à la construction européenne ».

L'OUVERTURE DES FRONTIÈRES EUROPÉENNES DANS LES ANNÉES 50

Fruit d'une concertation avec les industriels ?

Marine Moguen-Toursel

Euroclio n° 23

Die Deutsche Bibliothek – CIP-Einheitsaufnahme

Moguen-Toursel, Marine / L'ouverture des frontières européennes dans les années 50. Fruit d'une concertation avec les industriels ? / Marine Moguen-Toursel. – Bruxelles ; Bern ; Berlin ; Frankfurt/M. ; New York ; Oxford ; Wien : PIE Lang, 2002
(Euroclio : Études et documents, No.23)
ISBN 90-5201-964-9

PRESSES INTERUNIVERSITAIRES EUROPÉENNES
Bruxelles, 2002
E-mail: info@peterlang.com
www.peterlang.com

ISSN 0944-2294
ISBN 90-5201-964-9
D/2002/5678/02

Avant-propos

Un travail de thèse est le fruit d'une multitude d'expériences et de rencontres. Il est donc forcément redevable à un nombre considérable de personnes, qui y ont toutes contribué sur des plans fort divers, mais que je ne pourrai malheureusement pas citer avec exhaustivité sous peine de réaliser un catalogue fastidieux.

Je tiens d'abord à remercier tous mes proches qui m'ont énormément aidée, ne serait-ce que par leur intime conviction que ce travail toucherait un jour à sa fin.

Je voudrais également remercier le professeur Alain Plessis, qui a été mon directeur de thèse, pour son soutien inconditionnel pendant toutes ces années. Je suis reconnaissante au professeur René Girault de m'avoir, à mi-parcours, prodigué de précieux conseils et donné la possibilité de publier mon premier article sur le sujet.

Sur le plan matériel, je suis redevable à plusieurs institutions qui ont facilité mes déplacements en archives étrangères, indispensables pour mener à bien un tel sujet : l'Institut universitaire européen où j'ai commencé mes recherches doctorales (en particulier, le responsable des archives, Jean-Marie Palayret, qui m'a permis par la suite de retourner au Poggiolo, le siège des archives des Communautés européennes à Florence), ainsi que le Deutscher Akademischer Austauschdienst (DAAD), le ministère français de la Recherche et le Conseil National de la Recherche Scientifique grâce auxquels j'ai pu me rendre plusieurs mois en Allemagne.

Depuis la soutenance de la thèse, les professeurs Michel Dumoulin et Éric Bussière, qui suivaient la progression du travail depuis de nombreuses années, m'ont grandement aidée à retravailler le texte pour en faire, je l'espère du moins, un véritable livre.

Louvain-la-Neuve, novembre 2001

Marine Moguen-Toursel

Table des matières abrégée

Avant-propos ... 7

Liste des abréviations ... 13

Liste des références d'archives ... 15

Préface ... 17
Par Alain Plessis

Introduction générale ... 21

PARTIE I – LA CONCEPTION PATRONALE DE LA CONSTRUCTION EUROPÉENNE DANS L'IMMÉDIAT APRÈS-GUERRE

Présentation des parties en présence ... 33

Chapitre I – Le rôle des groupes patronaux dans l'élaboration de la politique commerciale ... 39

- I. Les pressions des groupes patronaux dans les deux pays ... 39
- II. Des structures d'influence bilatérales pour les industriels ... 49
- III. Le lobbying dans le cadre européen ... 56
- Conclusion ... 61

Chapitre II – Le début du démantèlement de la protection des économies européennes à partir de 1949 ... 63

- I. Les débuts de l'abolition des restrictions quantitatives ... 63
- II. La hausse des tarifs douaniers accompagne les débuts de libération des échanges ... 74
- III. Conclusion ... 83

Chapitre III – Le type de relance européenne choisi par les organisations patronales françaises et allemandes ... 85

- I. Les ententes, pivot du mouvement d'unification dans la pensée patronale ... 85
- II. Le patronat européen se mobilise pour conserver les ententes ... 92
- III. Conclusion ... 105

Conclusion de la première partie ... 107

Partie II – L'action des industriels sur la libération des échanges dans le cadre de l'OECE

Les enjeux de la libération des échanges 111

Chapitre I – Une première tentative de libération des échanges (1949-1952) 115

I. Une libération très limitée 115
II. Une réaction en demi-teinte des industriels 119
III. L'échec de la libération des échanges 127
IV. Conclusion 131

Chapitre II – Une attitude opposée des industriels français et allemands face à la libération des échanges (1952-1955) 133

I. Un consensus entre l'État français et les industriels pour retarder l'ouverture des frontières ? 133
II. Une libération des échanges effective en République fédérale 152
III. Conclusion 163

Chapitre III – Les industriels français et allemands s'opposent à la poursuite de la libération des échanges (depuis 1955) 165

I. L'attachement des industriels français à la protection de leur économie 165
II. Les industriels allemands se désolidarisent de la politique commerciale de leur pays 181
III. Conclusion 192

Conclusion de la deuxième partie 195

Partie III – L'attitude des industriels dans la petite Europe

Les implications du Marché Commun en termes de politique commerciale 201

Chapitre I – Marché Commun ou Zone de libre-échange ? 203

I. Les prémices du Marché Commun 203
II. Les conceptions divergentes entre industriels allemands et français sur le contenu du Marché Commun 210

Chapitre II – Le débat sur la Zone de libre-échange 223
I. Le comité Maudling 223
II. La tentative de relance patronale 235
III. De nouvelles bases de discussion 243
Chapitre III – Le ralliement au Marché Commun 247
I. La résignation des industriels allemands… 247
II. L'adhésion des industriels français… 248
III. Le plan Rueff, un choix politique fort 251
IV. Les doutes persistants sur l'entrée de la France dans le Marché Commun… 256
Chapitre IV – La réalisation du Marché Commun (1959-1961) 261
I. La reprise de la libération des échanges français… 261
II. Les réactions des industriels aux ajustements tarifaires 265
III. L'accélération du Marché Commun. 271
IV. Conclusion 275
Conclusion de la troisième partie 279

Conclusion générale 281

Bibliographie 287

Sources 299

Index 303

Table des matières développée 307

Liste des abréviations

ACADI : Association des Cadres Dirigeants de l'Industrie
BDA : Bundesvereinigung der Deutschen Arbeitgeberverbände
BDI : Bundesverband der Deutschen Industrie
CECA : Communauté Européenne du Charbon et de l'Acier
CEE : Communauté Économique Européenne
CELPUF : Comité d'Étude et de Liaison du Patronat de l'Union Française
CFTC : Confédération Française des Travailleurs Chrétiens
CGA : Confédération Générale Agricole
CGC : Confédération Générale des Cadres
CGT : Confédération Générale du Travail
CIFE : Conseil des Fédérations Industrielles d'Europe
CNPF : Conseil National du Patronat Français
DIHT : Deutscher Industrie- und Handelstag
DIME : Direction des Industries Mécaniques et Électriques
ECA : Economic Cooperation Agency
FICA : Fédération des Groupements et Syndicats des Industriels, Commerçants et Artisans
EFAC : Compte Exportations, Frais accessoires
GATT : General Agreement on Tariffs and Trade
JEIA : Joint Export Import Agency
OECE : Organisation Européenne de Coopération Économique
OIE : Organisation Internationale des Employeurs
SGCI : Secrétariat Général de Coopération Interministérielle
UNICE : Union des Industries des Communautés Européennes

Liste des références d'archives

AHCE :	Archives historiques des Communautés Européennes (Florence)
AWB :	Archives Wilfrid Baumgartner conservées à la Fondation Nationale des Sciences Politiques (Paris)
BA :	Bundesarchiv (Coblence)
BAL :	Bayer-Archiv Leverkusen (Leverkusen)
CAMT :	Centre des Archives du Monde du Travail (Roubaix)
DE/AB :	Direction Européenne / Accords bilatéraux du ministère des Affaires étrangères (Paris)
DE/CE :	Direction Européenne / Coopération économique du ministère des Affaires étrangères (Paris)
HAAA :	Handelspolitisches Archiv des Auswärtigen Amtes (Bonn)
IHA :	Institut pour l'Histoire de l'Aluminium (La Défense)
IW :	Institut für Weltwirtschaft (Kiel)
MAE :	ministère des Affaires étrangères (Paris)
MIC :	ministère de l'Industrie et du Commerce (Fontainebleau)
RWWK :	Rheinisch-Westfälisches Wirtschaftsarchiv zu Köln (Cologne)
SAEF :	Service des Archives économiques et financières du ministère des Finances (Paris)

Préface

Le livre que voici provient du remaniement et de l'extension en vue de sa publication d'une thèse d'histoire soutenue par Marine Moguen devant l'université de Paris X-Nanterre. Son étude porte sur un sujet d'une grande importance pour la compréhension de l'intégration européenne, de la fin de la Seconde Guerre mondiale au début de la décennie 60 : quelle a été alors l'attitude des milieux patronaux face à la construction européenne, leurs réactions et finalement le rôle qu'ils ont joué au cours de ce long processus ? Ce sujet n'avait jusque là guère été abordé que dans des études souvent anciennes, reposant sur une documentation de seconde main. Le présent ouvrage porte plus précisément sur l'attitude des organisations patronales françaises et allemandes face à un mouvement profond de libération des échanges, avec la suppression progressive des contingentements, qui a représenté pour les entreprises de cette époque, habituées à être protégées par les contingents et les barrières douanières, un choc qu'on peut comparer à celui de la mondialisation pour celles d'aujourd'hui.

Pour traiter de manière approfondie un tel sujet, Marine Moguen a consulté et dépouillé avec soin une quantité impressionnante d'archives primaires, dispersées tant en France qu'en Allemagne, et pour la plupart inédites : archives politiques et diplomatiques, archives des administrations économiques, archives patronales...

L'originalité de son travail tient d'abord à sa perspective comparative, puisqu'elle confronte systématiquement les positions françaises et allemandes, tout en prenant souvent en compte les attitudes adoptées dans d'autres pays européens, comme le Royaume-Uni ou l'Italie, et aussi l'influence des États-Unis, qui représentent la puissance dominante. Ensuite, il faut saluer le souci constant de l'auteur de déglobaliser, afin de mieux comprendre une réalité fluctuante et extrêmement complexe, ce qui lui permet de dépasser une série d'idées reçues ou de mythes. Marine Moguen ne se contente pas d'examiner les prises de position des deux grandes centrales patronales, le CNPF en France et le BDI en Allemagne, et de leurs présidents respectifs, Georges Villiers et Fritz Berg, elle évoque des débats au sein de leurs instances dirigeantes, elle s'attache aux réactions d'autres associations patronales ; elle procède surtout à des changements d'échelle dans l'analyse, en observant l'attitude spécifique de certaines branches (l'automobile et la chimie notamment), et même parfois de certaines firmes, comme Renault et

Peugeot. De plus, en Allemagne comme en France, elle confronte les attitudes patronales avec les décisions des gouvernements, obéissant à la volonté politique d'une entente franco-allemande qui détermine la position des « États ». Là aussi elle montre sa volonté de déglobaliser ce qu'on appelle par commodité « l'État » toujours pour mieux appréhender les réalités.

De là la grande richesse de ce livre. Il montre que c'est une simplification abusive que d'opposer systématiquement une France plutôt protectionniste et frileuse et une Allemagne plus libérale et plus ouverte. Les attitudes des deux pays ont fortement varié avec le temps, et dans chacun d'eux que de clivages ! Entre des fédérations industrielles aux intérêts divergents, ou ayant une conception différente de leurs intérêts, et aussi entre les ministères ou les administrations. Ainsi, en France, le ministère des Finances a eu, dans l'ensemble, un point de vue plus libéral que celui de l'Industrie, dont les grandes directions entendent avant tout assurer la protection des intérêts nationaux, tandis que le ministère des Affaires étrangères d'abord très favorable aux négociations qui ont mené à la conclusion du traité de Rome, est devenu plus circonspect, à la fin des années 50, sur la question de l'ouverture des frontières.

Ce livre met aussi en lumière, par delà bien des divergences, et malgré la grande diversité des patronats européens, la réalisation de réelles convergences de points de vue entre les industriels français et allemands autour de la nécessaire protection de certains secteurs perçus comme sensibles : ainsi durant les années 1950-1955, il y a eu assez vite en France un consensus entre l'État et les industriels pour retarder l'ouverture des frontières, mais en RFA, après qu'ait été réalisée une libération effective des échanges, les industriels allemands se sont opposés à leur tour à la poursuite de cette libération. Remarquable est aussi la préférence, longtemps affirmée par les patronats français aussi bien qu'allemands, d'une approche contractuelle des relations par le biais des ententes, condamnées finalement par les institutions européennes.

Chemin faisant, Marine Moguen apporte beaucoup d'informations nouvelles, par exemple sur l'attachement des Français à la prise en compte par la construction européenne des territoires d'outre-mer, ou sur la conversion progressive du CNPF à la constitution d'un Marché Commun, perçu par lui tout à la fois comme un facteur de modernisation des structures et comme un garde-fou vis-à-vis de certains aspects de la politique dirigiste de l'État, dans le domaine économique et social. Ou sur l'attirance des patrons allemands pour une association européenne de libre-échange, d'où leurs hésitations entre la CEE et l'AELE…

Finalement, ce livre dense, en raison même de sa grande richesse, dont nous n'avons évoqué que quelques-uns des multiples apports, représente une contribution importante à l'histoire des années 1945-1961 en France et en Europe. Grâce à sa publication, il constitue désormais une référence précieuse et même obligée dans ce domaine.

Alain PLESSIS
Professeur émérite à l'université de Paris X-Nanterre

Introduction générale

> De l'Europe économique, [les patrons français] avaient une peur qui confinait à la panique. Exporter ne les intéressait pas. [...] Victimes d'un effroyable complexe d'infériorité à l'égard des industries allemandes, ils refusaient le jeu de la concurrence. Ils voulaient, à l'abri de la protection douanière et des frontières solidement fermées, continuer leurs petites affaires. Ils avaient de l'économie la conception de Méline : « Mon verre n'est pas grand, mais je bois dedans ». Or Jean Monnet, qui leur parlait d'un marché de 200 millions d'êtres humains, employait un langage qu'ils ne pouvaient comprendre.[1]

Ce type de position couramment exprimé dans le courant des années 60, émanant de hauts fonctionnaires français, a grandement contribué à aiguiser notre curiosité. De fait, quelles relations les milieux d'affaires européens ont-ils entretenu avec la construction européenne ?

Nous avons souhaité répondre successivement aux trois facettes de cette question : les industriels ont-ils eu un projet européen ? Les débuts de l'intégration européenne ont-ils correspondu à leurs aspirations ? Celles-ci ont pris des formes variées, voire contradictoires, selon le pays ou le secteur d'activités. C'est la raison pour laquelle nous avons souhaité concentrer notre étude sur deux pays, la France et la République fédérale d'Allemagne, afin de rendre compte de cette diversité des positions patronales et de déceler une éventuelle convergence entre elles. La troisième question sous-tendant notre étude est la suivante : les milieux d'affaires français et allemands ont-ils réussi à faire coïncider le processus d'intégration avec leurs aspirations ?

Comment appréhender ce groupe de personnes que nous avons qualifié jusqu'à présent « d'industriels », de « milieux d'affaires », de « patrons » ? Nous nous sommes en fait concentrés sur les organisations patronales des deux pays. Ces structures sont alors présidées par des personnalités charismatiques, qui sont restées vingt ans en poste. Il s'agit, dans un cas comme dans l'autre, d'européens convaincus. Mais n'est-ce pas l'arbre qui cache la forêt ? Ces présidents, de par leur fonction et leurs personnalités, ne prennent-ils pas des positions plus favorables à l'intégration européenne que leurs mandants ? Nous avons

---

1 Témoignage de Jacques de Bourbon-Busset, qui fut le directeur de cabinet de Robert Schuman, repris par Elgey, G., *Histoire de la IVe République. La République des illusions 1945-1951, Paris, 1965.*

souhaité avoir accès aux différentes commissions des organisations patronales afin de prendre connaissance des débats de l'époque et de voir comment les aspirations des Présidents y étaient relayées.

Les motivations politiques de la construction européenne dans l'immédiat après-guerre sont bien connues (la volonté de tourner le dos à la guerre, de tisser davantage de liens avec ses voisins, etc.), mais qu'en est-il des motivations économiques exprimées par les industriels ? Les acteurs économiques d'alors ont-ils encouragé le développement de l'intégration européenne, ont-ils cherché à l'arrêter ou à le remodeler ?

Notre angle d'approche est celui de la politique commerciale. L'ouverture des frontières représente, en effet, une des principales réalisations de la construction européenne au cours des années 50. Comment les industriels ont-ils répondu à ce défi ? Il nous semble que la construction européenne dans ce domaine, puissante et foisonnante au fil de cette décennie, est souvent apparue aux industriels français et allemands comme une menace pour leurs intérêts en même temps qu'une opportunité à saisir.

Quelle est la situation que connaissaient nos deux pays en termes de politique commerciale au début de notre période ?

L'héritage de la politique commerciale à la sortie de la guerre

Le recours aux restrictions quantitatives remonte à la fin du XIXe siècle. Il faut toutefois noter que les tarifs douaniers mis en place en 1892 à l'instigation de Jules Méline sont de l'ordre de 5 % *ad valorem*, ce qui représente une protection assez faible.

La crise de 1929 accentue la tendance. Les années 30 et 40 présentent un niveau de protection jamais atteint auparavant. Après le krach de 1929, les États-Unis et la Grande-Bretagne dévaluent leur monnaie. Leurs produits, bénéficiant d'une prime à l'exportation, envahissent le marché français. Le gouvernement français établit une surtaxe du change mais la Grande-Bretagne réussit à la supprimer. L'invasion des produits étrangers continue. Le gouvernement considère alors que, pour éviter de voir s'aggraver le chômage, il est nécessaire d'établir un système de contingentement. C'est, au départ, une mesure provisoire de « salut public »[2].

Certains industriels français ont contribué à monter un dispositif de contingentement de l'économie qui devait initialement durer quelques mois et permettre de franchir la crise qui s'annonçait. Ils se sont dépla-

2 « La France et la libération des échanges », in *Perspectives*, 6 mars 1954, p. 2.

cés à Berlin pour créer une Commission de coopération économique franco-allemande, car les contingents tels qu'ils étaient conçus à l'époque étaient un élément de collaboration économique entre les deux pays.

> C'était des contingents intelligents, c'est-à-dire des contingents libéraux, flexibles, dont la flexibilité permettait d'adapter la quotité du contingent aux variations du marché français. [...] En vertu de ce système, de 1930 à 1939, les contingents d'importation de matériel électrique en France ont été pratiquement multipliés par quatre. [...] À l'époque, ce système qu'on a voulu introduire reflétait un autre esprit, puis très vite, la paresse professionnelle combinée avec l'impéritie gouvernementale a faussé complètement cette notion. Il s'agissait de contingents qui devaient être contractuels au lieu d'être unilatéraux, qui devaient être des contingents établis sur des bases économiques et non pas des contingents fixés au hasard des commissions mixtes ou de réunions de fonctionnaires négociant des traités de commerce et statuant arbitrairement, sous la poussée d'ailleurs protectionniste de certaines organisations professionnelles.[3]

La France met en place un système renforcé de contingentement des importations et de surtaxes de change. Elle donne à son gouvernement les pleins pouvoirs douaniers qui lui permettent de majorer les droits de douane par simple décret et met fin aux accords multilatéraux avec les partenaires commerciaux pour ne plus privilégier que certains accords bilatéraux.

Une tentative fut entreprise par le gouvernement Blum pour assouplir la réglementation du commerce extérieur et préparer une reprise des échanges commerciaux. À cette fin, les décrets du 2 octobre 1936 réduisent de 15, 17 ou 20 % les tarifs douaniers de tous les produits non contingentés. Cette tentative dut être abandonnée dès 1937. La tendance à l'aggravation du protectionnisme devait s'achever dans l'organisation générale du commerce en temps de guerre, l'établissement d'un contrôle des changes rigoureux et général le 9 septembre 1939 et la mise sous régime de licences de tout le commerce extérieur. La guerre a ensuite consolidé cette situation[4]. L'extrême pénurie de devises avait ainsi conduit le gouvernement à poser le principe de la prohibition des échanges en novembre 1944. L'immédiat après-guerre voit un léger assouplissement de ces procédures. Dès 1946, on revient à une politique de contingentement des importations et des exportations.

---

3 Intervention de M. Davezac, représentant de l'industrie électrique, 1er mars 1954, Commission des relations économiques internationales, Archives du Conseil National du Patronat Français.

4 Avant-projet : existe-t-il pour la France des motifs sérieux de modifier les mécanismes dont dépend son économie ?, SGCI, 910004/2.

Le contingentement allemand remonte également à la fin du XIXe siècle. L'adoption d'un nouveau tarif douanier en 1879 marque le ralliement de Bismarck aux positions des protectionnistes. Le tarif adopté par von Bülow en 1902 confirme la tendance. Il est encore théoriquement en application après la Seconde Guerre mondiale, malgré la loi douanière de 1939.

En 1945, aucun échange commercial ne peut avoir lieu sans une autorisation écrite des autorités militaires alliées en Allemagne. Les gouvernements militaires achètent quelques biens étrangers avec des aides financières extérieures. Les importations concernent presque exclusivement des denrées alimentaires, des engrais chimiques et du carburant. Les gouvernements militaires se chargent également de vendre à l'étranger quelques matières premières allemandes. Le *Joint Export Import Agency* (JEIA) qui s'occupe du commerce extérieur de la bizone, britannique et américaine, pour le contrôle et la planification des échanges est créé le 1er janvier 1947. La zone française d'occupation ne met en place un organisme similaire qu'en octobre 1948. Il s'agit de l'Office du commerce extérieur ou « Oficomex »[5].

Le commerce extérieur allemand reste longtemps aux mains des puissances d'occupation. La naissance de la République fédérale d'Allemagne le 8 mai 1949, après la promulgation de la Loi fondamentale, ne signifie aucunement que le nouvel État est maître de sa politique étrangère ou de son commerce extérieur. Les États-Unis, le Royaume-Uni et la France possèdent un droit de regard jusqu'en 1951, en tant que membres de la Haute autorité alliée de contrôle. Jusqu'à cette date, ils sont donc à la fois juges et parties dans leurs relations économiques avec la République fédérale. Néanmoins, leur contrôle s'amoindrit rapidement. Dès mars 1950, le contrôle JEIA est en liquidation dans la branche chimique au profit des offices professionnels. La fin du statut d'occupation est fixée au 5 mai 1955. Mais les accords contractuels entre le Chancelier Adenauer et les trois hauts commissaires américains, anglais et français y mettent fin plus tôt que prévu.

Le 26 mai 1952, la République fédérale recouvre sa pleine autorité en matière intérieure et extérieure à l'exception toutefois du commerce inter-zone qu'elle entretient avec la République démocratique allemande, et de l'obligation de montrer le contenu des accords commerciaux réalisés aux Alliés. Elle est alors rattachée au Fonds monétaire international et à la Banque mondiale, comme elle l'était déjà à l'OECE depuis le mois d'octobre 1949.

---

5 Bollrath, P., *Die Zollabteilung der IHK zu Köln nach dem zweiten Weltkrieg*, RWWK, Archiv-Zoll Übersicht 1945-1985.

Les outils de la protection

Plusieurs outils de politique commerciale sont utilisés à cette époque pour réaliser une protection effective de l'économie : les restrictions quantitatives ou quotas, les tarifs douaniers, le commerce d'État, les mesures spécifiques, etc. Les contingents et les tarifs douaniers sont ceux dont l'incidence sur les échanges est la plus forte. Si les tarifs douaniers et leur impact sur l'économie ont souvent été étudiés, les restrictions quantitatives sont restées jusqu'ici ignorées de l'historiographie. Pourtant, il s'agit d'une arme redoutable de politique commerciale. Alors que le tarif douanier renchérit seulement le prix du produit importé, les restrictions quantitatives à l'importation, fixées en volume ou en valeur, n'autorisent aucune importation au-delà de la limite fixée par le contingent.

Les arguments en faveur de la protection ont pris des formes variées. Les secteurs doivent être aidés car ils sont stratégiques et garantissent l'indépendance du pays. Ou bien il s'agit d'industries naissantes qui ont besoin d'une protection temporaire afin d'atteindre un stade de développement qui les rende viables. Mais il est rare que les acteurs de l'époque dépeignent ouvertement le contingentement comme un outil de politique industrielle. Dans les années 50, la raison la plus couramment invoquée par les administrations compétentes pour justifier le maintien des restrictions quantitatives est la volonté de faciliter l'équilibre de la balance des paiements.

À ces avantages économiques s'ajoutent des avantages sociaux : la protection favorise l'emploi en écartant l'achat de produits étrangers au profit des produits nationaux. Même si ces arguments peuvent prêter à caution[6], il est facile de se rendre compte à quel point la question des contingents est centrale dans l'économie : elle touche aux prix, à l'activité des salariés, au budget de l'État, à la monnaie, etc.

Un nouveau postulat économique de croissance

Le but déclaré de toute la politique commerciale d'après-guerre est le relèvement du niveau de vie de la population. Les gouvernants se disent que la protection peut casser le taux de croissance de l'économie. Ce nouveau lien qui est fait au début des années 50 entre croissance et libre-échange est loin d'être évident d'un point de vue économique. Un livre de Paul Bairoch[7] a montré que l'expansion commerciale s'était accélérée

---

6 Le livre d'A. S. Milward, *Britain's Place in the World, A Historical Enquiry into Import Controls 1945-1960*, London, 1996, récuse l'idée selon laquelle le contingentement stimule l'emploi dans le pays.

7 Bairoch, P., *Mythes et paradoxes de l'histoire économique*, Paris, 1994, pp. 66-81.

pendant les périodes de renforcement du protectionnisme. Mais, l'idée développée dans l'immédiat après-guerre, est que seul le libre-échange est le garant d'une relance de l'économie. La prospérité ne peut être atteinte qu'en réduisant progressivement les restrictions aux échanges, et à terme en coordonnant les économies des différents pays d'Europe de l'Ouest. Les instances dirigeantes françaises sont persuadées que le protectionnisme a pénalisé la France en l'empêchant d'assurer l'expansion optimale de son économie.

C'est à cette conviction que répondent à la fois la mise en place du *General Agreement on Tariffs and Trade* (GATT) dès 1947 qui cherche à abaisser les tarifs douaniers, et le lancement d'un programme international de libération des échanges dans le cadre de l'Organisation européenne de coopération économique (OECE) en 1948 qui vise surtout au démantèlement des restrictions quantitatives.

Nous pouvons voir dans ce changement de politique commerciale, à l'instar de Gérard Bossuat[8], une France contrainte d'accepter une modernisation et une ouverture progressive de son économie en contrepartie d'aides matérielles de ses partenaires. Ou bien est-il plausible de voir dans cette nouvelle politique la volonté de changement de certains groupes d'hommes à des postes clé en France ? Jean Bouvier avait ainsi mis l'accent sur l'impulsion donnée par un groupe de hauts fonctionnaires qu'il avait surnommés les « néo-libéraux ». Il me semble que ces deux lectures, loin de s'exclure, peuvent fort bien se conjuguer.

La question de savoir si l'ouverture de l'économie était volontaire ou contrainte a fait l'objet d'importants débats en République fédérale. Le rôle capital du commerce extérieur allemand comme moteur de la croissance met un éclairage particulier sur les choix de politique commerciale du pays. Ces choix sont-ils déterminés par des intérêts nationaux ou ont-ils été appliqués en raison de la volonté des puissances étrangères ? Il existe des défenseurs de ces deux thèses. Alors que les premiers insistent sur la concordance des intérêts allemands et américains en faveur du libre-échange, les seconds mettent l'accent sur le rôle des puissances d'occupation et de la pression américaine en faveur des pratiques commerciales libérales. Pour notre part, nous donnerons un plus grand crédit à la première thèse, ayant trouvé de nombreux indices d'une réelle volonté allemande d'adhérer le plus rapidement possible au libre-échange. Quoi qu'il en soit, la République fédérale tire rapidement un grand profit économique de son adhésion aux thèses libérales. La ques-

[8] Bossuat, G., *La France, l'aide américaine et la construction européenne 1944-1954*, Paris, 1992, tome I.

tion ne se pose donc plus dans les mêmes termes, ce choix ayant rallié les différents intérêts économiques allemands.[9]

Des limites à la libération des échanges

Par conséquent, la libération des échanges entreprise en 1949 dans le cadre de l'OECE rompt avec le dirigisme du commerce extérieur qui prévalait depuis les années 30. Les restrictions quantitatives, qui représentaient jusque-là le moyen le plus efficace pour protéger la production nationale en limitant les importations, commencent à être démantelées. Mais la libération des échanges est loin d'être une suppression immédiate et totale des contingents. Parallèlement, les tarifs douaniers, qui étaient devenus obsolètes au fil des ans, regagnent de l'importance à l'instigation des gouvernements qui souhaitent maintenir une certaine protection.

De plus, la libération des échanges ne s'accompagne pas forcément de la libération de tous les indicateurs économiques, que ce soient les prix ou le change. Les calendriers de libération sont souvent distincts. En Allemagne, la libération des prix date de juin 1948 et précède donc celle des échanges. En France, au contraire, le blocage des prix institué par la loi du 30 juin 1945 et généralisé par le gouvernement Pinay le 11 septembre 1952 a persisté jusqu'en avril 1957.

L'importance des enjeux

Un marché fermé aux importations est donc un marché où la production intérieure est favorisée. Quel que soit son prix, elle trouve preneur. On peut aisément comprendre le profit qu'un industriel peut tirer du contingentement. Mais doit-on en conclure que les industriels ont cherché à le maintenir ?

Inversement, la libération des échanges permet une formidable expansion des échanges commerciaux et une amélioration de la productivité en modernisant l'appareil productif. Elle représente donc une formidable opportunité à saisir pour les industriels s'ils sont en mesure d'adapter leurs structures et de baisser leurs prix de vente.

L'importance des enjeux oblige les différents acteurs économiques à prendre position.

---

9 Bührer, W., « Erzwungene oder freiwillige Liberalisierung ? Die USA, die OEEC und die westdeutsche Aussenhandelspolitik 1949-1952 », in L. Herbst *et al.*, *Vom Marshallplan zur EWG : die Eingliederung der Bundesrepublik in die westliche Welt*, München, 1990, pp. 161-162.

Comment les gouvernements ont-ils géré les pressions intérieures émanant des représentants d'industriels et dans quelle mesure ces pressions ont-elles gêné ou stimulé les réductions tarifaires et contingentaires en Europe ? Par ailleurs, ne peut-on pas imaginer que les industriels profitent de la réduction tarifaire et contingentaire pour rétablir leur propre action régulatrice sur les marchés, d'autant que l'OECE et la Commission européenne ne s'y opposent pas ? Deux attitudes des milieux d'affaires étaient possibles : l'approche libérale, qui consiste à se préparer à affronter la concurrence économique des voisins européens avec de bons atouts (réduction des coûts pour baisser les prix de revient, modernisation de l'équipement, etc.) ; et l'approche contractuelle, qui consiste à accompagner l'intégration européenne d'une politique de cartellisation afin de maintenir des prix *minima* pour ne pas faire écrouler les cours ou de se partager le marché.

La France des années 50, tant dans les cercles patronaux qu'administratifs, se caractérise à la fois par des aspirations au libre-échange et par une volonté affirmée de maintenir la protection de l'économie. Les perspectives diffèrent selon le ministère d'appartenance (celui des Finances, des Affaires étrangères ou de l'Industrie et du Commerce). Elles diffèrent également selon la taille de l'entreprise à laquelle on appartient. Mais une autre raison de ce décalage pourrait être la perte de conscience des réalités économiques. Avec le blocage périodique de l'indicateur que constitue le cours du change et la politique de restriction des importations, les acteurs économiques ont perdu tout repère pour évaluer la compétitivité de l'économie française. Cet élément pourrait contribuer à expliquer l'excès de frilosité de certains et l'excès d'ambition des autres : certains sous-estiment largement les difficultés qu'aurait le pays à s'ouvrir aux échanges extérieurs, tandis que d'autres se refusent d'emblée à toute volonté d'ouverture. Il est frappant d'observer que la multiplication des rapports administratifs et patronaux réalisés dans le courant de la décennie sur l'ouverture de l'économie française aux échanges extérieurs n'a pas contribué à faire prendre le sens des réalités économiques. Or, l'économie française manifeste de réelles marques de faiblesse. La France s'est vue contrainte à deux reprises dans le courant des années 50 de suspendre le processus de libération des échanges et de rétablir l'intégralité des contingents. Afin d'expliquer ces difficultés françaises, nous serons amenés à mettre en exergue les mécanismes de blocage des prix et de surévaluation de la monnaie en France durant cette décennie.

L'incapacité de la France à respecter ses engagements au sein de l'OECE suscite plusieurs questions. Le rétablissement du contingentement a-t-il été le fruit d'une politique d'ensemble ou une réaction au coup par coup au vu des difficultés financières du pays ? A-t-il été décidé par les seuls fonctionnaires ou après consultation des autres acteurs de la vie économique que sont les milieux d'affaires et les syndicats ouvriers ? La réimposition des quotas est-elle une mesure strictement économique ou ne s'y mêle-t-il pas des raisons politiques ou stratégiques ? Plus globalement, nous pouvons d'ailleurs nous demander dans quelle mesure l'impulsion visant à alléger la protection de l'économie est motivée par des arguments politiques ou économiques. Pour remédier aux difficultés commerciales, les industriels ne se contentent pas de souhaiter le rétablissement du contingentement à l'importation. Ils s'efforcent également, tout au long des années 50, d'améliorer leur productivité.

Si, comme nous venons de le voir, la situation française nécessite une étude attentive avant de se prononcer sur les motivations des industriels à l'égard de la libération des échanges, la situation allemande semble plus évidente, les industriels de ce pays s'étant déclarés dès le début en faveur de l'ouverture des frontières et ayant effectivement pris toutes les mesures en ce sens. Mais cette simplicité n'est que de façade, la position des industriels allemands ayant fortement évolué au cours de la décennie.

Nous nous proposons donc d'analyser la naissance de la pratique patronale de l'Europe à l'aube des années 50 et les modalités de sa mise en œuvre au fil de la décennie, notamment à travers le dialogue qui s'instaure entre les organisations patronales et les ministères de leur pays en charge de la politique européenne.

En filigrane se pose la question des rapports entre les choix de politique commerciale (protection ou libre-échange) et la croissance du pays. Alan Milward arrive, dans son livre *Britain's Place in the World*[10], à la conclusion selon laquelle le choix du gouvernement britannique en faveur des quotas au cours de la période de forte expansion commerciale qu'étaient les années 50 était inapproprié en raison de leur très fort effet restrictif tant sur la croissance du commerce extérieur que sur celle de l'économie du pays. Au terme de notre étude, nous nous demandons si le contraire ne s'est pas produit en France, à savoir si le maintien de la protection jusqu'à une date avancée des années 50 n'a pas permis à l'économie française d'amorcer un nouveau virage et de sortir des difficultés qu'elle avait rencontrées au cours de la décennie.

---

10 Milward, A. S., *Britain's Place in the World, A Historical Enquiry into Import Controls 1945-1960*, London, 1996.

Démarche suivie

Notre démarche s'organisera autour de trois parties. D'abord, nous présenterons les intérêts en jeu, en prenant soin d'essayer de définir la conception patronale de la construction européenne. Ensuite, nous observerons l'action des milieux d'affaires sur la libération des échanges au sein de l'OECE. Enfin, nous étudierons les pressions qu'ils exercent sur la politique commerciale définie au sein du Marché Commun jusqu'en 1961, année qui représente la fin des quotas intra-européens sur les produits industriels et l'achèvement de la première période transitoire d'application du traité de Rome.

Partie I

La conception patronale de la construction européenne dans l'immédiat après-guerre

Présentation des parties en présence

I. Les organisations patronales des deux pays

Le Conseil national du patronat français (CNPF) représente à la fois l'industrie de production, la banque, l'assurance et le commerce, et il a la double compétence économique et sociale. Le départ du CNPF du Président de la Confédération générale des petites et moyennes entreprises, Léon Gingembre, en 1947 marque le début de la perte de l'appui des petits patrons.

Le CNPF a mis en place une commission de libération des échanges en mars 1950. Roger Nathan, précédemment Directeur des Relations économiques extérieures au ministère de l'Économie nationale, en assure la présidence. Toutes les grandes branches industrielles y sont représentées, mais l'industrie mécanique dispose d'un peu plus de représentants que les autres. Cette commission d'étude est en liaison directe avec les pouvoirs publics pour tout ce qui concerne la politique générale de libération des échanges. Sa compétence s'étend à l'Union française, ainsi qu'aux conventions telles que l'union douanière franco-italienne. Les activités de cette commission complètent celles de la commission du commerce extérieur, ainsi que celles de la commission des accords commerciaux, qui est avant tout un organisme d'enquête et de transmission tant auprès des professions que des administrations chargées du commerce extérieur.

D'autres structures patronales, représentatives de plus petits groupes, sont présentes en France : l'Association des cadres dirigeants de l'industrie (ACADI), le Centre des Jeunes Patrons, le Centre d'étude et de liaison du patronat de l'Union française, etc. Certains historiens[1] ont dénié au CNPF une grande importance dans le mouvement patronal français de la IVe puis de la Ve République, insistant sur les contradictions et les tensions qui parcouraient ce mouvement. Ils mettent en avant l'idée selon laquelle les modernisateurs patronaux n'ont pas agi à partir de cette structure.

---

[1] Cohen, E., « L'expérience Mendès France et le patronat », in F. Bédarida et J.-P. Rioux (dir.), *Pierre Mendès France et le mendésisme*, Paris, 1985, pp. 397-405.

Or, il nous apparaît qu'en ce qui concerne la politique commerciale, le CNPF a su rapidement se doter de structures de réflexion adaptées, qui lui redonnent une grande autorité dès le début des années 50. D'autre part, la lecture des bulletins des différents groupements patronaux nous permet d'affirmer qu'il n'y a pas de voix discordantes sur la libération des échanges ou la construction européenne au sein du patronat français.

En République fédérale, il existe deux organisations patronales distinctes, l'une pour les questions sociales et de travail, le *Bundesvereinigung der Deutschen Arbeitgeberverbände* ou BDA, l'autre pour les questions de production et d'économie, le *Bundesverband der Deutschen Industrie* ou BDI. Un bureau de liaison assure les contacts entre ces deux organisations. Il existe une troisième structure patronale, le *Deutscher Industrie- und Handelstag* (DIHT), qui coiffe l'ensemble des Chambres de Commerce et d'Industrie du pays.

Il a été question, en 1950, de mettre en place une structure unique pour les chefs d'entreprise de toutes les branches industrielles, en unissant le BDA et le DIHT. Mais les conditions préalables n'ont pas pu être réunies.

Le BDI regroupe trente-neuf organisations professionnelles qui comptent 80 % des industriels allemands. Les plus importantes d'entre elles sont celles de l'automobile, de la construction mécanique et de la chimie. Le système allemand de représentation patronale diffère du système français du fait de la présence au sein du BDI de douze représentants des *Länder*.

Apparu en 1949, le BDI a vu en quelques années sa position s'affermir. Très vite, et cela tient à la nouvelle conception du rôle des groupes de pression économiques dans l'après-guerre, il s'est inséré dans les négociations de politique économique avec le gouvernement fédéral. Il n'était d'ailleurs pas rare que le Chancelier Adenauer vienne assister en personne aux délibérations de ses grandes commissions internes.

Le DIHT n'a jamais eu l'importance du BDI. Ses prises de position sur l'intégration européenne ne sont pas très fréquentes et diffèrent rarement de celles de l'ensemble du mouvement patronal allemand[2].

Le premier Président du BDI, Fritz Berg, est resté plus de vingt ans en fonction, de 1949 à 1973. Georges Villiers présente une longévité quasiment similaire à la tête du CNPF (1946-1966).

---

2 Rhenisch, T., *Die deutsche Industrie und die Gründung der EWG*, Institut universitaire européen de Florence, Ph.D., 1994, p. 218.

Les deux présidents des structures patronales française et allemande possèdent un autre point commun. Ils appartiennent tous les deux à une entreprise de taille moyenne.

Fritz Berg a travaillé trois ans chez Ford à Detroit, avant de rentrer chez Altena. Il possédait une entreprise de transformation des métaux et présidait la fédération des industries d'articles métalliques quand il prit la tête du BDI. Parallèlement, il dirige les Chambres de Commerce et d'Industrie de Hagen et de Cologne et participe au Comité directeur du DIHT. Il est également membre du Comité d'organisation du Conseil des fédérations industrielles d'Europe (CIFE), qu'il dirige même pendant plusieurs années.

Diplômé de l'École des mines de Saint-Étienne, Georges Villiers reprend l'entreprise métallurgique familiale de Lyon qu'il fait fusionner avec une entreprise rivale. Il est alors à la tête de 700 employés. Parallèlement, il est membre du Conseil d'Administration de Berliet jusqu'en 1943. Maire de Lyon de 1941 à 1943, il est arrêté pour faits de résistance en juin 1944 et déporté à Dachau. C'est le premier Président du CNPF en 1946. Il crée le Conseil des fédérations industrielles d'Europe en 1949, qu'il dirige ensuite pendant de nombreuses années. Il est également à l'initiative d'un Comité franco-allemand en 1951.

Les deux Présidents sont également tous deux de fervents européens. Georges Villiers est favorable à toute concertation patronale en Europe, tandis que Fritz Berg perçoit le retard des pays européens sur les grands blocs que sont les États-Unis et l'Union soviétique. L'industrie allemande considère le Marché Commun comme un point de cristallisation d'une future unification économique de l'Europe. Les industriels allemands manifestent de l'intérêt pour l'intégration européenne. La section allemande du mouvement fédéraliste européen est la mieux organisée d'Europe, la plus influente et la mieux financée. De nombreux industriels y participent : Wilhelm Beutler (sidérurgiste, Président de l'organisation professionnelle de la branche et secrétaire général du BDI), Hermann-Josef Abs (banquier très influent, il est administrateur de la *deutsche Bundesbank* et de nombreuses autres institutions financières et industrielles), Günter Henle (Président de l'usine sidérurgique Klöckner Werke de Duisburg), etc.

Bien que le BDI soit présidé par le représentant d'une entreprise de taille moyenne, certains historiens[3] considèrent qu'il est, jusque dans les années 60, le porte-parole de la grande industrie de la Ruhr. La chimie dispose également de forts appuis au sein du BDI. Wilhelm-Alexander

---

[3] Berghahn, V., *Unternehmer und Politik in der Bundesrepublik*, Frankfurt-am-Main, 1985, p. 14.

Menne, qui présida l'organisation professionnelle de la chimie (le *Verband der Chemischen Industrie*) durant dix années à compter de sa création en 1946, est également vice-président du BDI. Âgé de 25 ans, il a dirigé une usine chimique à Londres qu'il a fait prospérer, avant de rentrer à la Glasurit-Werke. Dès l'immédiat après-guerre, il veut fonder un groupe d'intérêts chimiques en Allemagne. Il voyage énormément et, après 1945, crée de nouveaux réseaux basés sur les contacts qu'il a établis lors de ses voyages. Il a grandement aidé à la réinsertion de l'Allemagne dans les réseaux commerciaux internationaux.

II. Leurs interlocuteurs ministériels

Sans délaisser complètement les contacts avec les députés, les industriels français et allemands privilégient de manière croissante les relations avec les administrations de leur pays. Cette tendance tient au rôle prépondérant de l'État à cette période. Ce dernier établit les droits de douane, les contingentements et les subventions aux exportateurs. Il décide de la répartition des licences d'importation par l'entremise de l'Office des changes et commerce directement pour environ 20 % des échanges en France au début des années 50.

Certains auteurs ont essayé de quantifier l'importance de l'État dans l'économie allemande.

> Quelle est l'importance de l'activité de l'État en Allemagne ? Ceci peut être résumé en déclarant que quelque chose comme 40 % du PNB passe dans les mains de l'État, que l'État a joué un rôle d'une grande importance dans le processus de la formation du capital, rôle qui va en diminuant, que le secteur public s'étend au-delà des services publics traditionnels, et que le montant des subsides visibles et invisibles, accordés par l'État, avait représenté dans le passé plus de 6 % du PNB et semble avoir augmenté pendant le mandat du Chancelier Dr Erhard.[4]

Cette importance du rôle de l'État explique que 80 % des requêtes du BDI s'adressent aux ministères, tandis que seulement 10 % se tournent vers le Parlement[5].

Les industriels français reconnaissent également faire porter majoritairement leurs efforts sur les administrations.

> Pour toutes les questions de commerce extérieur, notre action auprès du gouvernement est prolongée et complétée par nos liaisons constantes avec l'administration et par l'information des parlementaires. En dehors des liai-

4 Denton, G., Forsyth M. et Mac Lennan, M., *Planification et politique économique en France, Allemagne et Grande-Bretagne*, Paris, 1969.

5 Simon, W., *Macht und Herrschaft der Unternehmerverbände BDI, BDA und DIHT*, Köln, 1976, p. 202.

> sons quotidiennes de nos services, nos délégations rendent visite chaque mois au Directeur de la direction des Relations économiques extérieures, nous pensons ainsi, par une action continue, orienter l'action de l'administration en fonction des nécessités professionnelles.[6]

Le but des deux organisations patronales est de faire pression sur leurs gouvernements respectifs dans les phases préparatoires des traités de commerce. Avant d'entreprendre ces démarches, le BDI souhaite d'ailleurs prendre des contacts avec les entreprises françaises des mêmes branches industrielles[7].

Mais le rôle des deux organisations patronales par rapport à la politique intérieure de leur gouvernement est tout à fait opposé. En France, elles sont favorables à un développement de la production intérieure à destination des Français. En Allemagne, en revanche, elles s'attachent au développement des exportations. Le BDI ne considère pas la libération des échanges comme le moyen d'atteindre un équilibre de la balance des paiements, car une telle politique ne permettrait pas un développement continu de l'économie.

> Le développement économique allemand se fera à l'ombre des tensions Est-Ouest et de la nécessité d'apporter une contribution décisive à l'unification économique de l'Europe. Le destin de l'Allemagne est inséparable de celui de l'Europe et du monde occidental. Les premiers signes de la reconnaissance de cette politique ont été la conclusion du traité de Petersberg, la ratification du traité du plan Marshall et la décision allemande de travailler librement avec les autorités de la Ruhr. Dans le même but, l'industrie allemande soutient sans réserve tous les efforts de la République fédérale pour continuer à développer la paix en Europe. La politique intérieure est dominée par le choix de la politique économique à adopter. L'industrie est favorable à la suppression de la planification économique et à la mise en place d'une libre économie de marché. Le développement économique lui-même sera obtenu par une concurrence de plus en plus forte en Allemagne et au niveau international. [...] L'incitation à développer le commerce extérieur est une des tâches économiques les plus importantes pour le BDI. Pour équilibrer sa balance commerciale, la République fédérale doit surtout chercher à exporter dans les pays à monnaie forte.[8]

---

6 *Bulletin du CNPF*, août 1956.

7 *Jahresbericht des BDI*, 1er juin 1951-30 avril 1952.

8 *Jahresbericht des BDI*, 19 octobre 1949-31 mars 1950.

CHAPITRE I

Le rôle des groupes patronaux dans l'élaboration de la politique commerciale

I. Les pressions des groupes patronaux dans les deux pays

A. *Une intervention directe des organisations patronales allemandes dans les négociations*

L'intervention des groupes de pression industriels allemands dans la définition de la politique européenne du pays est une des plus influentes, avec celle des banquiers, car ils sont en relation directe avec le Chancelier Adenauer[1].

Si l'on suit la typologie définie par Dieter Piel[2], il s'agit là de l'intervention la plus palpable, celle qui consiste à participer aux négociations des accords commerciaux avec d'autres pays aux côtés des représentants du ministère de l'Économie. Les sessions du GATT, par exemple, se préparent au ministère de l'Économie en présence des organisations patronales. C'est l'occasion pour ces dernières de mettre en avant les souhaits de l'industrie. Les discussions du ministère de l'Économie sur les questions de politique douanière regroupent ainsi des fonctionnaires du ministère, des membres du BDI, des représentants du DIHT, des membres de Chambres de Commerce quand il s'agit d'un *Land* important sur le plan économique, des syndicalistes, des représentants des consommateurs, et, à l'occasion, des membres d'organisations professionnelles. Le BDI est, dans ces assemblées, le principal représentant de l'industrie. L'avis des associations professionnelles n'est demandé que lorsque les intérêts essentiels d'une branche industrielle sont en jeu. Ces réunions arrivent la plupart du temps à élaborer des compromis entre les points de vue parfois très divergents qui y sont représentés.

Les attributions des licences d'importation sont décidées au sein d'une « commission des importations » qui réunit des représentants du

---

1 Berghahn, V., *Unternehmer und Politik in der Bundesrepublik*, Frankfurt-am-Main, 1985, p. 180.

2 Piel, D., « Die außenpolitische Rolle der Wirtschaftsverbände », in *Handbuch der deutschen Aussenpolitik*, München, pp. 207-215.

ministère fédéral de l'Économie, de celui de l'Alimentation, de l'Agriculture et des Forêts et de la *Bank deutscher Länder*. Alors que cette dernière s'occupe de la répartition des licences et des paiements de devises pour l'importation, les deux ministères déterminent les possibilités d'importation et le procédé retenu.

La question de savoir à quel ministère revient la responsabilité de la politique européenne en Allemagne est relancée lors de la mise en place de la Communauté européenne du charbon et de l'acier (CECA). La rivalité est vive entre le ministère des Affaires étrangères et celui de l'Économie[3]. Dès juillet 1952, le Chancelier Adenauer se prononce en faveur du ministère de l'Économie en ce qui concerne les affaires relatives au plan Schuman. Mais le ministère des Affaires étrangères n'abandonne pas l'idée de conserver un large droit de regard. Franz Etzel, membre de la CECA, considère à l'évidence que ses interlocuteurs privilégiés doivent être le Chancelier et Walter Hallstein, et non le ministre de l'Économie, Ludwig Erhard, peu favorable à la Communauté européenne du charbon et de l'acier[4].

Il reste que le ministère de l'Économie est le principal interlocuteur des organisations patronales pour traiter des questions de politique commerciale.

Les études sur le sujet s'accordent sur l'influence considérable du BDI sur le gouvernement. John Gillingham[5] décrit Fritz Berg comme le véritable ministre de l'Économie de Konrad Adenauer à la différence près qu'il n'en a pas le titre officiel.

Les acteurs de l'époque étaient pleinement conscients des importants moyens de pression dont disposait le BDI.

> Il est à noter que les autorités fédérales ne peuvent être totalement insensibles aux propositions du porte-parole de l'industrie allemande. Les milieux industriels de ce pays ont, en effet, un moyen de pression non négligeable sur le gouvernement.[6]

Le BDI a réussi à établir, dans les premières années d'existence de la République fédérale, un groupe de pression efficace qui s'exprime

---

[3] Küsters, H. J., « Kompetenz-Konflikte und konzeptionnelle Auseinandersetzungen in der Integrationspolitik der BR », in *Vom Marshallplan zur EWG : die Eingliederung der Bundesrepublik Deutschland in die westliche Welt,* München, 1990, pp. 335-370.

[4] Poidevin R., et Spierenburg, D., *Histoire de la Haute Autorité de la CECA*, Bruxelles, 1993.

[5] Gillingham, J., *Coal, Steel and the Rebirth of Europe (1945-1955), the Germans and French from Ruhr Conflict to Economic Community*, Cambridge, 1991.

[6] 14 mai 1956, Lettre de l'Ambassadeur de France en République fédérale à Christian Pineau, MAE, DE-CE 629.

notamment dans les liens étroits entre sa direction et le Chancelier. Cela rend Fritz Berg indispensable à la tête du BDI, tout en lui valant quelques critiques au sein de l'organisation qu'il dirige[7].

B. Une intervention indirecte des organisations patronales françaises dans les négociations

1. La complexité administrative

La direction des Relations économiques extérieures, qui dépend du secrétariat d'État aux Affaires économiques, et la direction des Finances extérieures, qui dépend du ministère des Finances, fournissent des renseignements aux différents ministères techniques, celui de l'Industrie et celui de l'Agriculture, sur le pourcentage global de libération à atteindre. Un parfait équilibre est à respecter entre les deux ministères techniques. Ensuite, le choix du détail des produits à libérer est pratiquement laissé aux ministres de tutelle. Une fois l'accord obtenu, les directions des Relations économiques extérieures et des Finances extérieures notifient à l'Office des Changes les procédures selon lesquelles s'effectueront les importations ainsi que le montant des différents contingents.

Cette élaboration de la libération des échanges au sein de trois ministères différents (Finances, Affaires étrangères et Industrie) a souvent été source de divergences, voire de conflits. C'est du moins l'idée qui peut naître de la lecture des archives où les grands ministères ont souvent pris des positions divergentes. Mais des acteurs de l'époque ont eu une perception différente.

> À mon avis, il y a eu après la guerre, un haut degré de coopération entre les administrations, en particulier entre le Quai d'Orsay et le ministère des Finances. S'il a pu y avoir quelquefois, entre ces deux ministères, quelques « clash », ils ne reflétaient aucune divergence majeure. [Ils avaient] les mêmes objectifs de libéralisation des changes et du commerce extérieur.[8]

L'absence de coordination entre les points de vue des différents services qui interviennent dans le domaine du commerce extérieur constitue pourtant un leitmotiv dans les réclamations des usagers. Ces derniers se plaignent de la lourdeur du système, chaque décision requérant l'intervention de plusieurs services, habituellement rattachés à différents ministères dont les avis ne concordent pas forcément.

---

7 Rhenisch, T., *Die deutsche Industrie und die Gründung der EWG*, Institut universitaire européen de Florence, Ph.D., 1994, p. 37.

8 Entretien de Guillaume Guindey avec Gérard Bossuat, in *Travaux et Recherches*, été 1986.

La complexité de cette structure gêne l'action des industriels qui ne savent pas à qui adresser leurs doléances ou leurs propositions sur la libération des échanges.

> Qui est le responsable de l'inscription d'un produit sur une liste ? L'OECE a pour correspondant le ministère des Affaires étrangères. Mais, dans ce ministère, on ne regarde les choses que de haut. On demande la liste de produits au ministère des Finances et des Affaires économiques. Celui-ci s'intéresse à divers titres à la confection desdites listes. La direction des Affaires économiques et financières et l'Office des changes s'intéressent aux listes en considération des soldes des balances des paiements. [...] Sur la base de ces indications, la direction des Relations économiques extérieures réclame des listes. [...] Et tout cela relève dans des conditions mal définies, à la fois du ministre des Finances et du secrétaire d'État aux Affaires économiques. C'est toutefois le secrétaire d'État qui demande des listes au ministère de l'Industrie et du Commerce. Car jusqu'ici tout le monde demande des listes, donne des conseils sur la manière de les établir, mais personne encore ne les fait. Nous arrivons au ministère de l'Industrie et du Commerce avec lequel nous nous sommes fréquemment entretenus de la libération des échanges. Nous avons obtenu du secrétaire d'État aux Affaires économiques l'affirmation formelle qu'aucune liste n'était établie autrement que sur la proposition et avec l'accord du ministère de l'Industrie et du Commerce. Et la veille du jour où elles ont été publiées au *Journal Officiel*, nous avons obtenu du ministère de l'Industrie et du Commerce l'affirmation formelle que ces listes ne lui étaient pas connues. Or, ce sont là des administrations pour lesquelles nous éprouvons un égal respect. Ayant fermé le cercle de l'irresponsabilité organisée, il faut conclure que les listes ne sont faites par personne, à moins que l'initiative n'en soit laissée aux linotypistes du *Journal Officiel* ou que les cyclistes des quatre ministères intéressés, las de porter des enveloppes contenant des papiers blancs, ne se réunissent au bistro pour les rédiger sur un coin de table.[9]

La question de la simplification de l'organigramme des services ministériels intervenant en matière de commerce extérieur a été évoquée à maintes reprises dans différentes enceintes (Assemblée Nationale, Conseil de la République, Conseil économique, Comité national des conseillers du commerce extérieur, Comité d'action et d'expansion économique, Union française des industries exportatrices, etc.). La plupart des études consacrées à cette question concluent à la nécessité de centraliser tous les services du commerce extérieur dans un véritable ministère des Affaires économiques extérieures aux compétences élargies et aux pouvoirs renforcés[10].

---

9 Éditorial de Jean Constant, *Les industries mécaniques*, janvier 1950.

10 Propos de André Litaise, rapporteur de la Commission des finances du Conseil de la République, novembre 1953.

Une structure a été créée, dès le mois d'août 1948, pour tâcher de coordonner les positions des ministères français sur la politique européenne : le secrétariat général de coopération interministérielle (SGCI), dirigé par Pierre-Paul Schweitzer puis par Jacques Donnedieu de Vabres. Son but initial était de gérer l'aide Marshall. Mais très vite, le SGCI a pris en compte toutes les questions de coopération économique européenne. Il est aux mains du ministère des Finances, chargé par la Présidence du Conseil de suivre les dossiers européens.

2. Des contacts nombreux

Les industriels et les fonctionnaires, parce qu'ils appartiennent au même milieu social et ont souvent fait les mêmes écoles, entretiennent des relations privilégiées. C'est le cas de Pierre Mendès France, Président du Conseil de juin 1954 à février 1955, et Pierre Ricard, vice-président du CNPF. De leur côté, le sénateur André Armengaud, comme le ministre de l'Industrie Jean-Marie Louvel, entretiennent d'excellentes relations avec les sidérurgistes[11]. Le patronat a même vu trois des siens occuper la présidence du Conseil de 1952 à 1954 : Antoine Pinay, René Mayer et Joseph Laniel.

La pérennité des personnes qui s'occupent de la politique commerciale française sur l'ensemble des années 50 contribue également à favoriser les contacts entre les fonctionnaires et les industriels. Les membres du CNPF se renouvellent peu. On retrouve au fil des ans les mêmes personnes dans les commissions importantes du CNPF : Pierre Ricard préside plusieurs années la Commission économique, tandis que Marcel Meunier tient la tête de la Commission sociale. D'autres personnes disposent d'une place importante au CNPF. On peut citer à cet égard J. de Précigout, le Président du syndicat français des textiles artificiels, Roger Nathan, Henri Fayol, Jean-Jacques Guerlain (vice-président du syndicat national de la parfumerie française), Emmanuel Mayolle (un des six vice-présidents du CNPF, dirigeant d'une entreprise familiale de savons et parfums), etc. Cette stabilité des hommes explique une continuité de politique.

Parmi les interlocuteurs des organisations patronales, la pérennité est également de mise. Le ministre de l'Industrie, Jean-Marie Louvel, a été en poste de février 1950 à juin 1954, un record pour cette époque où les changements ministériels étaient courants. Wilfrid Baumgartner est nommé Gouverneur de la Banque de France le 11 janvier 1949. Il occupe ensuite successivement, au cours des années 50, le poste de Gou-

---

11 Mioche, P., « L'adaptation du patronat de la sidérurgie française à l'intégration européenne de 1945 à 1967 », in M. Dumoulin *et al.*, *L'Europe du patronat de la guerre froide aux années 60*, Berne, 1993.

verneur du Fonds Monétaire International et celui de ministre des Finances.

La direction des Relations économiques extérieures au ministère des Affaires économiques et financières a connu deux directeurs sur l'ensemble de notre période d'étude : Jean Filippi de 1949 à février 1951, puis Bernard Clappier jusqu'en 1961. D'ailleurs, un mois après la nomination de ce dernier, le secrétaire d'État aux Affaires économiques a souhaité le présenter à une délégation du CNPF. Il allait être l'interlocuteur principal des délégations patronales pour les questions commerciales pendant une décennie. Son adjoint, Georges Drillien, est, pour sa part, resté en poste de 1953 à 1961.

Guillaume Guindey a été Directeur des Finances extérieures, l'autre grande direction en charge des affaires extérieures au ministère des Finances, de 1940 à 1958. Cette grande stabilité n'a donc été démentie qu'à la fin des années 50 quand M. Wals puis Jean Sadrin ont occupé successivement le poste.

Olivier Wormser a fait sa carrière à la direction des Affaires économiques et financières du ministère des Affaires étrangères. Chef de service en 1950, il gravit peu à peu les échelons. Il est Directeur Général adjoint en 1954 puis Directeur Général.

Les liens sont particulièrement étroits entre les industriels et les directions verticales du ministère de l'Industrie. L'image se forme dans les années 50 d'un ministère de l'Industrie « porte-parole » des industriels voire « succursale du CNPF »[12]. Les ministères techniques reflètent avec plus ou moins d'insistance les positions et intérêts des groupes économiques dont ils sont les défenseurs « naturels »[13]. Les membres des organisations patronales se targuent en effet d'être bien écoutés par le ministre de l'Industrie. Ainsi, Pierre Ricard, un des vice-présidents du CNPF, considère Jean-Marie Louvel comme « le ministre qui est de très loin le meilleur de toute l'équipe ministérielle actuelle »[14]. Globalement, le CNPF parle du ministère de l'Industrie comme de « celui qui [lui] est le plus ouvert, qui se penche avec le plus de sympathie sur l'ampleur des problèmes qui se posent à [lui] ».

De ces contacts entre industriels et fonctionnaires naissent naturellement des habitudes de travail et de confrontation de vues. Au-delà de

---

12 Rousso, H. (dir.), *De Monnet à Massé : enjeux politiques et objectifs économiques dans le cadre des quatre premiers plans 1946-1965*, Paris, 1986, p. 36.

13 Bossuat, G., *La France, l'aide américaine et la construction européenne 1944-1954*, Paris, 1992.

14 1er mars 1954, Commission des relations économiques internationales, Archives du CNPF.

ces contacts, il existe des passerelles entre l'administration et les organisations patronales. Ainsi, Roger Nathan, premier titulaire de la direction des Relations économiques extérieures quelques mois après la Libération, est devenu Président de la Commission de libération des échanges du CNPF dès sa création en mars 1950.

3. *Une concertation croissante avec la direction des Relations économiques extérieures*

Nous pouvons noter avec l'arrivée de Bernard Clappier à la tête de la direction des Relations économiques extérieures en février 1951 une plus grande ouverture à la concertation avec les industriels que du temps de Jean Filippi[15]. Il reçoit une délégation du CNPF une fois par semaine dans les périodes tendues. Cette fréquence de contacts comporte à ses yeux un double intérêt : d'une part, tenir le CNPF informé de la préparation des dossiers et, d'autre part, essayer d'établir un climat de compréhension entre le CNPF et les représentants de l'État.

> Du côté du CNPF, on se rendait compte du caractère inéluctable d'un certain nombre de concessions, et du côté de la direction des Relations économiques extérieures on se rendait compte, je ne dirais pas de la force de résistance mais de la vulnérabilité comparée des différents secteurs de l'économie française.[16]

Les membres du CNPF sont sensibles à cette volonté de concertation. Ils souhaitent que le rôle et l'autorité qui appartenaient entre les deux guerres au Directeur des Accords commerciaux soient pleinement rendus au Directeur des Relations économiques extérieures qui paraît « le plus qualifié pour présider la délégation française et procéder à des arbitrages. Le Directeur, ainsi que ses services, ont régulièrement bénéficié de la confiance de l'ensemble des professions, qui les sentent plus près d'elles et les considèrent comme plus avertis de leurs préoccupations ». Il conviendrait, d'après le CNPF, de rattacher cette direction à la Présidence du Conseil afin de renforcer son autorité et sa position d'arbitre[17].

En 1955, le vœu du CNPF est en voie d'être exaucé. Le secrétariat d'État aux Affaires économiques, dont dépend la direction des Relations économiques extérieures, souhaite reprendre de l'ascendant sur le pro-

---

15 Moguen, M., « Pour ou contre l'ouverture des frontières ? Les pressions des industriels en France et en République fédérale dans les années 50 », in *Les groupes de pression dans la vie politique des XIXe et XXe siècles*, à paraître.

16 Entretien avec Bernard Clappier réalisé par le Comité pour l'histoire économique et financière de la France.

17 16 avril 1951, Note sur les négociations commerciales internationales, Archives du CNPF.

cessus de libération des échanges avec l'accord des ministères techniques. Il veut faire de la libération des échanges un outil qui corresponde mieux aux réalités et aux besoins français. Il a davantage de latitude car, à partir de 1955, les étapes de libération à atteindre dans le cadre de l'OECE ne sont plus aussi impératives. Il souhaite également assurer une meilleure coordination avec les autres éléments de la politique économique du gouvernement. Enfin, il est décidé à intégrer les organisations professionnelles aux négociations[18].

4. Les comités techniques d'importation

C'est à la demande des ministères que les organisations patronales siègent dans les comités techniques d'importation, mis en place en juillet 1949, aux côtés des fonctionnaires du ministère de l'Industrie chargés de répartir les licences d'importations entre les différentes firmes de la branche. Seules les procédures d'exception du commerce extérieur (courtage, échanges compensés, etc.) ne sont pas de leur compétence. Ils ont donc en charge une part très importante du commerce extérieur français. Leur rôle a été encore accru par un décret du 19 février 1953. À cette occasion, un comité technique central est créé, dont la présence est souhaitée à la commission des dérogations[19]. Les comités comprennent des membres particulièrement représentatifs des professions intéressées (importateurs, utilisateurs et producteurs) désignés en partie sur proposition de l'assemblée des Présidents des Chambres de Commerce et d'Industrie et en partie par les ministères. Ils sont présidés par le responsable de la direction technique compétente, assisté d'un représentant du secrétariat d'État aux Affaires économiques.

Les fonctionnaires de la direction des Relations économiques extérieures commencent à prendre ombrage du rôle des comités techniques et essaient d'en limiter les attributions : Georges Drillien, adjoint au Directeur, fait remarquer qu'ils ne doivent pas être consultés dans tous les cas. Ils ont été créés pour assurer une répartition équitable mais n'ont pas à intervenir lorsque le total des demandes n'épuise pas le contingent ouvert.

Selon certains auteurs[20], ces comités sont rapidement devenus des citadelles de protectionnisme, les industriels présents cherchant par tous les moyens à bloquer les importations. La firme de colorants Bayer se plaint, en avril 1950, de ces nouveaux comités « dont le but réel est

---

[18] 30 août 1955, Procédure d'élaboration des étapes ultérieures de libération des échanges, secrétariat d'État aux affaires économiques, SAEF, 1A396.

[19] Comité de direction, SAEF, B 54982.

[20] Diebold, W., *Trade and Payments in Western Europe, A Study in Economic Cooperation 1947-1951*, New York, 1952.

d'établir un contrôle limitant les importations en provenance de l'étranger »[21]. Un journal de l'époque[22] relève une lutte, au sein des comités techniques d'importation, entre les industriels franchement protectionnistes et les fonctionnaires en quête d'une plus grande libéralisation. En 1959, tous les partenaires commerciaux de la France demandent leur suppression, car « ce sont bien souvent les circonstances prévalant au moment de la mise en répartition plutôt que des critères définis *a priori* qui dictent les choix des licences »[23].

En ce qui concerne l'automobile[24], les avis du comité technique d'importation ont « toujours été inspirés du souci de réserver à chaque exportateur étranger un pourcentage proportionnel à la surface de son entreprise et à l'importance du constructeur représenté ». En fait, le manque de renseignements précis sur la production allemande a conduit jusqu'en 1951 à faire ce travail, de l'avis même d'un membre du comité, « un peu au sentiment ». Les importateurs n'étaient pas prêts lors des premières répartitions, il n'y avait que trois marques en présence. Depuis que la représentation de l'industrie allemande s'est complétée, le comité a dû rendre de délicats arbitrages entre « le désir de faire des places raisonnables aux nouveaux venus et celui de respecter les courants commerciaux établis ».

---

[21] 21. April 1950, Farbenfabriken Bayer an die Verwaltung für Wirtschaft, Allgemeine Liberalisierung des inter-europäischen Handels, BA, B102/56347.

[22] *Neue Zürcher Zeitung*, 21 septembre 1950.

[23] 8 juin 1959, Note de la DAEF, MAE, DE-CE 666.

[24] Réunions du comité technique de l'automobile, MIC, 771523 art. 256.

Répartition des contingents automobiles par les comités techniques d'importation (1951-1957) en %

	05/51	06/52	04/53	03/54	02/55	10/55	09/57
Opel	49,8	42,2	18,6	41	40,3	24,6	22,3
Mercedes/D-B	21	23	22	20	21	23,4	5,1
Borgward/Lloyd	5,5	5,4	4,9	5	3,6	7,8	8
Gutbrod	0,7	0,5	0,6	0	0	0	0
Volkswagen	11	11	31,6	15	15,5	16,3	15,3
DKW/Porsche	3,2	5	0,8	2	2	4,7	0
Ford	7,8	11	10,8	11	10,6	7,9	7,4
Champion	0	0,8	0,3	0	0	0	0
Goliath	1	0,7	1,1	1	1	2,9	3
Auto-Union	0	0	9,3	4	4,5	6	6,4
BMW	0	0	0	1	1,5	4,4	4,3
Isaria	0	0	0	0	0	0	3,3
Messerschmidt	0	0	0	0	0	1	1,5

En septembre 1953, un débat secoue le comité sur le quota octroyé à Volkswagen, qui ne correspond pas à l'importance de la firme. Le Président du comité reconnaît qu'il y a lieu d'apporter un correctif. Comme l'ampleur de la représentation de Volkswagen en France est analogue à celle d'Opel, il conclut que la situation faite à Volkswagen constitue un cas flagrant d'injustice. Un membre du comité rappelle le principe admis par le comité selon lequel les voitures à importer devaient être complémentaires des voitures françaises. Les voitures de Volkswagen concurrençant dangereusement la construction française, il s'oppose à toute augmentation des quotas de cette firme. Pourtant, au terme de la discussion, le contingent d'importation d'Opel est réduit de moitié, tandis que celui de Volkswagen est plus que doublé. Toutefois, cette nouvelle répartition est seulement temporaire. Moins d'un an plus tard, l'importance des quotas affectés aux différents constructeurs retrouve le niveau de ceux de 1952.

En octobre 1955, le contingent attribué au comité technique d'importation automobile a presque doublé. Il est passé de 205 à 373 millions de francs. Il est donc possible, sans diminuer en valeur absolue les attributions faites à chacune des parties prenantes, de modifier sensiblement les quotas. Des membres du comité ont critiqué la part insuffisante réservée aux voitures sans équivalent sur le marché français et la part anormalement importante réservée à Opel par rapport à ses concurrents directs.

Après discussion, le Comité décide de distribuer 50 % des quotas aux voitures concurrentielles, 12 % aux voitures semi-concurrentielles et 38 % aux voitures non concurrentielles. Il convient ensuite de répartir le quota de chaque groupe entre les différentes marques intéressées. Devant la proposition du Président de refondre les quotas en se basant sur les chiffres de production des différents constructeurs en 1955 ou de procéder à un simple réajustement des quotas en vigueur, le comité opte pour la deuxième solution.

Plusieurs débats ont donc secoué le comité. Ils se sont tous heurtés au refus de certains des membres de favoriser l'importation de véhicules pouvant concurrencer la production française. C'est la raison pour laquelle, le contingent attribué à Volkswagen a été sous-évalué tout au long des années 50. En 1957, alors que la firme Opel, ayant une valeur productive de 137 milliards de francs, dispose d'un quota d'importation de 19,3 %, Volkswagen, dont la valeur productive atteint 201 milliards de francs, ne dispose que d'un quota de 15,9 %[25]. Rien ne semble, en revanche, confirmer le fait que ce protectionnisme émane des seuls industriels.

II. Des structures d'influence bilatérales pour les industriels

A. *La multiplication des contacts*

Les prises de contact entre industriels de France et d'Allemagne se sont rapidement multipliées dès l'immédiat après-guerre[26]. De nombreuses associations privées ont voulu établir une authentique réconciliation en créant des liens entre les citoyens des deux pays[27]. Au sein des Chambres de Commerce et d'Industrie, Jean Marcou œuvre, dès 1944-1945, pour développer les relations bilatérales. Fondateur de la Chambre de Commerce franco-allemande en 1945, il en devient Président en 1963. En 1957, il crée une école franco-allemande de gestion, l'Institut européen d'administration des affaires. En 1958, il prend la tête de la

[25] 15. April 1959, Verband der Automobilindustrie an das Bundesministerium, Verteilung der EWG-Globalkontingente für Kraftfahrzeuge in Frankreich, BA, B102/ 58435.

[26] Bührer, W., « Wegbereiter der Verständigung, Deutsch-französische Industriellenkontakte 1947-1955 », in *Revue d'Allemagne*, janvier-mars 1991, pp. 73-86.

[27] Roy Willis, F., *France, Germany and the New Europe 1945-1967*, California, 1968.

délégation française de la Conférence permanente des Chambres de Commerce et d'Industrie de la Communauté économique européenne[28].

Le Président du CNPF, Georges Villiers, est favorable à toute concertation patronale en Europe. Il est, comme Jean Marcou, un instigateur du rapprochement franco-allemand après la guerre. Durant l'été 1947 est créée l'Association française pour les relations économiques avec l'Allemagne financée conjointement par le CNPF et les Chambres de Commerce et d'Industrie. Elle cherche à renouer des liens entre les deux pays sur le double plan économique et diplomatique et à exercer des pressions sur les pouvoirs publics. Son homologue allemande, la *deutsche Vereinigung zur Förderung der Wirtschaftsbeziehungen mit Frankreich*, voit le jour en septembre 1949, financée par le BDI. En février 1948, est créée une commission des Affaires allemandes au sein du CNPF.

En décembre 1949, les chimistes français et allemands forment leur première réunion d'après-guerre. Ils souhaitent recréer les relations bilatérales d'avant-guerre sur une base de réciprocité. Tous pensent qu'une étroite collaboration est indispensable pour régler les problèmes inhérents aux relations économiques en Europe. Ces discussions entre industriels ont lieu sous couvert des discussions gouvernementales.

Le comité économique franco-allemand est créé en septembre 1951 à l'instigation d'A.-R. Métral, le Président du syndicat général des industries mécaniques et transformatrices des métaux, en présence de Georges Villiers et Pierre Ricard, pour accroître la production, suggérer des moyens de coordonner le développement économique dans les deux pays et répartir les marchés. Tandis qu'A.-R. Métral en est le Président pour la France, Fritz Berg le dirige en République fédérale. C'est un canal de communication privilégié entre le CNPF et le BDI. À ses débuts, il s'occupe surtout de la question de commercialisation des produits agricoles. Mais, rapidement, il aborde des sujets plus variés. Lors de la deuxième réunion qui a eu lieu à Paris en mars 1952, des sous-commissions sont mises en place pour traiter du moyen d'étendre les échanges commerciaux en améliorant le travail de l'Union européenne des paiements et en introduisant la libre convertibilité des monnaies. La délégation française cherche à établir une coopération étroite avec l'industrie allemande pour assurer le développement des territoires français d'outre-mer, notamment par la prise de participation financière et la livraison de matériel. Pour un bon développement commun des économies, les représentants des organisations patronales préconisent

---

[28] Moguen, M., *Les Chambres de Commerce dans la Communauté européenne : leur action dans le cadre de la Conférence Permanente 1958-1968*, mémoire de maîtrise, université Paris X, 1991.

des accords de rationalisation et de spécialisation, ainsi que des arrangements pour l'utilisation commune des brevets.

> À Paris comme à Düsseldorf, les discussions internationales se sont déroulées dans un climat de compréhension mutuelle et de parfaite cordialité, permettant ainsi de nouer des contacts précieux entre industriels français et allemands, but essentiel de ce comité. L'importance de la délégation allemande et sa composition montrent d'ailleurs l'intérêt que les industriels allemands portent à ce comité, qui doit créer une atmosphère favorable à des conversations entre industriels français et allemands.[29]

Les réunions bilatérales de 1954 font apparaître la volonté partagée de donner de nouvelles bases à la coopération, notamment à travers des programmes d'armement et l'exploitation commune du Continent africain[30]. Aucun de ces deux domaines de coopération n'a pourtant porté ses fruits.

En octobre, le CNPF comme le BDI, souhaitent élargir les attributions du comité à l'ensemble des questions économiques bilatérales.

Au mois de juin 1954, les patrons français et allemands cherchent à mettre sur pied un Conseil économique et social de la Communauté politique européenne pour informer les gouvernements et servir de base à des négociations ultérieures avec les entrepreneurs d'autres pays européens.

Les contacts entre les Chambres de Commerce et d'Industrie ont mené à la constitution, en avril 1955, de la Chambre officielle de Commerce franco-allemande dirigée par Gerd Riedberg, en accord avec une décision prise par Pierre Mendès France et Konrad Adenauer en octobre 1954. Il s'agit d'un organisme de coopération qui aide les entreprises à créer des filiales communes.

B. Les premiers traités de commerce bilatéraux

Le premier traité de juillet 1949 porte sur un montant limité d'échanges en raison des craintes françaises face à un relèvement trop rapide de l'économie allemande. Le ministre fédéral de l'Économie est d'ailleurs pleinement conscient de ces appréhensions. Il conseille aux industriels allemands de conserver une certaine « retenue » dans leurs exportations afin de les dissiper.

> Il n'était ni dans les vues ni dans les intentions françaises de libérer pour le moment les échanges vis-à-vis de l'Allemagne occidentale dans les mêmes

---

29 Mars 1952, Comité industriel de liaison franco-allemande, Archives du CNPF.

30 Wilkens, A., « Das Programm von La Celle-Saint-Cloud, Der Ausbau der deutsch-französischen Wirtschaftsbeziehungen 1954-1957 », in *Revue d'Allemagne*, 1993, p. 572.

conditions que vis-à-vis de l'Italie et du Benelux. À la demande du Benelux, la question est posée. Les difficultés et les craintes que suscite une reprise des relations commerciales entre la France et l'Allemagne ne sont pas nouvelles. [...] C'est la question de la discrimination [des produits allemands par rapport aux produits étrangers] qui, jusqu'à un certain point, rend si délicates les discussions qui se sont ouvertes récemment avec l'Allemagne en vue de l'élargissement de l'accord commercial du 21 juillet 1949.[31]

L'Allemagne ayant été admise parmi les pays participants à l'OECE, il n'est plus possible de maintenir les importations en sa provenance sous licence alors qu'une part importante des produits des autres pays sera acceptée au vu des certificats d'importation. Le CNPF considère cette différence de régime comme inadmissible. Il est donc temps de repenser les rapports économiques avec le voisin d'outre-Rhin.

Pourtant, les fédérations industrielles s'inquiètent à l'annonce de l'ouverture de négociations à partir du 15 novembre 1949 en vue de la conclusion d'un accord de libération des échanges franco-allemands. Elles craignent, pour la plupart, une exportation massive de produits alimentaires français vers l'Allemagne. L'idée se répand que l'Allemagne – appelée encore la trizone à cette date du fait de la partition du territoire entre les Américains, les Britanniques et les Français – coupée de son grenier habituel qu'était l'Allemagne de l'Est, essaiera de se procurer en France d'importants tonnages si la liberté d'achats est rendue. Les fédérations professionnelles craignent que cela ne provoque en France une hausse du coût de la vie et, par suite, des répercussions dans le domaine social. Le CNPF essaie de rassurer ses membres en leur disant que la part des exportations françaises a été, dans le passé, relativement stable, que l'Allemagne pourra également s'approvisionner en produits agricoles auprès de ses autres voisins (le Danemark, les Pays-Bas et l'Italie), et enfin que le niveau des prix français – plus élevé que celui des produits concurrents – constituera un frein aux achats allemands.

Les fédérations professionnelles souhaitent l'abolition du système du double prix du charbon allemand. Le prix du charbon plus élevé en Allemagne permet, en effet, aux exportateurs de pratiquer un dumping sur les marchés extérieurs. Elles redoutent que l'industrie allemande, avec l'appui direct ou non des autorités d'outre-Rhin, n'utilise les possibilités ouvertes par le fonctionnement de l'accord en concentrant l'importation en France sur certains produits afin d'écraser successivement les fabrications françaises correspondantes[32]. Elles s'indignent de ce que la répartition proportionnelle ne tienne compte que du volume

---

[31] *Bulletin du CNPF*, Accord commercial avec l'Allemagne, 15 décembre 1949.

[32] 3 décembre 1949, Lettre de Georges Villiers à Robert Buron, secrétaire d'État aux Affaires économiques, Archives du CNPF.

des licences déposées dans chaque secteur, et non de l'importance économique des secteurs.

Ces peurs sont partagées par la direction des Industries mécaniques et électriques du ministère de l'Industrie et du Commerce. Elle estime qu'imposer l'élargissement des contingentements avec l'Allemagne serait à la fois inutile, car il est possible de réaliser l'objectif de l'OECE de 50 % de libération sans réaliser de libération massive envers l'Allemagne, et dangereux parce que de telles libérations massives risquent d'entraîner du chômage dans certaines des industries mécaniques françaises déjà en situation précaire[33].

> Quelles que soient les hautes raisons politiques ou d'économie générale qui peuvent rendre désirable une libération des échanges entre les deux pays, par suppression de contingents, la compensation des écarts [entre les industries des deux pays] apparaît hors des moyens de l'industrie mécanique. L'Allemagne n'a pas de colonies et n'a pas réussi non plus à reprendre ses courants d'exportation à l'étranger. Ouvrir la frontière française est fournir à l'Allemagne l'exutoire qu'elle n'a plus, ou n'a pas encore, en dehors de l'Europe. [...] La seule méthode rationnelle serait le maintien du régime de l'accord commercial avec contingents déterminés pour chaque article, jusqu'à ce que soient réalisées les conditions indispensables à la suppression progressive des contingents eux-mêmes.[34]

Durant l'automne 1949, le CNPF est conscient que l'heure est favorable à une plus large reprise des échanges entre la France et l'Allemagne et que les productions des deux pays doivent commencer à se confronter. Il précise toutefois qu'il doit s'agir d'une « confrontation contrôlée »[35]. Et il estime que des précautions sont nécessaires tant que les deux économies ne sont pas placées dans des conditions comparables et que subsistent, du côté allemand, des pratiques faussant le jeu de la concurrence. Avant tout accord, le gouvernement français doit obtenir la solution de la question du double prix du charbon et l'abandon de toutes pratiques discriminatoires par les industriels allemands. Il souhaite limiter le montant des importations de produits allemands en France à celui des exportations de produits français en Allemagne. En cas d'importations massives d'un produit donné, le CNPF veut que des conversations gouvernementales s'engagent. Si les négociations échouent, le contingentement de ce produit doit être intégralement rétabli.

---

[33] 15 novembre 1949, Note de la DIME concernant les dangers d'une libération intempestive des échanges de produits mécaniques avec l'Allemagne, MIC, 830589 art. 11.

[34] 24 novembre 1949, Note de M. Bellier, le Directeur de la DIME, à l'inspecteur général chargé de la coordination industrielle, MIC, 830589 art. 11.

[35] Projet d'accord commercial franco-allemand, sans date, Archives du CNPF.

Le CNPF estime que cette politique devrait être complétée par l'organisation de rencontres entre les différentes branches industrielles françaises et allemandes en vue de la conclusion d'ententes.

C. Un net accroissement des échanges

Ce commerce bilatéral est le premier pas d'une reprise des échanges commerciaux en Europe après la guerre. L'établissement de liens étroits entre la France et la République fédérale est un des axes majeurs de la politique extérieure française, tout comme de la politique extérieure allemande, à partir de 1949[36]. Cet attachement au bilatéralisme a d'ailleurs été critiqué par les partenaires européens de ces deux pays qui souhaiteraient adopter des relations multilatérales.

La France et l'Allemagne sont les premiers partenaires commerciaux l'un de l'autre. Ils ont un commerce toujours croissant au cours des années 50. Le commerce franco-allemand est d'ailleurs celui qui, au cours de ces années, a le plus augmenté au sein des pays de l'OECE. Ce résultat n'a pas été atteint sans difficultés, du fait d'une grande méfiance réciproque, du désir des Allemands comme des Français de diriger les opérations et du manque d'égard pour les attentes des partenaires.

La structure du type de produits échangés entre Français et Allemands n'a subi que peu de variations dans le courant des années 50. En 1954, la moitié des échanges dans chaque sens consiste en matières premières et en demi-produits. La part des produits agricoles et alimentaires est de 5 % à l'importation en France et de 20 % à l'importation en Allemagne. Enfin, les produits industriels représentent 55 % des achats français et 30 % des ventes françaises en Allemagne. Ce n'est qu'à partir de 1959 que les échanges de marchandises s'orientent de façon croissante vers les produits industriels.

Les industriels allemands se plaignent de l'aspect chaotique de la politique commerciale française au cours des années 50, en particulier de la suspension française de libération des échanges en février 1952, pour laquelle la France n'a pas respecté ses engagements. En particulier, le BDI lui reproche la part importante des « incompressibles » par rapport aux biens « non essentiels » qui ont été réduits de 50 %. Or, les exportations allemandes vers la France comprennent peu de produits considérés par la France comme incompressibles et dont l'importation n'est, par conséquent, pas remise en question. L'Allemagne est donc frappée de plein fouet par les quotas français. Enfin, le BDI reproche le choix de la date de référence pour les importations du secteur ancienne-

---

36 Bührer, W., « Wirtschaftliche Zusammenarbeit im multilateralen Rahmen, die Bundesrepublik und Frankreich in der OECE », in *Revue d'Allemagne*, 1993, p. 553.

ment libéralisé qui accentue encore les dommages à l'industrie allemande.

Les firmes allemandes critiquent plus précisément la manière dont les Français ont sélectionné les produits qui pourraient bénéficier d'une licence d'importation. En effet, les Français n'ont pas pris des groupes de produits correspondant à la structure traditionnelle du commerce mais quelques produits d'un intérêt capital pour leur économie. Les Allemands leur reprochent également d'avoir un nombre de produits à licences insuffisant.

Pourtant, la progression des importations libérées en France est constante, même lors de la suspension de libération des échanges en février 1952. Mais les pourcentages des importations libérées à l'importation en France restent très faibles, de l'ordre de 5 %[37].

Lors de la reprise par la France du processus de libération des échanges, les entrepreneurs allemands sont assez déçus car les premiers produits libérés ne sont pas ceux que l'Allemagne exporte vers la France. En effet, seul 1 % des importations de 1952 était concerné par cette liste de produits. Même après l'augmentation du taux à 20 %, aucune nouvelle liste n'a été présentée[38]. Plus tard, le chef de la délégation allemande à l'OECE, Hans Karl von Mangoldt, se plaint du manque d'empressement français à passer à 75 % de libération des échanges[39]. Ces plaintes montrent bien que le commerce avec la France est important pour les entrepreneurs allemands et qu'ils sont impatients de pénétrer avec plus de facilité sur le marché français.

Inversement, les industriels français perdent peu à peu les fortes appréhensions qu'ils éprouvaient vis-à-vis du marché allemand. Au début, la puissance industrielle allemande était à ce point remarquable que des observateurs français ont craint que l'intégration européenne ne se transforme en un courant d'échanges commerciaux entre une France agricole et une Allemagne industrielle, au cas où, selon la logique du marché, chaque pays se cantonnerait dans sa spécialité. En fait, les industriels français réalisent peu à peu que la concurrence allemande n'est pas dramatique, d'autant moins qu'elle permet de restreindre les impor-

---

[37] Export nach Frankreich, u.a. Liberalisierung Wirtschaftsverhandlungen 1955-1957, BA, B102/58433.

[38] 1954, F. Pariser Industriellen Besprechungen, BA, NL 384/185.

[39] Bührer, W., « Wirtschaftlicher Zusammenarbeit im multilateralen Rahmen », in *Revue d'Allemagne*, 1993, p. 559.

tations en provenance de la zone dollar, avec laquelle la balance française de commerce extérieur est fortement déficitaire[40].

Si les ventes françaises en Allemagne ont tellement augmenté depuis 1959, c'est moins en raison de l'application du traité de Rome que de l'accroissement de la production industrielle en France survenant sur un marché momentanément moins demandeur, de la crainte de l'ouverture des frontières aux produits étrangers, de la forte demande du marché allemand et enfin de la quasi-disparition du complexe d'infériorité des industriels français envers leurs concurrents allemands, facilitée par la hausse rapide des salaires en Allemagne[41].

Les échanges commerciaux franco-allemands augmentent donc considérablement dans le courant des années 50. Mais les efforts de rapprochement sont laborieux et laissent les industriels allemands insatisfaits.

III. Le lobbying dans le cadre européen

A. La charte européenne du patronat à Westminster

Les industriels se rencontrent fréquemment au sein de grandes conférences internationales à Westminster en 1949, à New York en 1951 où Français et Allemands ont d'ailleurs fait une entrée commune très remarquée, etc. Ils espèrent qu'en établissant une entente cordiale, ils pourront aplanir les obstacles à l'intégration européenne qui se dressent encore sur le plan politique.

La conférence qui a certainement le plus compté pour élaborer un corpus d'idées qui fédère le mouvement patronal jusqu'à l'instauration du Marché Commun est la Conférence de Westminster d'avril 1949. Le CNPF a fait siens les résultats de cette conférence. Pourtant, il ne s'agissait pas d'une conférence officielle et les participants n'avaient pas pouvoir d'engager leur pays.

> Il faut bien qu'une opinion européenne se forme ainsi par le libre accord des Européens qui imaginent l'Europe unie de demain, même si ceux-ci partent parfois en flèche et arrivent à des conclusions qui peuvent friser l'utopie ; ils n'en auront pas moins frayé la route aux hommes d'État et aux diplomates responsables qui auront la charge de rédiger les actes et les traités d'union. Ces négociateurs n'auront que trop tendance à être réalistes, à ménager les

---

40 Berger, F., *Les relations économiques de la République française avec la République fédérale d'Allemagne, 1949-1955*, mémoire de maîtrise, université Paris I, 1991, p. 161.

41 Bulletin d'information de la DIME, novembre 1961, MIC, 7715239 art. 24.

intérêts particuliers, les préjugés et les routines. Il n'est pas mauvais que des irresponsables se soient d'abord efforcés de dessiner l'Europe idéale.[42]

En fait « d'irresponsables », la conférence comprend des économistes (Maurice Allais, René Courtin, Jacques Rueff), des chefs d'entreprises (René Arnaud, secrétaire général du CNPF ; René Perrin, Directeur Général de la société d'électrochimie d'Ugine et Président de l'Association des cadres dirigeants de l'industrie ; René Piaton, Président d'Alais, Froges et Camargue ; Marcel Cusenier, Président de l'assemblée française des Chambres de Commerce et d'Industrie ; Georges Villiers et Pierre Ricard respectivement Président et vice-président du CNPF, etc.), des syndicalistes (Léon Jouhaux, à cette date à la fois Président national du syndicat Force Ouvrière et Président du Conseil économique français ou encore Jean Ducros, Président de la Confédération Générale des Cadres), des hommes politiques, des journalistes (dont Raymond Aron), des fonctionnaires (Francis Closon, Sébastien Constant de l'INSEE, Pierre-Alexandre Verret du ministère de l'Économie nationale) venant de presque tous les pays d'Europe. Les délégations les plus nombreuses ont été les délégations britannique et française. Il est intéressant de signaler que les textes ont presque toujours été adoptés à l'unanimité bien que les congressistes viennent d'horizons politiques divers ou aient des doctrines économiques souvent fort opposées.

L'idée maîtresse qui a été défendue est celle d'une « intégration économique européenne par secteurs spécialisés ». Le groupe de travail des questions monétaires et financières affirme sa volonté de rendre les monnaies convertibles. Il demande une coordination sur le plan européen et, si l'unification politique le permet, la création d'une monnaie unique dont une banque de l'Europe serait responsable.

La Commission sociale et commerciale, une des commissions les plus importantes de la conférence, souhaite un accord européen qui mettrait fin au relèvement des tarifs douaniers et à l'établissement de nouveaux contingents. Par des négociations bilatérales puis multilatérales, et sans attendre la mise au point d'un tarif commun vis-à-vis du reste du monde qui ne devrait pas dépasser la moyenne des tarifs des divers États, elle s'attacherait à élargir les contingents entre pays européens. Après quoi, elle en viendrait à la réduction et à la suppression des droits de douane d'un pourcentage minimum par année conduisant, au bout de dix ans, à une suppression effective. Quant aux régimes préférentiels que certains pays voudraient maintenir en faveur de leurs territoires d'outre-mer, il conviendrait autant que possible de les étendre à tous les pays de l'union sur une base de réciprocité.

---

[42] *Bulletin du CNPF*, 15 juin 1949.

Ce n'est pas un des moindres succès de la conférence que d'avoir fait voter ce texte par les Anglais et d'avoir ainsi obtenu de ceux-ci qu'ils sortent de leur « insularisme » pour concilier l'intérêt du Commonwealth et celui de l'Europe.

Les délais de réalisation de cette union européenne ont fait l'objet de vifs débats. Finalement, la suppression dans les deux ans des restrictions quantitatives et celle des droits de douane dans les dix ans ont été préconisées.

La commission de l'union douanière franco-italienne avait, pour sa part, prévu d'abord la suppression des droits de douane dans un délai d'un an, ensuite seulement la suppression des contingents dans un délai de six ans. À Westminster, l'orthodoxie économique, représentée notamment par René Courtin, a prévalu. En fait, l'évolution de la situation monétaire départagera les deux thèses puisqu'on déclare ne limiter en quantité les importations que pour protéger la monnaie nationale. Pour protéger les travailleurs, la commission fixe des *minima* d'abaissement des barrières douanières pour lesquels il faudra tenir compte de la nécessité d'assurer dans chaque pays le plein emploi productif et un niveau de vie satisfaisant et faciliter l'adaptation des économies nationales aux nouvelles conditions de l'union. Enfin, on s'efforcera d'atteindre une harmonisation des politiques fiscales et sociales.

Une résolution de la commission des industries de base a proposé « d'européaniser » le charbon, le fer et l'acier, les industries de l'électricité et des transports. Pour administrer les marchés communs, il est prévu de créer une institution publique européenne ainsi qu'un organe consultatif composé d'employeurs, d'employés, de fonctionnaires et d'entrepreneurs du public et du privé. La commission souhaite également mettre en place des ententes unissant des chefs d'entreprises qui devraient, en exécution des directives de l'institution publique, développer la production ainsi que la productivité et réduire les prix de revient. Ces ententes publieraient leurs statuts et règlements et seraient passibles de sanctions judiciaires allant jusqu'à la dissolution si elles agissaient contre ces intérêts, par exemple en restreignant la production au lieu de l'augmenter.

La Commission des relations avec les pays d'outre-mer prévoit de stimuler les rapports commerciaux entre les pays d'outre-mer et l'Europe, afin d'élever le niveau de vie des populations locales. Elle prévoit le maintien des préférences douanières et leur extension à toute l'Europe, sans toutefois l'étendre aux États-Unis. À terme, elle souhaite le développement des échanges entre tous les pays du monde sans réaliser une autarcie englobant l'Europe et ses territoires d'outre-mer.

B. Des structures professionnelles d'influence transnationales

En septembre 1948 est créée à Cologne la première Chambre de Commerce et d'Industrie transnationale unissant l'Allemagne, la Belgique et le Luxembourg. Les contacts entre Chambres de Commerce, qui se sont ensuite développés, ont mené à la création de l'organe européen des Chambres de Commerce et d'Industrie appelé la Conférence Permanente des Chambres de Commerce de la Communauté économique européenne en 1958[43].

La réalisation la plus aboutie du rapprochement des centrales patronales en Europe est le Conseil des fédérations industrielles d'Europe (CIFE), qui a été créé à la demande de l'OECE le 30 septembre 1949. L'OECE s'était d'abord adressé à la Chambre de Commerce Internationale et à l'Organisation Internationale des Employeurs, mais elle a ensuite jugé que, la CCI ne traitant que les questions commerciales et l'OIE que les questions de travail, l'une et l'autre auraient un champ d'activité trop restreint. Paul-Henri Spaak, Président du Conseil de l'OECE, a alors décidé de hâter la formation d'un comité des organisations patronales européennes. Le Conseil des fédérations industrielles d'Europe groupe les centrales patronales de quatorze pays d'Europe occidentale (Norvège, Suède, Danemark, Benelux, Grande-Bretagne, Irlande, République fédérale, France, Portugal, Autriche, Italie, et Grèce) et de la ville de Trieste. En comparaison des pays membres de l'OECE, il manque donc l'Islande et la Turquie. En revanche, Trieste est représentée au sein du Conseil des fédérations industrielles d'Europe alors qu'elle n'est pas membre de l'OECE.

De 1949 à 1961, le Conseil des fédérations industrielles d'Europe a été reconnu par l'OECE « comme l'organisme non gouvernemental avec lequel des relations officielles étaient entretenues pour les questions intéressant du côté patronal, les organisations industrielles des pays membres ». Toutes les questions importantes pour les industriels depuis la suppression des aides à l'exportation jusqu'à la politique tarifaire américaine, en passant par les questions de hausse de productivité sont discutées en son sein.

L'*Economic Cooperation Administration* allant achever sa mission, le Conseil des fédérations industrielles d'Europe a pensé qu'il incombait aux industriels de prendre la tête d'un mouvement pour prolonger la coopération qui s'est établie entre les deux continents. Il souhaite créer des organismes professionnels de liaison, par branche industrielle, char-

---

43 Moguen, M., *Les Chambres de Commerce dans la Communauté européenne : leur action dans le cadre de la Conférence Permanente 1958-1968*, mémoire de maîtrise, université Paris X, 1991.

gés de l'étude de la productivité en collaboration avec l'industrie homologue des États-Unis.

Dans le cadre européen, il donne naissance à l'Union des six pays de la Communauté européenne en 1952, événement qu'il considère comme le résultat le plus important de l'année.

À partir de la fin de l'année 1952, le Conseil des fédérations industrielles d'Europe élargit sa compétence : son rôle n'est plus limité aux questions que l'OECE pourra lui poser. Il peut se saisir de toute question d'intérêt commun pour les industriels d'Europe et pourra présenter les avis des industriels aux organismes gouvernementaux et paragouvernementaux qui s'occupent de l'Europe et traitent de questions économiques et sociales, en particulier avec l'Assemblée de Strasbourg.

> Certes, il ne faut pas exagérer le rôle qu'a pu jouer ce modeste organisme de liaison entre les fédérations industrielles d'Europe. C'est ainsi que s'il a créé un comité où se rencontrent les représentants de l'Europe des Six et de l'Europe des Sept, ce comité n'a pas la prétention de réaliser un accord là où les gouvernements ont été jusqu'ici impuissants : néanmoins, il n'est pas sans intérêt que les deux Europe économiques aient eu ainsi un certain terrain de rencontre où chacun puisse parler franchement et faire connaître son point de vue à l'autre. Sans doute trouvera-t-on que les progrès sont bien lents dans la formation de l'Europe, mais il est juste toutefois d'enregistrer certains de ces progrès. Si l'on se reporte aux années d'entre-deux-guerres, il faut savoir qu'à ce moment-là, il n'y avait aucune espèce de lien entre les diverses fédérations industrielles d'Europe et que le Président du CNPF d'alors ignorait jusqu'au nom de son homologue anglais, allemand ou italien. Le seul lien tout officieux qui existait était une conférence annuelle qui réunissait les secrétaires généraux de certaines fédérations sur une initiative britannique. Aujourd'hui, une liaison permanente existe entre ces fédérations et, si elles ne sont pas toujours d'accord, du moins sont-elles en mesure de connaître et d'apprécier le point de vue de chacune d'elles. L'expérience prouve d'ailleurs qu'en matière internationale il faut savoir être patient, se contenter de menus progrès et se dire que c'est au prix d'efforts incessants et avec une foi solide dans le succès final que l'on pourra réaliser l'Europe que nous rêvons.

La mise en place de la Communauté économique européenne est suivie par la création de l'Union des Industries des Communautés européennes (UNICE) le 1er mars 1958 à Bruxelles, qui succède à l'Union des six pays de la Communauté européenne. C'est un sous-groupe du Conseil des fédérations industrielles d'Europe qui doit travailler tout spécialement sur les questions de la Communauté économique européenne et de l'Euratom. Ses résultats doivent ensuite être présentés à la fois auprès des gouvernements nationaux et de la Commission européenne.

Ces organismes sont souvent cités dans la littérature sur les groupes de pression comme des exemples d'efficacité.

Les organisations professionnelles ne sont pas en reste : les associations chimiques des pays européens s'installent à Bruxelles dès 1951 pour donner leur avis sur le plan Schuman. En 1957 et 1958, elles se réunissent souvent pour discuter des problèmes de Zone de libre-échange. L'échec des négociations gouvernementales autour de cette question a été l'occasion pour l'industrie chimique d'Europe de l'Ouest d'intensifier son travail en commun et de l'institutionnaliser. Alors qu'elles s'étaient déjà fédérées en Secrétariat international des groupements professionnels des industries chimiques (SIIC), les industries chimiques créent en 1959 le Centre européen des fédérations de l'industrie chimique (CEFIC) qui a pour tâche de réunir les représentants de l'industrie chimique de la « grande Europe » constituée par les pays du Marché Commun et ceux de l'Association européenne de libre-échange, afin d'étudier les questions d'intégration européenne, les réductions tarifaires, la taxe sur la patente, l'adhésion de la Grande-Bretagne à la Communauté économique européenne, etc.[44]

De son côté, l'industrie mécanique se fédère en Comité d'organisation et de liaison des industries mécaniques et électriques (COLIME) en juin 1958.

Ainsi, les prises de contact se multiplient au niveau de l'OECE, mais débouchent rarement, à cette date, sur des actions communes.

IV. Conclusion

Il est intéressant de souligner l'apparition de structures européennes de représentation des milieux industriels dès le début des années 50. Ces structures ont été mises en place par quelques grandes personnalités du mouvement patronal, souvent à la demande des premières institutions européennes qui cherchaient à disposer d'un interlocuteur patronal unique. La poursuite de l'intégration européenne n'a fait qu'amplifier ce foisonnement des structures de lobbying au niveau européen. Même si ces structures sont souvent présentées comme des exemples d'efficacité, il reste que la plupart des pressions sont exercées au cours des années 50 par les centrales patronales au niveau national.

À cet égard, nous pouvons remarquer que les rôles des acteurs économiques sont foncièrement différents dans la détermination de la politique commerciale en France et en République fédérale. Dans le cas allemand, les industriels sont systématiquement intégrés aux négociations commerciales au sein du ministère de l'Économie. Dans le cas

---

[44] Grant, W. *et al.*, *Government and the Chemical Industry*, Oxford, 1988, p. 185.

français, au contraire, la politique commerciale est entièrement le fruit du ministère des Finances et des Affaires économiques et de celui des Affaires étrangères. Les pressions des industriels français sont donc nécessairement plus officieuses. Les milieux d'affaires donnent régulièrement leur avis au ministère de l'Industrie et du Commerce et à la direction des Relations économiques extérieures, laquelle montre d'ailleurs un intérêt croissant à l'égard de la concertation. Ce n'est que dans le cadre des comités techniques d'importation que les industriels français peuvent exercer directement une pression, en participant à la répartition des licences. Les industriels ne ménagent pas leurs critiques à l'égard du foisonnement et du manque de coordination des services responsables du commerce extérieur.

Les pressions allemandes sont donc beaucoup plus influentes, les habitudes de concertation sont prises plus tôt et le BDI dispose d'un interlocuteur unique au ministère fédéral de l'Économie.

CHAPITRE II

Le début du démantèlement de la protection des économies européennes à partir de 1949

I. Les débuts de l'abolition des restrictions quantitatives

A. La course à la libération des échanges

Politiquement, la libération des échanges représente un fort enjeu. Les ministres européens ne veulent pas en laisser toute l'initiative à l'administration américaine et rivalisent entre eux pour mettre en place le projet d'une économie européenne sans entraves commerciales.

Dans ce contexte d'émulation, la présentation du projet de Maurice Petsche, le ministre français des Finances, au Conseil de l'OECE est suivie par celle du projet de Stafford Cripps, le ministre britannique des Affaires étrangères, qui vise à accélérer la libération des échanges intra-européens. La Grande-Bretagne proposait de renoncer aux négociations de produits libérés et de fixer au minimum à 50 % le pourcentage du commerce d'importation des pays participants qui devrait être libéré avant le 15 décembre 1949.

Le projet britannique ne précise pas les conditions nécessaires à une libération plus étendue des échanges, en particulier par une coopération plus étroite de la politique des pays participants, tandis que le projet français insiste beaucoup sur cet aspect. En ce sens, nous pouvons dire que les deux projets divergent fortement.

> Nous ne considérons pas la libération des échanges comme une fin en soi mais comme un moyen, l'application de mesures de libération plus radicales étant elle-même subordonnée à un certain nombre de conditions telle que l'harmonisation des politiques économique, commerciale et sociale des pays participants. Au surplus, nous rappelons la possibilité d'associations régionales entre pays disposés à aller plus loin et plus vite que d'autres pays participants. À l'égard d'associations de ce genre, l'Angleterre s'était montrée jusqu'à présent réticente.[1]

Cette résolution donne lieu à de très longs débats. Plusieurs délégations qui ne font pas partie du groupe consultatif, notamment la Suède et

---

[1] 3 novembre 1949, Service de coopération économique, MAE, DE-CE 351.

la Suisse, ont exprimé le désir de modifier le texte dans un sens tout à fait conforme aux thèses soutenues à l'origine par la délégation française. Au lieu de mettre l'accent sur les mesures que prendront unilatéralement les pays participants (thèse de Stafford Cripps), il leur semble préférable de rechercher un accord entre les pays participants sur une liste de produits pour lesquels les contingents seraient supprimés. Ainsi, les ministres scandinaves se sont montrés extrêmement réticents devant la proposition de Stafford Cripps d'accélérer la procédure de libération des échanges[2].

Les discussions vont bon train au sein même des pays : dans le nouveau cabinet français, il n'y a pas unanimité en faveur du projet de Maurice Petsche qui ne comprend pas la Grande-Bretagne. Dans *Le Populaire*, Léon Blum fait valoir l'idée selon laquelle « l'Europe sans l'Angleterre n'est plus l'Europe ».

Le gouvernement français, finalement, pose quelques conditions relatives aux doubles prix, à la lutte contre le dumping, à la création d'une banque d'investissements et à l'établissement d'une liste unique de libération des échanges. Le ministère des Affaires étrangères pense que la banque d'investissements contribuerait efficacement à réaliser la coordination des productions des pays participants et serait l'organisme le plus adéquat pour résoudre les problèmes posés par la disparition de certaines industries du fait même de la libération des échanges et de la spécialisation des productions[3].

Ensuite, l'optique gouvernementale a un peu changé. Ces facteurs ne sont plus considérés comme des conditions à la poursuite du mouvement de libération des échanges.

B. Les enjeux politiques

Pour les grands ministères responsables de la politique commerciale française, seules comptent, lors des débuts de la libération des échanges, les considérations de politique générale, en particulier l'obtention de l'aide américaine. Le ministère des Affaires étrangères et la direction des Relations économiques extérieures sont pleinement d'accord sur ce point.

> La nécessité d'agir rapidement dans ce domaine nous est dictée par les résolutions prises au sein de l'OECE, par l'intérêt qui existe en vue de réduire les coûts de revient à mettre notre industrie en concurrence avec les indus-

---

[2] 8 juillet 1949, Service de coopération économique, note de Bernard Clappier, MAE, DE-CE 351.

[3] 14 novembre 1949, Mémorandum du ministère des Affaires étrangères, Archives du CNPF.

tries européennes, enfin par la position prise aux États-Unis d'après laquelle la libération des échanges en Europe constituera une condition de la continuation de l'aide américaine. [...] Le ministère des Finances, comme le département d'État, estime en effet que le progrès que nous pourrions réaliser dans le sens de la libération des échanges contribuera grandement à favoriser les conversations de caractère général qui sont envisagées à Washington au début de septembre entre MM. Schuman, Bevin et Acheson.[4]

En effet, les États-Unis subordonnent l'octroi d'une nouvelle tranche de crédits à une accentuation de la coopération des pays européens entre eux. L'administrateur de l'*Economic Cooperation Agency*, Paul Hoffman, tout en reconnaissant l'effort accompli par les pays participants, leur a demandé d'accentuer leur coopération en vue de parvenir à une réelle intégration de leurs économies pour la constitution d'un marché européen aussi rapidement que possible. C'est sur les résultats concrets de leurs efforts qu'il compte pour emporter le vote des crédits.

Toutefois, dans des notes secrètes, apparaît la crainte du gouvernement français de se laisser entraîner trop rapidement dans une situation de libération du commerce et de transférabilité des monnaies contraire à ses intérêts immédiats.

Le but de la proposition américaine est d'instituer entre les pays participants de l'OECE avant la fin de 1950 un système de transférabilité monétaire intégrale en Europe assurant la liberté des paiements courants, l'élimination des restrictions quantitatives tout en créant et en maintenant un équilibre des paiements. Les contingents qui resteraient en vigueur entre pays participants devraient prendre la forme des contingents multilatéraux. [...] Nous devons déclarer que la proposition américaine présente un grand intérêt puisqu'elle assume l'automatisme des paiements courants et qu'elle permettrait d'inclure dans le système l'Angleterre et l'Allemagne. Toutefois, il ne semble pas que le gouvernement français puisse accepter dans ce cas de supprimer tous les contingents avec tous les pays de l'OECE avant la fin de 1950. Ces engagements iraient bien au-delà de ceux qui sont contenus dans le rapport des experts du groupement France-Benelux-Italie et que le gouvernement français n'a consentis qu'avec tant de difficultés.[5]

Mais les négociateurs français craignent de se trouver rapidement les seuls à demander un délai pour une libération prudemment progressive. Les membres de l'OECE font pression sur la France pour obtenir une pleine réciprocité de traitement. De leur côté, les États-Unis demandent aux pays membres de l'OECE de se consentir rapidement aux uns et aux autres des suppressions de contingents beaucoup plus larges. Cette double pression se fait d'autant plus forte que les travaux de la commis-

4 27 juillet 1949, Note pour le Président, Libération des échanges, MAE, DE-CE 351.

5 13 décembre 1949, Note pour le Président, MAE, DE-CE 351.

sion de l'OECE relatifs à la création d'un *clearing* monétaire sont en très bonne voie de conclusion. Dès que celui-ci sera décidé, les négociateurs « ne pourront plus politiquement insister » pour une libération progressive[6].

Ces craintes sont d'autant plus justifiées que, dans le cadre des négociations à cinq en vue de la mise en place de l'union douanière avec l'Italie et le Benelux, appelée *Fritalux*, la Belgique et la Hollande souhaitent un rythme rapide de libération des échanges, ainsi qu'une démobilisation douanière symétrique. Ni les Français, ni les Italiens n'y paraissent disposés.

C. Les enjeux économiques

1. Le préalable monétaire à la libération

L'inflation galopante est un des problèmes majeurs auxquels la France est confrontée dans l'immédiat après-guerre. Les instances dirigeantes prennent conscience du fait que seul l'arrêt de l'inflation peut rendre la libération des échanges possible.

> Nous savions que notre système, totalement contrôlé sur la production et les échanges, tenait à ce que nous n'avions pas d'autres moyens que ces procédures administratives pour assurer les bases du ravitaillement, les priorités du commerce extérieur et pour essayer de contenir une inflation par des procédés dont on s'est débarrassé par la suite. Le problème d'une libéralisation ne s'est posé qu'à partir du moment où nous avons, d'une part, réussi l'arrêt de l'inflation et, d'autre part, réussi l'équilibre du commerce extérieur.[7]

En 1949, la France a pris trois mesures qui lui ont permis de satisfaire ses ambitions de libération des échanges, à savoir le prélèvement exceptionnel, la rationalisation des restrictions de crédit et la dévaluation. Le franc connaît deux alignements, en octobre 1948 et en septembre 1949, qui se proposent de mettre les prix français au niveau de ceux de l'étranger. Le franc est alors dévalué par rapport au dollar et revalorisé par rapport à la livre.

Le CNPF précise que ce remaniement des parités monétaires survient « au moment où on l'attendait et le souhaitait le moins » car le franc retrouvait sa solidité. Mais, comme il s'accompagne de la suppression de l'échelle complexe des taux de convertibilité que le CNPF n'avait

---

[6] 5 janvier 1950, Exposé de M. de Sailly, remplaçant de M. Filippi, à une délégation patronale, Archives du CNPF.

[7] Entretien avec Pierre Uri réalisé le 27 novembre 1985 par Gérard Bossuat, in *Travaux et Recherches*, automne 1988.

cessé de condamner, ce dernier se félicite de cette nouvelle étape dans la voie de la libre convertibilité des monnaies[8].

2. L'essor de productivité

Les enjeux de la libération des échanges sont considérables en termes d'augmentation des échanges commerciaux, d'amélioration de la productivité et de modernisation de l'appareil productif. Les instances dirigeantes françaises ont senti qu'il était dans leur intérêt de participer à cette expansion des échanges internationaux dans un cadre rationnel et conforme aux structures du pays.

Dans l'immédiat après-guerre, l'économie française ne peut s'équiper qu'au prix de l'inflation. Le gouvernement français pense ainsi que la libération des échanges, en pesant sur les prix français, pourrait être un moyen d'échapper à ce cercle vicieux. La libéralisation présente donc le double avantage d'élargir les marchés à certaines des productions françaises les plus dynamiques et d'établir une concurrence qui pourrait exercer une pression sur les industriels en les obligeant à accroître leur productivité[9].

Mais le gouvernement tient à ce que cette libération des échanges se réalise à un rythme supportable pour l'économie française. Le ministère des Finances a clairement conscience des dégâts qu'elle peut entraîner si elle est menée jusqu'au point où elle assainit les structures industrielles françaises et où elle met fin à la spirale inflationniste. Il prévoit donc que les lobbies industriels essaieront de la briser.

> Les protections et les rigidités de l'économie ont subsisté assez longtemps pour avoir permis une déformation de fond de la société française. Dès lors, de deux choses l'une :
>
> – ou la politique de libération se donnera, sans considération pour les intérêts particuliers lésés, les moyens de ses ambitions. Le risque est alors à craindre que l'équilibre ne puisse se rétablir qu'après une crise de dépression remettant en cause la plus grande part des structures existantes ;
>
> – ou la pression des éventuelles victimes de la remise en ordre empêchera de poursuivre cette politique jusqu'au point où elle exercerait un effet d'assainissement non plus seulement sur la conjoncture, mais sur les structures sclérosées de l'économie. Dans ce cas, la moindre impulsion extérieure ou intérieure (la poursuite du programme d'armement, la reprise d'objectifs d'investissements compatibles avec un équilibre à long terme, ou même un simple retournement d'opinion fondé ou non sur des considérations pure-

---

[8] Intervention de Georges Villiers sur les conséquences de l'alignement monétaire, in *Bulletin du CNPF*, septembre 1949.

[9] 22 février 1950, Le plan Monnet veut organiser le retour à une économie concurrentielle, Archives du CNPF.

ment économiques) relancera une nouvelle phase d'expansion où les tares de l'économie française alimenteront à nouveau l'inflation.[10]

Quand les intérêts des industriels sont pris en compte par les administrations françaises, leurs capacités sont largement surestimées et la protection effective dont bénéficie l'économie française est complètement ignorée.

Par exemple, une note du Quai d'Orsay de juillet 1949[11] portant sur la libération des échanges montre bien à quel point ce ministère n'a qu'une vague idée, à cette date, des difficultés réelles de l'industrie française en termes de prix, de structures, etc. Il propose, lorsqu'il n'existe pas de difficultés de paiement avec les partenaires commerciaux, de remplacer les restrictions quantitatives par des droits de douane, « sauf dans des cas particuliers indiqués par les ministères techniques (production industrielle, agriculture) en vue d'assurer une protection spéciale et exceptionnelle à certaines activités françaises ».

3. Les craintes à l'égard de la République fédérale

Il ressort des discussions de l'ensemble des administrations françaises au cours de l'année 1949 qu'une éventuelle libération des échanges ne pourrait pas s'étendre à l'Allemagne occidentale car certaines des pratiques allemandes de politique économique et financière intérieure sont jugées, par l'administration française, incompatibles avec le développement des échanges intra-européens. Cette dernière estime que la République fédérale substitue d'autres restrictions aux contingents d'importation et qu'elle fausse le système des échanges par des niveaux artificiels de prix ou de change à l'égard de certains pays. Enfin, elle estime que l'Allemagne bénéficierait de trois sortes d'avantages dans un système d'échanges libérés des restrictions quantitatives[12].

Le premier avantage tiendrait à la politique des bas salaires imposée par le gouvernement militaire de la bizone, qui a été longtemps justifiée par la nécessité de lutter contre l'inflation à la suite de la réforme monétaire allemande. Le second tiendrait à l'existence de doubles prix, spécialement pour la sidérurgie et le charbon. Cette pratique permet aux entreprises allemandes de réaliser un équilibre global de leurs opérations en effectuant une compensation entre les ventes réalisées à des prix différents sur les marchés intérieur et extérieurs, soit que les bénéfices à

---

[10] 15 juin 1952, Projet de rapport sur les *Comptes économiques de la Nation* pour l'année 1951, SAEF, 1A390.

[11] 27 juillet 1949, Note pour le Président, Libération des échanges, MAE, DE-CE 351.

[12] Juillet 1949, Note du service de coopération économique, Libération des échanges, MAE, DE-CE 351.

l'exportation permettent un abaissement des prix intérieurs, soit à l'inverse que les prix intérieurs soient majorés pour compenser les pertes subies sur les marchés extérieurs (cas de l'automobile). C'est ainsi, par exemple, que le coke allemand est vendu plus cher à l'étranger qu'aux utilisateurs allemands.

L'Allemagne, en troisième lieu, aurait des ressources en dollars qui échappent par définition aux autres pays membres de l'OECE : il s'agit des allocations militaires qui, venant s'ajouter à l'aide Marshall, lui permettent de s'approvisionner abondamment aux États-Unis aux meilleurs prix. L'Allemagne cause ainsi un double préjudice aux pays d'Europe occidentale, d'une part, en fermant ses frontières à la production européenne plus coûteuse que l'américaine, et, d'autre part, en exportant vers ces mêmes pays des produits fabriqués à partir de matières premières achetées dans des conditions exceptionnelles.

Les gouvernants français considèrent que cette politique commerciale de l'Allemagne, qui aboutit à un déficit considérable de sa balance des paiements avec la zone dollar et un excédent important sur les pays européens, est contraire à une politique de coopération et serait un obstacle majeur à la participation de l'Allemagne à un système d'échanges libérés.

Ces critiques des pratiques allemandes de politique commerciale ont été présentées par Maurice Petsche au groupe consultatif des ministres de l'OECE en 1949. Cette volonté d'exclure l'Allemagne occidentale des bénéficiaires de la libération des échanges, en raison des pratiques discriminatoires auxquelles elle se livre, n'est pas propre à la France : l'importante libération anglaise du mois d'octobre 1949 exclut la République fédérale et les États-Unis[13].

Les industriels reprennent à leur compte les critiques que le gouvernement français adresse à la politique commerciale allemande. Ils considèrent, de plus, que les prix de revient allemands sont plus bas que les leurs du fait du charbon moins cher, des charges sociales et fiscales moins lourdes et du suréquipement de certains secteurs. La France n'a pas rattrapé depuis 1945 le retard qu'elle avait sur l'Allemagne, même partiellement détruite. Enfin, les industriels redoutent que la libération des échanges avec l'Allemagne n'ait comme corollaire pratique la levée de certaines restrictions qui pèsent encore sur une partie de la production allemande et constituent une garantie contre la reconstitution de sa puissance de guerre. Ils ne comprennent pas que des usines allemandes qui devaient être démantelées soient encore intactes.

13 1er octobre 1949, Télégramme à l'arrivée, MAE, DE-CE 351.

D'autres membres de l'OECE encourent les critiques de leurs partenaires. La pratique du double prix est également répandue en France dans le domaine des phosphates et des potasses. La Grande-Bretagne, dont les prix de revient sont en général élevés et qui subventionne ses exportations par tous les moyens, est par ailleurs la principale accusée.

4. Le maintien des échanges au sein de l'Union française

À la Libération, les courants commerciaux d'avant-guerre qui reprennent entre la métropole et ses territoires d'outre-mer, amènent les services ministériels à s'interroger sur le maintien de ces circuits. Le département de la France d'outre-mer estime que les territoires d'outre-mer doivent pouvoir importer librement de façon à être en mesure d'écouler leur production sur les marchés étrangers à des prix de concurrence mondiale. À l'inverse, les services de l'Économie nationale veulent intensifier au maximum les échanges à l'intérieur de l'Union française afin d'économiser les devises étrangères. Le comité économique interministériel n'ayant pas pris de position nette, un compromis est adopté. Les productions coloniales doivent être vendues dans la métropole aux cours mondiaux mais la France leur garantit un débouché prioritaire sur son marché intérieur.

Ce système est en contradiction avec les principes de la libération des échanges dans le cadre de l'OECE[14]. Toutefois, cette dernière ne rend pas obligatoire la libération des échanges dans les pays d'outre-mer en 1949. Le Conseil de l'OECE a seulement demandé d'étudier, avant la fin de l'année 1949, dans quelle mesure et dans quels délais l'élimination des restrictions quantitatives pourrait être appliquée dans les territoires d'outre-mer. Mais le mémorandum du 30 septembre 1949 n'en fait pas mention. Afin d'éviter toute difficulté, les pays d'outre-mer, à l'exception de l'Algérie, ne sont pas inclus dans les accords de libération.

La politique du plan Monnet tend à assurer les circuits intérieurs de l'Union française en orientant progressivement la production métropolitaine vers les besoins en biens de consommation et de production des territoires d'outre-mer. Toute la question est de savoir si cette politique peut être maintenue dans le cas d'une libération des échanges.

Les producteurs des territoires d'outre-mer se disent menacés par la concurrence accrue des pays méditerranéens membres de l'OECE. Or, il leur est impossible d'abaisser leurs prix à la production, compte tenu de la politique sociale et des niveaux *minima* de salaires, eux-mêmes liés aux prix élevés de marchandises de consommation et de biens d'équipe-

[14] Libération des échanges dans les territoires d'outre-mer, in *Bulletin du CNPF*, 20 mars 1950.

ment importés de métropole. De leur côté, les producteurs métropolitains bénéficient de quasi-monopoles sur les marchés d'outre-mer et peuvent vendre leurs marchandises à un prix élevé. La faculté qui serait offerte aux importateurs nord-africains de s'adresser, entre autres, à la zone sterling signifierait l'impossibilité pour les fabricants français d'écouler leur production.

Les différents ministères, les industriels français et même les populations d'outre-mer, souhaitent concilier dans l'immédiat les deux nécessités en apparence contradictoires d'un accroissement des échanges entre les pays européens et d'un maintien des circuits intérieurs de l'Union française[15].

À plus long terme, les avis des services ministériels français divergent quant à l'extension de la libération des échanges aux territoires d'outre-mer. Dès l'origine, le Conseil économique est partisan de l'extension au profit de ces territoires des mesures de libération des échanges avec renforcement de la protection douanière[16].

En janvier 1950, les différents ministères français discutent d'un mémorandum mis au point par le ministre des Affaires économiques qui vise à étendre la libération des échanges aux territoires d'outre-mer.

Le ministère de l'Industrie et du Commerce y est réticent. Il souligne que cette mesure n'est pas obligatoire pour la France. Il pense qu'elle risque d'accroître dans des proportions énormes le volume des transactions entre les territoires d'outre-mer et les pays étrangers, ce qui entravera les exportations des produits industriels de la métropole vers ces territoires à une période où l'équilibre économique de la France en dépend. Enfin, il démonte l'argument des partisans de l'extension de la libération aux territoires d'outre-mer selon lequel les débouchés de l'industrie métropolitaine dans ces territoires seront garantis par la préférence impériale – en faveur de la métropole française – lorsqu'ils auront cessé de l'être par des contingents.

Cette argumentation n'aurait de valeur que dans le cas où le niveau des droits préférentiels accordés à la métropole serait suffisant pour assurer une protection efficace comme c'est le cas dans l'Empire britannique. Or, seuls les départements d'outre-mer, les établissements français d'Océanie, la Nouvelle-Calédonie et Saint-Pierre et Miquelon disposent à ce moment d'un régime douanier comportant des préfé-

---

15 16 juillet 1949, Service de coopération économique, Effet de la libération des échanges sur les territoires d'outre-mer, MAE, DE-CE 351.

16 20 février 1950, Le Conseil économique et la libération des échanges, résolution relative à l'application aux territoires français d'outre-mer d'une politique de libération, in *Bulletin du CNPF*.

rences en faveur de la métropole. Et encore, réserve faite des départements d'outre-mer qui appliquent le tarif métropolitain, les préférences en vigueur sont très faibles. En conclusion, le ministère de l'Industrie et du Commerce ne voit pas pour quelles raisons la France se montrerait beaucoup plus libérale que l'Angleterre en fait de protectionnisme colonial[17].

En revanche, le ministère des Affaires étrangères pense que l'élargissement du secteur concurrentiel sur les différents marchés de l'Union française permettra de faire pression sur les prix et d'amener les producteurs de la métropole comme ceux des territoires d'outre-mer à rendre leurs produits compétitifs. Mais pour atteindre ce but, il choisit une méthode progressive afin de ne pas « favoriser les formes centrifuges menaçant la cohésion de l'Union française »[18].

Les services ministériels proposent deux voies différentes, l'autarcie de la zone franc et la conciliation du maintien de la zone franc avec une ouverture sur les marchés extérieurs.

Comme la métropole et les territoires d'outre-mer retirent tous deux de très sérieux avantages de l'intégration réalisée, certains services ont envisagé d'accroître encore cette intégration. Or le pourcentage des échanges réciproques est déjà très élevé, il n'est pas possible d'augmenter les droits de douane à l'égard des pays tiers et la libération des échanges apparaît comme une obligation internationale. Enfin, l'aide que les territoires d'outre-mer apporteraient à la métropole s'accroîtrait encore par rapport à l'aide que la métropole pourrait leur apporter. Ce système tendant à l'autarcie aurait, par conséquent, de graves conséquences économiques. Les prix ne cesseraient de monter à l'abri de ces protections artificielles et les territoires d'outre-mer ne pourraient plus exporter vers l'étranger. Cela entraînerait à la fois une asphyxie économique et des difficultés politiques dans la mesure où ces territoires n'accepteraient pas une telle sujétion.

La seconde voie consiste à maintenir l'unité de la zone franc, avec davantage de souplesse, afin de pouvoir conserver les marchés extérieurs. C'est dans cette voie que s'engage le CNPF. Pour lui, il était irréaliste d'imaginer que les pays d'outre-mer ne se trouveraient pas indirectement affectés par les mesures de libération des échanges décidées pour les métropoles. En effet, les contingents étant supprimés pour l'importation d'un certain nombre de produits étrangers dans la métro-

---

17 10 janvier 1950, Lettre de Claude Beaurepaire, ministre de l'Industrie, au ministre des Affaires étrangères, Éventuelle libération des échanges dans les territoires d'outre-mer, MAE, DE-CE 351.

18 16 juillet 1949, Service de coopération économique, Effet de la libération des échanges sur les territoires d'outre-mer, MAE, DE-CE 351.

pole, les exportations coloniales de ces mêmes produits ne disposaient plus sur ce marché de protection quantitative tout en continuant à bénéficier de la protection résultant des droits de douane affectant les articles étrangers. Dans le même temps, les territoires d'outre-mer sont tenus de se réapprovisionner en France pour les produits manufacturés à des cours supérieurs aux cours mondiaux. La demande des pays d'outre-mer d'extension à leur profit des mesures de libération des échanges est donc, pour la centrale patronale, à la fois logique et équitable.

Le CNPF s'exprime donc en faveur de cette demande mais insiste pour que cette libération n'intervienne qu'après le rétablissement dans ces territoires des tarifs douaniers pouvant comporter une préférence à l'égard des produits français ou, quand cette mesure n'est pas envisageable, par voie d'élargissement progressif des contingents. Mais il est conscient que le maintien de la préférence est délicate et ne pourra s'appliquer que de façon très temporaire.

Un tel régime n'est, en effet, admissible que sous bénéfice de réciprocité. Or, cette dernière sera le plus souvent difficile à trouver sous forme d'avantages commerciaux équivalents consentis par la métropole aux pays d'outre-mer. Les exportations coloniales concernent fréquemment des matières premières pour lesquelles il n'existe pas de droits de douane à l'importation. Pour beaucoup d'autres articles, il s'agit d'importations qui concernent directement les productions métropolitaines et l'introduction de ces denrées dans la métropole risque d'alarmer les agriculteurs métropolitains menacés eux-mêmes par la surproduction et incapables d'exporter dans la mesure où ils produisent à des prix trop élevés. Il ne faut donc pas escompter que le système des préférences réciproques puisse être appliqué sur une très large échelle. Cela implique, pour les producteurs métropolitains, la nécessité de vendre à des cours qui ne s'écartent que faiblement des cours mondiaux. Au surplus, si les préférences ont été admises par l'accord des tarifs de Genève et la Charte de La Havane, c'est seulement à titre temporaire et pour éviter des déséquilibres de balance des comptes. Elles sont condamnées à terme, l'abaissement général des tarifs douaniers apparaissant également inévitable. Le régime préférentiel encore en vigueur à cette date n'est donc qu'un palliatif temporaire permettant les adaptations progressives de la production, mais non une mesure définitive garantissant le maintien des positions commerciales existantes[19].

L'intégration de la France d'outre-mer dans une union européenne nécessite la mise en ordre préalable de la structure administrative et économique de l'Union française. De plus, il est nécessaire de veiller à

---

[19] 22 avril 1950, Intégration de la France dans une union européenne et problèmes de l'Union française, Archives du CNPF.

ce qu'elle ne provoque pas une véritable dislocation de l'édifice commercial de cette entité. Dans ce but, le CNPF préconise aux syndicats de producteurs et de consommateurs de l'Union française la conclusion d'ententes prévoyant l'écoulement échelonné des productions sur des périodes fixées d'un commun accord à des prix ayant pour référence les cours mondiaux. Cette solution aurait le mérite de maintenir les courants existants, de garantir aux producteurs l'écoulement de leur production et aux consommateurs un approvisionnement régulier[20].

II. La hausse des tarifs douaniers accompagne les débuts de libération des échanges

A. Des pressions pour augmenter les tarifs douaniers en France

Les droits de douane français, inchangés depuis les années 30, sont devenus complètement inopérants au début des années 50. Seuls quelques droits de douane ont été rétablis en décembre 1947 et avril 1948 sur des produits particulièrement sensibles, comme les produits pétroliers et les automobiles. Ce n'est qu'en septembre 1948 qu'il apparut nécessaire au ministre des Finances et des Affaires économiques de les rétablir progressivement afin d'assurer au marché français une protection suffisante contre la concurrence qui devenait perceptible dans de nombreux secteurs et d'apporter des ressources supplémentaires au Trésor. À cette époque, la France, comme les autres pays du GATT, négociait une baisse de ses tarifs douaniers à la conférence de Genève (1947) et à celle d'Annecy (1949).

Ce contexte amène les producteurs français, apeurés devant une concurrence plus vive, à faire pression sur leur gouvernement pour augmenter les tarifs douaniers. Ainsi, la commission de libération des échanges du CNPF souhaite que les droits encore suspendus soient rétablis pour tous les produits libérés des restrictions quantitatives[21]. Les Chambres de Commerce et d'Industrie vont plus loin. Elles demandent une hausse des droits de douane « dans tous les cas où ce serait nécessaire ». Seule l'Union des industries exportatrices demande l'exemption des droits à l'importation du matériel d'équipement, afin de faciliter le rééquipement de l'industrie européenne et de permettre le développe-

---

[20] 17 janvier 1951, La libération des échanges dans les territoires d'outre-mer, Pierre Vallée, rapporteur de la Commission de l'Empire, Archives du CNPF.

[21] 25 avril 1951, Commission de libération des échanges, Archives du CNPF.

ment de leurs capacités productives[22]. Elle regrette même que la France n'ait pas tiré pleinement profit de la modicité relative de ses tarifs douaniers pour demander un abaissement général des tarifs douaniers.

Mais le ministre des Affaires étrangères ne partage pas son point de vue. Il pense qu'au moment où la libération des échanges facilite l'accès du marché français aux producteurs allemands et britanniques, l'industrie mécanique, dont le rééquipement et la modernisation ne sont pas terminés, doit continuer à bénéficier d'une protection tarifaire sans distinguer le type de biens sur lequel elle porte[23].

Le 1er janvier 1949, le tarif français est augmenté de 15 %. Le 15 novembre 1949, 90 % des droits d'importation étaient effectivement perçus, frappant les trois quarts du commerce français d'importation. Les droits n'ont cependant pas été rétablis sur les produits dont la taxation aurait pu avoir une répercussion notable sur le coût de la vie. Ainsi, les taxes sur tous les aliments de grande consommation demeurent suspendues.

> Il est difficile de chiffrer de façon précise l'incidence du rétablissement des droits. On peut observer cependant qu'à la suite de l'arrêté du 16 octobre 1948, les importations correspondant aux 1 800 positions tarifaires sur lesquelles les droits ont été rétablis par cet arrêté sont passées de 22,8 milliards de francs (1er semestre 1948) à 19,4 milliards de francs (1er semestre 1949). On pourrait donc penser qu'une contraction des échanges de l'ordre de 12,5 % en moyenne peut être considérée comme le résultat du rétablissement des droits.[24]

Le comité de révision douanière, créé par un décret du 19 janvier 1950, procède à un examen des tarifs douaniers français en vue de la conférence de Torquay (Angleterre) prévue à la fin septembre afin de proposer des modifications de ces tarifs au gouvernement. Il s'est exprimé en faveur d'une réduction du niveau des droits[25]. Mais il envisage de maintenir une protection élevée pour les produits sensibles. Ainsi, il propose de ne pas réduire le tarif douanier automobile, qui est à cette époque de 35 %. Les Français ne veulent pas étudier la protection douanière en fonction de la seule concurrence européenne, en négligeant la concurrence en puissance des producteurs américains, d'autant plus redoutables qu'ils semblent intéressés par le marché européen.

---

[22] 16 décembre 1950, Lettre de l'Union des industries exportatrices au ministre des Affaires étrangères, Robert Schuman, MAE, DE-CE 80.

[23] 6 janvier 1951, Réponse de Robert Schuman, MAE, DE-CE 80.

[24] 30 novembre 1949, Lettre du chef de la délégation française au Secrétaire général de l'OECE, MAE, DE-CE 351.

[25] Rapport de la Commission de révision douanière, MIC, 830589 art. 13.

En France, la Chambre syndicale des constructeurs d'automobiles demande le maintien des tarifs, dans la mesure où les industriels du secteur paient le charbon plus cher que leurs concurrents européens, davantage d'impôts et de charges sociales. Elle est pleinement soutenue par la direction des Industries mécaniques et électriques du ministère de l'Industrie et du Commerce qui n'envisage pas de fixer la protection de l'industrie automobile française au-dessous de ce que s'octroie l'industrie britannique.

La position de la direction des Relations économiques extérieures est très différente. Elle estime que l'industrie automobile, qui se désintéresse de l'exportation, regarde le marché intérieur comme une réserve inviolable sur laquelle elle peut se replier en cas de nécessité et doit se faire inciter pour exporter 30 % de sa production. En conséquence, elle demande un abaissement substantiel des droits de douane de ce secteur. Elle désirerait voir ramener ces tarifs à 20 % ou, dans un esprit de conciliation, à 25 %.

La direction des Industries mécaniques et électriques du ministère de l'Industrie et du Commerce craint que si le droit est abaissé, les constructeurs ne fassent porter l'intégralité de leurs efforts sur le marché intérieur et que l'exportation ne retombe à 6 ou 7 % de leur production, comme avant la guerre. M. Bellier, le Président du Comité de révision douanière qui est également le Directeur de la direction des Industries mécaniques et électriques, rappelle que l'industrie automobile est un enjeu de première valeur dans les négociations internationales et qu'il faudrait faciliter la tâche des négociateurs en lui conservant un droit de douane assez élevé. Mais il ne peut pas rejeter en bloc les propositions de la direction des Relations économiques extérieures et s'entend sur un droit de 25 %.

B. Les exigences tarifaires des industriels allemands

Le BDI, représenté par M. Hartmann, a participé aux travaux préparatoires du nouveau tarif douanier allemand menés au ministère de l'Économie. Ces travaux, qui définissent les propositions allemandes pour les négociations de la Conférence de Torquay, doivent donc être menés avec la plus grande diligence.

Les négociations des accords commerciaux sur la base de l'ancien tarif sont devenues impossibles. L'ancien tarif est spécifique, c'est-à-dire que les droits sont perçus d'après la nature et la quantité des produits, contrairement aux droits *ad valorem* qui sont perçus en proportion de la valeur des articles importés. Cet ancien tarif a pratiquement perdu toute valeur. Les droits spécifiques encore en place assurent une protection qui correspond à la moitié de celle de 1938. Pour certaines importations, l'effet protecteur de l'ancien tarif n'est plus que d'un tiers. Il fallait donc mettre en place un nouveau tarif douanier, *ad valorem*, pour lequel la République fédérale a pris comme base les travaux de la commission d'étude de Bruxelles pour une union douanière européenne.

Les intérêts des industries productrices et transformatrices ont été pris en compte au sein du comité tarifaire avec le plus d'équité possible. Les industriels ont montré, dans l'ensemble, peu d'empressement pour les réductions tarifaires. Ils ont insisté sur la difficulté de faire des propositions tarifaires précises alors que leurs industries sont en cours de reconstruction et de modernisation.

Face aux fortes exigences tarifaires de l'agriculture, le représentant de l'industrie n'a pas cessé de répéter qu'il était impossible de se mettre d'accord sur un niveau qu'il ne serait pas possible de minorer par la suite. Il a insisté pour faire valoir un tarif équilibré entre les exigences de l'agriculture et celles de l'industrie, ne voulant pas être seul à faire les frais des choix de politique tarifaire.

Le ministère de l'Économie a reconnu la nécessité d'une protection de l'industrie chimique, qui jusqu'alors n'en avait pas besoin ou se suffisait d'une protection beaucoup plus légère. Elle a, en effet, été profondément amoindrie par la perte de ses succursales, de ses brevets, de ses débouchés à l'Est, les démontages, les limitations et les interdictions de production, la décartellisation de l'IG Farben, le renchérissement des achats de matières premières à l'étranger du fait de la mise en circuit du JEIA et, également, le recul de la recherche.

Le ministère des Finances, moins soucieux que son homologue de l'Économie des intérêts des industriels, est souvent favorable à une forte baisse des tarifs.

L'organisation professionnelle de la chimie a dû entretenir en mars 1950 un long échange épistolaire avec, d'un côté, les firmes concernées et, de l'autre, les ministères, et particulièrement celui de l'Économie, au sujet du tarif douanier du secteur. En effet, les firmes chimiques allemandes possèdent toutes une direction dont le but est d'améliorer les ventes et d'intervenir auprès du gouvernement de Bonn pour la fixation des tarifs douaniers qui intéressent la firme. Mais, quand plusieurs firmes chimiques sont concernées par une même action tarifaire, l'organisation professionnelle de la branche intervient à leur place.

L'industrie allemande de la potasse considère qu'elle est dans une position délicate. La séparation de l'Allemagne a mis 61 % des capacités de production allemande sous influence soviétique. Les concurrents sont de plus en plus virulents, que ce soient les pays de l'Est, l'Union soviétique ou la France avec laquelle les accords sur les prix n'existent plus. La concurrence des États-Unis est moins dangereuse dans la mesure où la production est plutôt destinée à l'agriculture américaine. Les producteurs de potasse craignent un effondrement de leur marché intérieur et une livraison massive de produits à bas prix venant des pays voisins, en particulier des potasses d'Alsace. Ils souhaitent donc disposer d'un tarif douanier élevé.

L'industrie allemande d'azote craint l'entrée en vigueur du nouveau tarif douanier qui doit se faire concomitamment avec la suppression des mesures de restrictions des importations encore en place, telles que l'interdiction d'importer, l'échelonnement des tarifs douaniers entre 80 % et 240 %, le contingentement des devises et les accords internationaux sur l'azote. Le maintien de ces mesures était d'autant plus surprenant que l'industrie de ce secteur était à la fois puissante et très moderne. Elle demande un droit de douane de 50 % sur les engrais azotés et de 30 % sur les produits azotés. Le Président de la Commission douanière, Hagemann, rappelle que le gouvernement fédéral ne souhaite pas fixer un droit au-delà de 35 %. Mais les représentants des syndicats et du commerce soutiennent l'industrie dans sa requête d'un tarif douanier élevé. Le ministre de l'Alimentation est prêt à soutenir cette demande si les syndicats d'agriculteurs n'y sont pas opposés, ce qui semble être le cas.

De la même façon, l'entreprise BASF demande un tarif douanier de 20 % minimum sur les produits intermédiaires de matières colorantes. Et Wasag-Chemie AG est favorable à un faible relèvement des tarifs douaniers sur les matières explosives et demande à Hagemann de ne rien concéder sur les positions douanières déterminées à Torquay.

L'industrie chimique allemande dans son ensemble craint que de nouvelles baisses des tarifs douaniers ne soient décidées à son insu.

> La question d'un nouveau tarif douanier, suite aux protestations de l'HICOG (*High Commissionner for Germany*) et dans la perspective de la conférence de Torquay, a suscité dans l'industrie un grand intérêt mais également un malaise grandissant. Nous n'avons pas besoin de souligner que ce malaise est dû en grande partie à la volonté affichée par la commission tarifaire de réduire les tarifs douaniers.[26]

De leur côté, les représentants de l'industrie automobile allemande se plaignent des suites de la guerre (35 % des capacités de production sont désormais en territoire soviétique, 70 % des moyens de production ont été détruits) et d'incertitudes économiques à la suite de la réforme monétaire. En conséquence, ils demandent une forte augmentation de leur tarif douanier. Depuis des années, le tarif est de 75 DM par 100 Kg. Comme il est basé sur la valeur du produit importé, les fortes baisses de

---

[26] 15. Juli 1950, Arbeitsgemeinschaft chemische Industrie an Herrn Hagemann, Deutsche Zolltarifreform, BA, B102/7281.

prix l'ont réduit. Les importations sont effectivement taxées de 12 à 16 %. À la même date, les concurrents européens de l'Allemagne (le Royaume-Uni, la France, l'Italie) possèdent des tarifs compris entre 30 et 40 %. Le responsable de l'organisation professionnelle de l'automobile, Max von Thoenissen, pense qu'il ne serait pas juste de faciliter l'accès du marché allemand aux concurrents européens alors qu'ils ont dressé un véritable mur pour entraver les importations sur leur propre territoire[27].

En effet, la France connaît à cette date un tarif douanier de 35 %. Celui du Royaume-Uni est de 33,3 % et celui de l'Italie est compris entre 35 et 45 %. De l'avis général, les surtaxes qu'ils appliquent en plus des tarifs douaniers sont encore plus discriminatoires. En France, les taxes sur la fabrication et le timbre fiscal portent la taxation des automobiles à 59 %. Pour bénéficier des mêmes conditions de départ que leurs concurrents, les représentants de l'industrie automobile allemande demandent un tarif douanier de 35 %.

Ils voulaient même demander 40 %, mais leur interlocuteur du ministère de l'Économie leur a fait remarquer qu'un tel tarif n'était accordé par le gouvernement fédéral que dans des cas tout à fait exceptionnels, et que cela les gênerait dans leurs futures négociations avec les États-Unis. L'industrie automobile allemande a déjà libéré totalement ses importations. Avant de faire de nouvelles concessions commerciales, elle attend une réaction de ses partenaires européens. Dans cette perspective, elle pense devoir conserver des tarifs élevés pendant au moins deux ans.

Au vu des difficultés de l'industrie automobile allemande, le ministère fédéral de l'Économie a accepté de fixer le tarif douanier à un niveau élevé. Il manifeste ainsi sa volonté de mieux utiliser cet outil comme régulateur du commerce extérieur. Le BDI, mécontent du niveau trop élevé du tarif, examine, avec les associations qui le constituent, les possibilités de révision.

Dans l'intérêt des industries exportatrices allemandes, qui doivent bénéficier des plus fortes réductions douanières possibles afin d'améliorer leurs débouchés, le BDI a dû modérer les exigences tarifaires excessives de certaines industries. Cette attitude mesurée lui a permis, à diverses reprises, de s'opposer aux tentatives de l'agriculture d'augmenter les tarifs douaniers.

---

[27] 11. November 1949, Verband der Automobilindustrie, von Thoenissen, an den Bundesminister für Wirtschaft, Erhard, Neuer deutscher Zolltarif, BA, B102/7283.

C. La stagnation des réductions tarifaires au sein du GATT

Contrairement aux conférences tarifaires précédentes, celle de Torquay qui a lieu du 28 septembre 1950 au 31 mars 1951, ne présente plus la réduction des tarifs douaniers comme une priorité. Il est clair que des intérêts protectionnistes forts se sont exprimés dans le cadre du GATT. Les États-Unis n'insistent plus pour réduire les tarifs douaniers arguant du fait que les retombées nationales de la fixation des tarifs sont très importantes.

À Torquay, les pays signataires des accords de Genève (1947) et d'Annecy (1949) ont eu la possibilité de revenir sur les concessions tarifaires qu'ils s'étaient mutuellement accordées. La France demande la déconsolidation de 190 produits, sur lesquels des concessions avaient été initialement négociées à Genève et Annecy avec d'autres pays membres du GATT. Ces nombreuses déconsolidations s'expliquent par le fait qu'elle dispose du tarif douanier le plus volumineux du monde et que, sous la pression des Américains, elle avait été amenée à consentir à Annecy des réductions de tarifs substantielles dont elle n'avait pas toujours mesuré la portée[28].

Il ne faudrait pas exagérer le poids de ces déconsolidations : elles représentent seulement 3 % des importations françaises de 1948 et sont assorties d'offres de contreparties notables. Robert Schuman, ministre des Affaires étrangères, explique que des modifications structurelles sont intervenues dans l'importance relative des exportations de différents pays à destination de la France depuis 1948 et qu'il n'a pas semblé possible de poursuivre la politique de libération des échanges en laissant à découvert, au point de vue tarifaire, certains secteurs de l'économie. Il précise qu'il est apparu, à cet égard, que certains droits avaient été exagérément abaissés à Genève en 1947[29].

Une pièce maîtresse de l'offre de la France, par ailleurs plutôt insuffisante, est de ramener le tarif automobile à 25 % à condition d'une réduction simultanée des tarifs allemand et anglais. La délégation allemande y est plutôt disposée.

Le CNPF, qui dispose d'un représentant à la conférence, s'étonne de « la hâte avec laquelle la France a signé les protocoles rendant ainsi les nouveaux droits applicables dès le 6 juin alors que les 32 nations qui n'ont pas encore signé ont le droit d'attendre jusqu'au 20 novembre ». Il déplore l'insuffisance de liaison entre négociateurs et professions, alors

---

[28] 4 novembre 1950, Conférence des chefs de service chez M. Bellier, le Directeur des industries mécaniques et électriques, MIC, 771523 art. 230.

[29] 6 janvier 1951, Lettre de Robert Schuman à l'Union des industries exportatrices, MAE, DE-CE 80.

que d'autres délégations, comme la délégation allemande, comprenaient plusieurs représentants des professions. Toutefois, il est reconnaissant à la direction des Relations économiques extérieures d'avoir limité les concessions[30]. Il regrette pourtant que les pays qui n'ont pas pris part à la conférence bénéficient automatiquement, par le jeu de la clause de la nation la plus favorisée, des concessions réciproques que se sont accordées ceux qui y ont participé. Mais, globalement, il reconnaît qu'il n'a pas eu à se plaindre du tour des discussions.

La presse allemande déplore le manque d'envergure des réductions tarifaires de Torquay. Elle parle même de « soi-disant » concessions douanières dans la mesure où cette conférence entraîne une forte augmentation des droits allemands, avec 30 % sur les automobiles, 25 % sur les carrosseries et châssis d'automobiles et 25 % sur les pièces détachées[31].

Lors de la conférence, la principale négociation a été celle réunissant la France et la République fédérale. Importante, elle l'a été à deux titres : c'était le premier accord tarifaire entre ces deux pays depuis la guerre et la négociation portait sur une très grande variété de produits, pour lesquels la concurrence allemande était souvent redoutable. Les pourparlers ont été longs et difficiles surtout autour du tarif allemand. La France dut consentir de nouvelles concessions. Toutefois, les Allemands se plaignent du peu de moyens de pression dont ils disposent sur la France. Celle-ci a ainsi pu limiter ses requêtes à l'égard de la République fédérale dans le but d'avoir peu à concéder elle-même. Les Allemands jugent les négociations peu satisfaisantes, les négociateurs n'étant pas prêts à faire de grandes concessions dans la mesure où ils pressentent que les tarifs douaniers représentent le dernier rempart de protection dans ce contexte de libération des échanges.

D. De nouveaux tarifs douaniers nationaux plus élevés

Le nouveau tarif français, établi en janvier 1948, adopte une nomenclature moderne et un système de taxation *ad valorem*. Dans l'ensemble, ce tarif est plus restrictif que le précédent. Les partenaires commerciaux ont accepté une protection douanière renforcée du marché français, étant entendu que la France éliminerait l'ensemble de ses contingents dès que sa situation monétaire le lui permettrait.

Certaines voix se sont élevées contre ce nouveau tarif douanier. Le Comité d'action économique et douanière s'est proposé de le « ramener

[30] 10 juin 1951, Rapport général sur l'activité de la Commission des relations économiques internationales, Archives du CNPF.

[31] *Industriekurier*, 10 mai 1951.

aux seuls cas et aux seules proportions où les besoins objectivement reconnus du marché français le rendent éventuellement utile »[32]. Il argue du fait que l'application du tarif douanier n'est réclamée par aucune branche de la production nationale, la protection du marché intérieur étant assurée par les restrictions quantitatives. Elle serait de nature à contrarier la politique des unions douanières et, plus généralement, celle de la coopération économique européenne, en rétablissant des habitudes protectionnistes et en compliquant les négociations internationales. Enfin, en s'ajoutant au contingentement des importations et au contrôle des changes, l'application du tarif contredirait les accords de Genève et de La Havane aux termes desquels le tarif doit devenir ultérieurement le mode unique de protection, mais non se superposer aux restrictions quantitatives que ces accords tolèrent pour la seule durée d'une période de transition.

Parallèlement à la mise en place de ce nouveau tarif douanier français, de nouvelles procédures administratives gênent les importations en France à la fin de l'année 1947 : l'obligation de produire une facture consulaire à toute importation de marchandises taxées *ad valorem* et celle de présenter le certificat d'origine avec la déclaration de douane de marchandises à l'importation.

Dans le domaine chimique, l'importation en France de spécialités pharmaceutiques est assortie d'une autorisation préalable de la commission des visas, dont le but, d'après la firme allemande Bayer, est de « réduire le plus possible les importations de ces spécialités ». La loi française oblige le fabricant à indiquer les procédés de fabrication des produits, ce qui permet au concurrent de copier le produit.

C'est en octobre 1951 que la République fédérale adopte un nouveau tarif douanier, nettement plus protecteur, qui met fin aux tarifs von Bülow datant de 1902[33]. Les nouveaux droits *ad valorem* varient entre 8 % et 35 %, alors que les précédents n'offraient qu'une variation de 2 % à 10 %. Il s'ensuit donc une hausse substantielle des droits de douane.

Quand le projet de réglementation tarifaire a été présenté dans le cadre du GATT, à la conférence de Torquay, la Haute Commission Alliée a immédiatement émis de solides réserves quant au niveau de protection du secteur agricole qu'offrait le nouveau tarif. Par ailleurs, les tarifs

---

[32] 12 octobre 1948, Lettre à Hervé Alphand, le directeur général des Affaires économiques, financières et techniques, MAE, DE-CE 80.

[33] Ambrosius, G., « Europäische Integration und wirtschaftliche Entwicklung », in H. Berding, *Wirtschaftliche und politische Integration in Europa im 19. und 20. Jahrhundert,* Göttingen, 1984, p. 280.

douaniers sur les automobiles ont été jugés prohibitifs par un des membres du *Bundestag*.

Pourtant, l'administration économique (la *Verwaltung für Wirtschaft*) a empêché la République fédérale d'augmenter ses tarifs douaniers aussi fortement que d'autres pays européens comme la France et l'Italie.

À partir de 1951, le tarif douanier a été réduit pour de nombreux produits, quand les gouvernants se sont rendu compte de la dépendance de leur pays à l'égard de certaines importations. Mais, après la conférence de Torquay, pratiquement aucun progrès de réduction tarifaire n'a été réalisé.

III. Conclusion

De nombreux pays, dont la France et la République fédérale, ont augmenté leurs tarifs douaniers pour améliorer leur position de négociation en vue des réductions tarifaires ultérieures et pour ne pas sentir les effets des premières suppressions des restrictions quantitatives dans le cadre de l'OECE. En effet, les nouveaux droits de douane ont été calculés pour tenir compte de la future suppression des contingents.

Il apparaît qu'on peut rapprocher l'attitude des industriels français et allemands dans cette toute première phase de libération des échanges. Ils cherchent tous deux à relever le rempart des tarifs douaniers en prévision de l'accentuation du démantèlement des restrictions quantitatives.

CHAPITRE III

Le type de relance européenne choisi par les organisations patronales françaises et allemandes

I. Les ententes, pivot du mouvement d'unification dans la pensée patronale

A. Les plans d'entente industrielle en Europe

En 1950, un membre de la commission des relations économiques internationales du CNPF reconnaît que son organisation patronale est « attachée à une liberté économique disciplinée »[1]. Ses membres sont, en effet, partisans d'une économie de marché « encadrée » c'est-à-dire régularisée par des ententes, des cartels ou des syndicats[2]. Cela ne les empêche pas de reconnaître les inconvénients des ententes, leur côté malthusien et le fait qu'elles supposent une certaine égalité de départ entre les industries qui n'existe pas forcément dans les faits.

Des plans d'intégration sectorielle de la sidérurgie sont élaborés pendant la guerre. Ainsi, Alexis Aron, sidérurgiste, a essayé d'appliquer un plan d'entente européenne quand il devient le commissaire de l'Office professionnel de la sidérurgie française après la Libération. Mais une partie des sidérurgistes considère ce plan comme trop interventionniste. Il est finalement rejeté en 1946. Le projet est toutefois repris trois ans plus tard, à la demande de la Chambre syndicale de la sidérurgie française quand des risques de surproduction se dessinent. Mais il achoppe à nouveau sur les propositions de renforcement interne des mécanismes de l'entente nationale (le CPS)[3].

Ces projets d'intégration européenne sectorielle placée sous la responsabilité et le contrôle des entrepreneurs, même s'ils ne voient pas immédiatement le jour, ont une certaine influence sur le mouvement

---

1 2e semestre 1950, réunion de la commission des relations économiques internationales, Archives du CNPF.

2 Girault, R., « Europe du patronat ou patrons européens », in M. Dumoulin *et al.*, *L'Europe du patronat de la guerre froide aux années 60*, Berne, 1993.

3 Mioche, P., « L'adaptation du patronat de la sidérurgie française à l'intégration européenne de 1945 à 1967 », in M. Dumoulin *et al.*, *L'Europe du patronat de la guerre froide aux années 60*, Berne, 1993.

patronal. Ce modèle inspire Pierre Ricard lors de la conférence de Westminster en août 1949. Le principe de la libération des échanges est acquis à cette occasion. La méthode de l'élargissement progressif du contingent d'importation existant est choisie car elle permet de doser les effets des mesures prises et de réaliser, avec le minimum de heurts, les adaptations techniques et commerciales nécessaires. De plus, cette méthode est propre à faciliter les accords entre industriels, tandis que la libération brutale des importations d'une industrie ou d'un secteur d'industries déterminés (l'autre méthode un instant envisagée) peut inciter certains pays à abuser de la « porte ouverte » et à se refuser à de tels accords[4].

La pensée européenne du patronat des années 50 se réclame d'autres héritages. René-Paul Duchemin[5], Président de l'Union des industries chimiques et de la Confédération Générale du Patronat Français, avait exprimé dans les années 20 des idées favorables aux ententes. Sa position sur les cartels continue d'être une référence pour le mouvement patronal à la fin des années 40.

Les industriels français lancent également, immédiatement après la guerre, un projet d'entente avec l'Allemagne. Durant l'été 1948, un mémorandum du groupe de travail d'André François-Poncet, composé de trois membres du CNPF et de cinq membres de syndicats professionnels, présente des observations sur le problème allemand. Ce groupe se fait l'avocat d'une entente industrielle avec l'Allemagne sur les prix, la clientèle, les brevets et les licences. Nous pouvons considérer que cela reflète les souhaits d'une bonne part du patronat industriel. Ces observations reprennent largement les idées d'André François-Poncet, favorable aux cartels européens pour relancer la production, assurer un contrôle efficace sur l'Allemagne et donner aux Allemands la possibilité de subvenir à leurs besoins. Elles s'inspirent également des idées de René-Paul Duchemin.

B. La réticence des industriels à mettre en place des ententes

Bien que tous s'accordent à reconnaître une place capitale aux ententes, le CNPF remarque avec dépit que ses mandants, les industriels et commerçants français, hésitent généralement à participer à des conven-

---

4 20 janvier 1950, Commission du commerce extérieur du CNPF, Archives du CNPF.

5 Ingénieur chimiste puis Président de la Compagnie Kuhlmann, qui était alors le seul grand chimiste français, et de Francolor. Membre du conseil d'administration de la société chimique des usines du Rhône avant sa fusion avec les établissements Rhône-Poulenc Frères en Rhône-Poulenc. Président de la CGPF pendant l'essentiel de l'entre-deux-guerres, il signe les accords Matignon avant de démissionner en octobre 1936. Vichyssois pendant l'occupation, il est condamné à l'indignité nationale à la Libération.

tions professionnelles et à aliéner une partie de leur indépendance pour se soumettre à des règles communes. Ils invoquent, pour justifier leur inertie, l'existence d'une réglementation sur les ententes conçue en des termes très généraux et dont l'application présente, par conséquent, une marge d'autodétermination assez large qui leur inspire une certaine « crainte révérentielle »[6].

Le maintien des ententes soulève autant de difficultés et exige autant d'efforts que leur création. Convaincus de l'utilité des ententes, certains responsables patronaux ont envisagé un système d'allégement des ententes qui consistait à faire reconnaître certaines d'entre elles par les pouvoirs publics et à leur accorder des avantages, notamment en matière de crédit ou de marchés. L'idée d'ententes obligatoires ou d'extension obligatoire des ententes, qui avait déjà fait l'objet de longs débats en 1935 devant le parlement français avant d'être finalement rejetée, a également été reprise. Mais les milieux patronaux n'ont pas manqué de souligner que le caractère conventionnel et privé des ententes ne pouvait s'accommoder de facultés et d'obligations dont le contrôle administratif serait tôt ou tard le complément nécessaire et que l'entente obligatoire conduirait inévitablement à substituer un pouvoir réglementaire aux disciplines adoptées par les professionnels eux-mêmes. Cependant, la plupart des projets s'accordent à imposer des limites à cette indépendance.

Cette réticence des industriels à engager des conversations avec les professions similaires des autres pays est probablement due à une trop forte différence des capacités de production. Alors que certaines industries particulièrement organisées et dont la capacité de production n'est pas trop différente de celle de leurs concurrentes, comme la construction électrique en France, entrent en conversation avec leurs homologues étrangères, d'autres industries moins fortunées ou plus timides se refusent à franchir le pas.

> Ce sont ces hésitations propres aux industriels et non pas seulement les empêchements des pouvoirs publics qu'il faudrait lever.[7]

La direction des Industries mécaniques et électriques du ministère de l'Industrie et du Commerce pense que, pour pouvoir traiter sans complexe d'infériorité avec une profession d'un autre pays, le secteur français devrait d'abord réaliser en son sein une certaine unité. Quand il

---

6 22 juin 1955, Commission d'études Noiret, Rapport sur la politique des pouvoirs publics à l'égard des réformes de structure, MIC, 780995 art. 13.

7 19 décembre 1949, Lettre de M. Bellier, Directeur des Industries mécaniques et électriques au ministère de l'Industrie, à René Perrin, Président de l'ACADI, MIC, 830589 art. 11.

existe des ententes valables au plan national (au moins entre un certain nombre d'entreprises), une profession est mieux placée pour réaliser des ententes internationales.

Mais si la direction des Industries mécaniques et électriques espère susciter la création d'ententes industrielles, elle souhaite que ces ententes soient contrôlées par les gouvernements nationaux ou par une institution de nature européenne[8]. C'est d'ailleurs cette notion de contrôle qui distingue les accords de production des accords restrictifs contre lesquels le gouvernement français s'est prononcé à plusieurs reprises.

C. Les ententes au cœur de l'intégration européenne

Dès que l'idée d'intégration européenne a pris de l'élan, les leaders du mouvement patronal français développent des projets pour montrer comment les cartels présents et à venir peuvent devenir le pivot du mouvement d'unification[9]. Ils s'inquiètent de la concurrence interne que risque d'engendrer la liberté des échanges et proposent de l'adoucir en remettant sur pied des ententes efficaces dans la perspective d'une récession qu'ils croient pouvoir anticiper. Les ententes peuvent, en particulier, aider à réduire les prix de revient. La question est particulièrement cruciale dans le cas français où les disparités entre les prix nationaux et ceux des concurrents étrangers, qui sont de l'ordre de 20 % au détriment de la France, expliquent en grande partie les problèmes persistants du commerce extérieur dans les années 50.

Ainsi, de la fin 1949 à 1950, les sidérurgistes français réactivent leurs projets d'ententes. Mais la déclaration Schuman les prend de court[10].

Les industriels ont conscience que la libération des échanges et, à plus longue échéance, l'unification économique de l'Europe « les conduisent nécessairement à repenser leur industrie pour tendre vers une mise en commun, avec leurs confrères, des techniques de fabrication »[11].

Les rapports du comité du CNPF sur les cartels internationaux insistent pour éliminer les restrictions commerciales et les tarifs douaniers, mais seulement une fois que les accords industriels, fonctionnant librement, auraient soigneusement préparé une égalisation des conditions.

---

[8] 15 novembre 1949, Note de la direction des Industries mécaniques et électriques concernant les dangers d'une libération intempestive des échanges de produits mécaniques avec l'Allemagne, MIC, 830589 art. 11.

[9] Ehrmann, H., *Organized Business in France*, Princeton, 1957.

[10] Mioche, P., *La sidérurgie et l'État en France des années 40 aux années 60*, thèse d'État, Université Paris IV, p. 618.

[11] *Rapport annuel de Saint-Gobain*, 1949.

Allant dans le même sens, les industriels allemands insistent pour que les firmes aient la possibilité de conclure des accords régionaux sans se trouver confrontées aux principes de décartellisation des puissances d'occupation ni aux nouveaux règlements allemands.

Les industriels demandent un délai car ces conversations et ces accords entre professions ne se noueront vraisemblablement qu'assez lentement même si le climat est favorable. Or, les gouvernements, pour des raisons de politique générale, paraissent pressés d'adopter des mesures d'intégration européenne qui ne laissent pas le temps à cet « équilibre des économies européennes » de se réaliser.

Le CNPF et le BDI reconnaissent que les cartels internationaux pourraient, d'une part, jouer le rôle d'amortisseurs des heurts économiques et sociaux que la libération des échanges est susceptible de provoquer.

> Nous avons tout intérêt à montrer qu'il n'est pas possible de réaliser une intégration économique de l'Europe et un élargissement des marchés si, par des accords professionnels, les industries des divers pays organisées préalablement chez elles n'essaient pas d'apporter des moyens de régulariser la production, de coordonner les investissements et de tâcher d'obtenir une politique de vente cohérente, tant sur le Marché Commun que sur les marchés tiers.[12]

D'autre part, ils pourraient être des outils d'adaptation aux marchés intégrés. Les accords de cartels favoriseraient la spécialisation et la réorganisation des industries les moins performantes.

> Il importe qu'au lieu de se livrer à une concurrence anarchique et mortelle, on fasse un grand effort rationnel pour spécialiser les productions de chacun, et cela ne saurait être réalisé par un dirigisme national ou européen, mais par le libre accord des professions.[13]

D. Le traité de Rome opposé aux ententes

Mais le traité de Rome ne s'inspire pas des mêmes idées sur les ententes. Certains industriels se plaignent alors du Marché Commun qui les déstabilise sur leur marché intérieur sans toutefois les aider dans leur conquête des marchés extérieurs, du fait de l'absence totale d'ententes et de la volonté politique de réduire constamment les protections tarifaires et contingentaires.

> Le traité, qui proscrit les ententes, n'a pas organisé l'Europe pour une conquête des marchés extérieurs ; mais il a organisé méticuleusement au

---

[12] 31 mai 1951, Conférence des directeurs du Conseil des fédérations industrielles d'Europe sur les ententes, Archives du CNPF.

[13] Discours de Georges Villiers sur la libération des échanges, in *Bulletin du CNPF*, novembre 1949.

sein de l'Europe une lutte pour la vie, une lutte acharnée des prix, qui se traduit essentiellement par un duel industriel franco-allemand.[14]

Le BDI regrette aussi que les organes directeurs du Marché Commun aient une vision restrictive des cartels. Il déplore de ne pas avoir pu participer aux dernières négociations du projet de loi sur les cartels. Il place ses espoirs dans le développement de l'article 42 du traité. D'après cet article, les accords ne sont interdits que s'ils empêchent les échanges entre les États membres. Ils sont autorisés s'ils permettent d'améliorer la production, la répartition des marchandises et la poursuite des progrès techniques et économiques.

Mais tous les pays membres du Marché Commun n'approuvent pas cette manière de voir de la Commission européenne. Le ministre allemand du commerce extérieur s'exprime en faveur des contacts entre professionnels. Il ne souhaite pas qu'ils prennent la forme de cartels ou de monopoles, mais il trouve que des bureaux d'étude auraient leur utilité[15].

Le gouvernement français va plus loin. Il estime que les pays participants devraient adopter les mesures nécessaires pour provoquer des accords entre leurs industries, en particulier dans les secteurs de base. Un des premiers plans français d'intégration européenne d'après-guerre, le plan Petsche, envisageait de constituer une banque européenne d'investissements. Par le truchement de cette banque, l'action des industriels ayant conclu des accords de spécialisation pouvait être surveillée. Même si ce plan n'a pas vu le jour, c'est dans les incitations en vue d'amener les industriels de certaines branches à se regrouper et à se spécialiser que l'administration a entrepris ses actions les plus positives. Elle a pris notamment l'initiative de créer pour certaines branches (par exemple, l'équipement minier ou le gros équipement électrique) des comités au sein desquels les industries intéressées s'efforcent, sous son contrôle, de conclure des accords de spécialisation.

Lorsqu'il s'agit d'ententes privées, elles seraient réalisées sous le contrôle des gouvernements et ne devraient en aucune manière avoir le caractère de cartels tendant à réserver le marché intérieur aux producteurs nationaux, à maintenir artificiellement un niveau élevé des prix ou à limiter les productions. Ces ententes devraient, au contraire, correspondre aux caractéristiques définies au Chapitre V de la Charte de La Havane. Dans le domaine industriel, elles viseraient donc soit la spécialisation des productions, soit la mise en commun des brevets, des procé-

14 Fédération des industries transformatrices des métaux, Archives du CNPF.

15 Entretien avec von Maltzan, le Directeur du commerce extérieur allemand, in *Le Monde*.

dés techniques, des moyens de vente à l'étranger, soit l'adoption des dispositions destinées à prévenir les conséquences nocives de la suppression de certains contingents.

Dans ce contexte, les cartels, gérés de manière autonome par les groupements patronaux concernés, deviennent le moyen de politiques sectorielles d'adaptation dont la finalité est l'union douanière régionale. Ce schéma d'ensemble, issu des réflexions menées au sein de la Société des Nations durant l'entre-deux-guerres, trouve en effet à cette époque un début de réalisation[16].

Mais l'existence d'une nouvelle réglementation sur les ententes peut, dans certains cas, être un obstacle à la constitution d'accords entre firmes. Il n'apparaît donc pas sans intérêt d'examiner dans quelle mesure la politique des pouvoirs publics par rapport aux ententes peut avoir à tenir compte des conditions économiques nouvelles résultant de la libération des échanges. Un accord de spécialisation a, en effet, pour résultat de réduire le nombre des entreprises susceptibles de fournir un produit déterminé. Il conduit à augmenter l'importance des séries de fabrication et rend donc possible un abaissement des prix de revient. À ce titre, il peut être considéré comme visant « à améliorer et étendre les débouchés de la production » et devrait ainsi bénéficier d'un préjugé favorable de la part des pouvoirs publics. Toutefois, il peut présenter un risque de hausse des prix de vente en cas de constitution de monopoles ou d'oligopoles.

Mais il faut observer que les conséquences éventuelles doivent être considérées dans le cadre de la politique de libération des échanges.

L'extension de la concurrence étrangère rend spécialement désirable toute mesure visant à abaisser les prix de revient des entreprises françaises. Or, l'importance des entreprises et le volume des séries sont souvent inférieures en France à ce qu'ils sont dans les principaux pays étrangers.

Elle conduit à diminuer les risques que pourrait présenter la tendance au monopole, conséquence possible des accords de spécialisation.

À ce dernier point de vue, il est vrai que la portée des mesures de libération se trouve souvent limitée par le maintien des droits de douane et l'établissement des taxes provisoires de compensation, mais il faut considérer qu'ils ne font que compenser les effets des aides à l'exportation et marges de dumping dont peuvent bénéficier les produits étrangers ainsi que les disparités reconnues entre les conditions de production

---

16 Bussière, É., « La SDN, les cartels et l'organisation économique de l'Europe durant l'entre-deux-guerres », in D. Barjot (dir.), *International Cartels Revisited – Vues nouvelles sur les cartels internationaux 1880-1980*, Caen, 1994, pp. 273-283.

des industries françaises et étrangères. Au surplus, les taxes de compensation sont appelées à disparaître.

Tout converge pour inciter les pouvoirs publics aux accords de spécialisation dans la perspective d'une large confrontation des industries françaises et étrangères[17].

II. Le patronat européen se mobilise pour conserver les ententes

A. La renaissance des ententes professionnelles dès l'immédiat après-guerre

Les ententes entre industriels pour les brevets, les parts de marché ou la répartition des ventes par zones géographiques ont largement été pratiquées dès le XIXe et le début du XXe siècles. C'est le cas également des prises de participation, à travers la multiplication des filiales, tant en France qu'à l'étranger.

Les secteurs industriels n'ont pas tous la même appréhension des cartels. Alors que l'automobile est une des rares branches industrielles à ne pas connaître le regroupement en cartels, les industriels de la chimie, de l'acier ou de l'industrie du ciment multiplient les arrangements commerciaux, les cartels et les ententes préalables. Un certain nombre de branches industrielles perpétuent donc la tradition de cartellisation après la guerre bien que ce soit de plus en plus mal vu.

> C'est avec bien des hésitations que ces tractations internationales se sont mises en branle au lendemain de la guerre. Dans un climat hostile aux cartels, on était porté à employer un ton de chuchotement sans cesse plus bas pour mener les négociations nationales et internationales. C'est avec crainte que l'on se gardait de toute publicité. Manifestement, beaucoup d'industriels avaient la sensation de faire quelque chose qui craignait la vive clarté.[18]

La pratique des ententes est un moyen de contourner les barrières douanières et de neutraliser en partie les obstacles au commerce international. Il n'est donc pas du tout étonnant que la pratique en soit fréquente dans les années 50, car les barrières douanières sont alors encore importantes tant en Europe qu'aux États-Unis.

Les discussions reprennent, notamment dans le cadre du comité industriel franco-allemand, entre les organisations professionnelles de branches électroniques, de la machine-outil, de la transformation des

---

[17] 22 juin 1955, Commission Noiret, MIC, 780695 art. 13.

[18] H. D. Salinger, La question des cartels en Europe, sa portée économique, sociologique et politique, La Haye, sans date, Archives du CNPF.

métaux, du textile et du papier. Elles débouchent parfois sur des accords bilatéraux, et, dans la plupart des cas, sur des accords européens[19].

L'ampleur que connaissent les ententes est considérable et les projets de fusions se multiplient, spécialement dans les secteurs très actifs du commerce international, comme la chimie, ainsi que la création de filiales qui favorise l'interpénétration des entreprises. La croissance des années 50 s'est, en effet, réalisée au sein de la chimie grâce au système de filiales et de sous-filiales. Dans les secteurs neufs de la chimie, comme les productions pour le textile, la pétrochimie ou les engrais, les industriels appliquent également ce procédé[20].

La distribution des produits chimiques était, selon la tradition de l'avant-guerre, réglée par un enchevêtrement d'accords. Toutefois, il n'y a eu aucune tentative d'association avec des chimistes européens au début des années 50.

> Tout le monde était très nationaliste ; la seule prise de possession importante a été celle de Hoechst vis-à-vis de l'affaire de pharmacie et chimie, cela a d'ailleurs fait beaucoup jaser. L'idée de s'associer avec les Allemands, qui seraient tout de suite les maîtres dans ce type d'associations, ne plaisait à personne.[21]

La création de la société Progil-Bayer-Ugine, qui travaille sous licence concédée par la firme allemande Bayer, représente un des rares cas d'ententes entre chimistes européens à cette époque. De la même façon, la création de la société des produits chimiques de Shell-Saint-Gobain, filiale à 60 % de la Royal Dutch Shell et à 40 % de Saint-Gobain marque les débuts de la pétrochimie européenne. Cette association d'un chimiste et d'un pétrolier est courante : Pechiney et British Petroleum associés dans Naphtachimie ou British Petroleum associée à ICI ou à Bayer.

Dans l'automobile également, les projets d'association sont nombreux à cette date. En 1950, la direction générale de Peugeot étudie longuement l'éventualité d'une union avec Citroën[22]. L'idée n'est pas abandonnée puisqu'en 1954, elle imagine cette fois une coordination entre Citroën, Peugeot et Berliet. De son côté, Pierre Dreyfus, le PDG de Renault, multiplie les gestes en vue d'une union avec d'autres firmes

---

[19] *Jahresbericht des BDI*, 1er mai 1953-30 avril 1954.

[20] Cailluet, L., *Stratégies, structures d'organisation et pratiques de gestion de Pechiney des années 1880 à 1971*, doctorat de troisième cycle, université Lyon II, 1995.

[21] Entretien de Pierre Jouven avec Ivan Grinberg, 29 mars 1989, fonds documentaire de l'Institut pour l'Histoire de l'Aluminium.

[22] Loubet, J.L., *Citroën, Peugeot, Renault et les autres, soixante ans de stratégies*, Paris, 1995, p. 148.

automobiles. Ces nombreuses sollicitations ne trouvent pourtant que peu d'écho. Il est possible d'expliquer un tel blocage du fait d'une forte culture d'entreprise propre à chaque firme et du poids des réseaux de vente et d'après-vente. Le statut de Renault ne facilite pas non plus la tâche de ses dirigeants pour conclure des alliances, les autres constructeurs étant dans l'impossibilité d'entrer dans le capital de la firme.

B. La pression américaine contre les ententes

Dans l'après-guerre, une forte pression américaine vise à remettre en cause les règles du marché européen concernant les ententes. Or les Américains sont tout puissants et leur politique anti-trust est claire. La loi de base est le *Sherman Act* de 1890 qui interdit les contrats et autres arrangements « ayant pour effet de restreindre la liberté du commerce » et permet de prononcer par voie judiciaire la dissolution d'un accord de cartel. Le *Clayton Act* et le *Federal Trade Commission Act*, votés en 1914, vont plus loin et ont l'ambition d'empêcher la constitution d'une entente sans attendre que l'expérience ait démontré son caractère nocif.

La *Federal Trade Commission*, en place depuis 1915, est une commission administrative indépendante composée de cinq membres nommés pour sept ans par le Président avec l'approbation du Sénat. Elle est chargée de mettre en œuvre les dispositions du *Sherman Act* relatives à l'interdiction des discriminations de prix, accords de concession exclusive, contrats de vente forcée, participations financières et l'occupation par la même personne des postes d'administrateur de plusieurs sociétés concurrentes. À cet effet, elle dispose non seulement de pouvoirs d'investigation mais peut poursuivre les infractions. La *Federal Trade Commission* est ainsi appelée soit à compléter soit à réparer le travail de la division anti-trust du département de la justice. Les activités anti-trust occupent six cents personnes aux États-Unis, où depuis soixante ans plus de mille poursuites ont été engagées. Sur le plan international, le *Webb-Pomerene Act* autorise – par dérogation à la législation en vigueur sur le plan national -, une ou plusieurs sociétés américaines à adhérer à un accord de cartel, sous réserve qu'aucune autre société américaine ne soit empêchée de participer à cet accord. Les membres de la délégation française se demandent d'ailleurs à ce sujet si les détenteurs américains de monopoles n'ont pas été favorables à la conclusion d'un accord dans la mesure où celui-ci leur permettait d'exercer un droit de regard sur les cartels internationaux.

> Les Américains veulent surtout éviter la concentration verticale, reconstitution de Konzerns possédant à la fois mines, organisations de transport, ateliers de fabrication puis de produits semi-finis et peut-être de produits finis. Leurs délégués se montreraient moins rigoureux sur la concentration horizontale, mais s'opposeront cependant aux accords entre grandes entreprises

et aux ententes intérieures trop poussées aboutissant à une sorte de monopole de ventes.[23]

Le Conseil économique et social des Nations Unies a mis sur pied, le 15 septembre 1951, un organisme de surveillance des cartels où dix pays sont représentés. Une de ses tâches consiste à élaborer une convention internationale réglementant ces pratiques. Cette commission reprend les propositions de la Charte de La Havane formulées en février 1948. Le projet ne doit lutter contre les limitations à la concurrence que dans la mesure où des effets dommageables sur la production ou sur le commerce sont effectivement constatés.

En décembre 1951, les Européens, favorables à une certaine conception des ententes, et les Américains, farouchement hostiles à toute entente, s'opposent lors de la conférence internationale de New York.

Dans le courant des années 50, les négociations continuent entre Européens et Américains dans le cadre du Comité spécial des pratiques commerciales restrictives pour l'élaboration d'une convention internationale. Elles sont dans une impasse en 1955. Tandis que la législation des États-Unis paraît fondée sur le principe selon lequel les pratiques restrictives sont peu souhaitables en elles-mêmes, les instructions aux représentants français s'inspirent de la considération selon laquelle ces pratiques ne sont pas mauvaises dans tous les cas et répondent parfois à une réelle utilité.

> Notre délégué au Conseil économique et social avait d'ailleurs montré que, dans certains cas, les accords de cartels répondent à des exigences liées au progrès économique. Ils sont nécessaires dans le domaine de la recherche qui entraîne des dépenses hors de proportions avec les moyens financiers des petites industries. Les grands équipements modernes ne sont rentables que si les productions excèdent la capacité d'absorption d'un seul marché. Dans certains cas, le partage des marchés peut contribuer à l'expansion du commerce et le gouvernement français encourage la formation de « familles d'exportateurs ». En Europe, les ententes ont exercé une action stabilisatrice sur les différents marchés nationaux. Enfin, il peut arriver que le monopole de l'exploitation de certains brevets soit la condition nécessaire à des investissements à long terme.[24]

La délégation française craint en particulier que l'action anti-trust menée par les Américains ne conduise à frapper les cartels européens, qui sont pourtant loin de valoir les monopoles géants américains, tout en

---

23 Mars 1950, Voyage de M. Dubois à la foire de Francfort, Archives de Saint-Gobain.

24 Août 1955, Commentaires sur le rapport du comité spécial des pratiques restrictives, service de coopération économique, DAEF, MAE, DE-CE 613.

laissant les coudées franches à des entreprises comme la General Motors, American Steel ou Alcoa.

Au sein du Comité spécial des pratiques commerciales restrictives, les Européens sont très unis. Leurs positions sont voisines sur des questions telles que les problèmes posés par l'application des lois nationales aux entreprises situées à l'étranger, l'interdépendance des pratiques restrictives privées et gouvernementales ou encore le rattachement de l'organisation à l'une des institutions internationales. Elles s'opposent donc massivement aux positions américaines, et obtiennent d'importantes concessions des États-Unis.

Ce débat ramène la question sur le plan national. Il est capital pour les Français d'obtenir du Parlement le vote d'une législation nationale car, en l'absence d'un texte de loi sur les cartels, les entreprises françaises seraient à la merci des législations étrangères dès qu'elles opéreraient au-delà des limites de la législation nationale. Il est inutile de préciser que ces législations, et tout particulièrement la législation américaine, ne seraient pas à leur avantage.

> Si l'harmonisation des législations par voie d'accords bilatéraux constitue, dans l'état actuel des choses, le seul moyen qui permette de résoudre ce problème épineux, il apparaît indispensable que le Parlement français vote rapidement un texte qui puisse servir de base à d'éventuelles négociations ou que le gouvernement, agissant dans le cadre des pouvoirs spéciaux qui lui ont été accordés, promulgue un décret anti-trust.

Les lois anti-cartels se répandent en Europe comme une traînée de poudre. Après la guerre, tous les pays cherchent un renforcement de la concurrence économique. Le 18 décembre 1953, les Pays-Bas, qui connaissaient déjà une loi contre les abus des cartels depuis 1941, adoptent une loi anti-cartels. En août 1956, c'est au tour du Royaume-Uni.

> On ne comprend pas très bien pourquoi la législation américaine anti-cartels et la charte de La Havane ont pu modifier si fortement la manière dont on a posé la question des cartels en Europe. Dans le temps, on se plaisait à rendre hommage à l'existence et au développement des cartels. On les enregistrait comme un phénomène économique allant de soi. Aujourd'hui, c'est le cas exceptionnel, celui du cartel pouvant abuser de la puissance de sa position économique, qui constitue le foyer de toutes les pensées.[25]

Deux courants se dessinent au sein du patronat européen : ceux qui refusent de négocier les projets de loi anti-trust avec les gouvernements

---

[25] H.D. Salinger, *La question des cartels en Europe, sa portée économique, sociologique et politique*, La Haye, sans date, Archives du CNPF.

et ceux qui essaient de limiter les dégâts en collaborant avec les ministères ou les commissions parlementaires.

C. La lutte contre les ententes en République fédérale

En République fédérale, les ententes nationales et internationales, tout comme les combinats, les trusts, les associations dont le but est de restreindre le commerce national ou mondial et les monopoles, sont strictement interdits par décret d'occupation. Cette interdiction s'étend également à la participation directe ou non des Allemands dans les cartels internationaux. La législation alliée anti-cartels autorise même la dissolution des industries qui présentent une concentration excessive de pouvoir économique.

Parmi les nations qui ont invité les autorités allemandes à préparer une loi nouvelle en matière de cartels, l'influence la plus forte provient des administrations américaines. Ces dernières ont trouvé des relais à l'intérieur de l'Allemagne dans le groupe des néo-libéraux qui exprime sa foi en la concurrence mais qui pense que l'État doit en contrôler la liberté. L'idée se répand alors qu'une concurrence parfaite permettra d'atteindre une productivité optimale. Le ministre de l'Économie, Ludwig Erhard, fait observer que tout cartel implique un défaut de confiance dans le mécanisme automatique des marchés. Le principe de la cogestion étant posé, il est à craindre que les syndicats ne demandent immédiatement une parité avec les industriels pour réguler les marchés s'il est prouvé que les cartels manipulent les prix à la hausse[26].

Pour le BDI, cette approche de la concurrence totale n'est séduisante qu'à première vue. Une étude plus attentive montre qu'elle peut entraîner chômage et perte de capital car elle s'exercerait sur des industries protégées depuis des décennies. Les gouvernements seraient alors amenés à prendre des mesures contraires qui iraient peut-être plus loin dans la voie du protectionnisme. Pour éviter ces difficultés, il faudrait, avant d'enclencher le processus d'intégration, s'assurer des capacités structurelles d'adaptation des économies. Des accords entre les branches industrielles des différents pays pourraient aider à effectuer ces adaptations. En plus de ces « accords-tampons » qui faciliteraient la période de transition, des accords de spécialisation pourraient représenter à plus long terme le choix d'une plus grande coopération internationale du patronat. Or, la tendance néo-libérale s'accentue après-guerre dans les pays européens. L'État se met à diriger la politique conjoncturelle, les investissements et les prix ainsi qu'à contrôler plus sévèrement les relations entre industriels.

---

[26] 31 mai 1951, Conférence des directeurs des fédérations industrielles d'Europe sur les ententes, Archives du CNPF.

Les industriels allemands ont demandé au gouvernement et aux États-Unis le droit de former des cartels sous réserve d'un contrôle contre les abus éventuels[27]. Mais cela va contre la volonté des autorités allemandes de prohiber les cartels, à l'exception des rares cas qui seraient autorisés par l'office des cartels.

De mars 1949 à mai 1951 se succèdent les projets d'une nouvelle loi anti-cartels. Le contrôle bipartite demande en mars 1949 à l'administration économique allemande, la *Verwaltung für Wirtschaft*, de préparer un projet de loi. En octobre 1950, cette directive est élargie pour empêcher un regain de concentration de l'économie allemande. Ce n'est que le 22 mai 1951 que le projet de loi est soumis au Parlement, l'opinion allemande étant très divisée sur le sujet. Une commission de sept scientifiques et experts est chargée de le mettre au point. Il s'agit du *Josten Kreis*, dont les membres sont proches de l'École de Fribourg, un des principaux cofondateurs du mouvement des néo-libéraux. Le texte vise à établir une économie de pure concurrence en interdisant tout cartel et en étendant les mesures de décentralisation. Le projet de loi a été jugé trop abstrait et trop éloigné des événements économiques et des attentes du moment. Il a été confié à une autre commission sous la présidence du Dr Günther, expert de la question des cartels au ministère de l'Économie. Cette commission fit huit propositions. La première était basée sur l'interdiction des pratiques restrictives « qui n'étaient pas raisonnables », les pratiques raisonnables étant celles qui se justifiaient dans l'intérêt de l'économie nationale.

À partir de mai 1950, le ministère fédéral de l'Économie décide d'instituer de nouvelles bases de travail : considérant que les cartels perturbent l'économie concurrentielle, ils sont désormais indésirables par principe. Les exceptions sont réduites au plus strict minimum. Le Dr Köppel, Président du Sénat et un des coauteurs du projet soumis par le *Josten Kreis*, est chargé de préparer un nouveau projet. Dans ce dernier, les exceptions aux mauvais cartels doivent être nommées par décret. La dernière version du projet, présentée le 22 mai 1951 est l'œuvre combinée des membres du ministère de l'Économie et des travaux préliminaires du *Josten Kreis*[28].

L'opinion allemande a quelque peu évolué dans un sens plus favorable aux ententes.

Les négociations pour la mise en place de la Communauté européenne du charbon et de l'acier prévoient la suppression du *Deutscher*

---

[27] « Kartellfrage Sorgenkind der Industrie », in *Badische Neueste Nachrichten*, 18. Mai 1954.

[28] Juin 1951, Le régime des ententes en Allemagne, Mémorandum du BDI, Archives du CNPF.

Kohlenverkauf, le comptoir de vente unique du charbon. Le gouvernement de Bonn rejette cette solution, ce qui peut s'expliquer par la pression des industriels de la Ruhr appuyés par les dirigeants des cartels des autres pays qui s'opposent à toute limitation du charbon et de l'acier et par celle des syndicats soucieux avant tout de garantir la sécurité de l'emploi aux mineurs de la Ruhr. Le Chancelier Adenauer accepte finalement ce plan. Toutefois, ce n'est pas la fin des cartels allemands du charbon. Le plus gros cartel de production de la communauté, la *Gemeinschaftsorganisation Ruhrkohle*, autrement appelée GEORG, prend la suite du comptoir de vente unique dès l'année 1951. Les producteurs, par une pratique concertée au niveau des prix de l'ensemble de la communauté, ont maintenu un niveau uniforme relativement élevé[29].

Le BDI est farouchement opposé à la loi anti-cartel qui est à l'étude à partir de 1951. Le Dr Salinger, secrétaire de quelques cartels industriels internationaux, s'en prend violemment au projet. Il distribue une brochure défendant sa position auprès des députés, des membres des syndicats, etc. Il a l'approbation, si ce n'est le soutien, des industriels et des organisations professionnelles allemandes[30]. La lutte des industriels allemands contre ce projet de loi est fameuse pour avoir duré quasiment tout au long des années 50. Des conversations d'experts, ainsi que des entretiens réunissant le ministre fédéral de l'Économie, Ludwig Erhard, et le Président du BDI, Fritz Berg, ont fait prendre aux débats un tour plus plaisant pour les industriels au cours de l'année 1954. Le 19 octobre 1954, un accord est signé entre les deux hommes qui revient à une victoire des industriels sans que Ludwig Erhard perde trop la face.

> Il sera ainsi possible d'accorder les nécessités d'une concurrence que nous approuvons et que nous voulons maintenir, avec les nécessités d'un ordre et d'une collaboration sur les marchés nationaux et internationaux.[31]

En 1956, les discussions ont à nouveau pris un tour plus tendu. Le BDI clame son droit à la liberté de coalition, tandis que le gouvernement fédéral ne veut plus discuter avec les représentants de l'industrie.

Mais le 1er janvier 1958, la loi contre les restrictions de la concurrence entre en vigueur et donne tous les pouvoirs nécessaires pour agir contre les ententes et les abus d'une position dominante sur le Marché Commun, qui sont estimés contraires aux principes du traité de Rome. À cette date, les ententes légales deviennent nulles si une autorisation les

---

29 Poidevin, R. et Spierenburg, D., *Histoire de la Haute Autorité de la CECA*, Bruxelles, 1993.

30 2. April 1952, Streitschrift gegen den neuen Kartellgesetzentwurf der Bundesrepublik Deutschland, HAAA, Reg 40/112/311-21.

31 Décembre 1954, Discours de Fritz Berg à Hagen, in *Bulletin du CNPF*, avril 1955.

concernant n'a pas été demandée ou, si elles n'ont pas été enregistrées auparavant. Dans le cas contraire, ces ententes restent valables jusqu'à ce que le *Kartellamt*, organisme habilité à prendre des décisions sur la validité des ententes, en décide autrement. Les nouvelles ententes n'auront de validité qu'après une décision favorable de cet organisme. Celui-ci cherche donc à savoir le plus rapidement possible l'interprétation qu'il doit donner aux principes du traité de Rome.

Le BDI se plie à cette nouvelle loi anti-cartel en mettant au point, en 1959, une « Charte d'autodiscipline et de modération en ce qui concerne la concentration industrielle » dans laquelle il invite les membres de sa fédération à ne pas s'engager sans nécessité à absorber des firmes indépendantes et à ne pas sortir du champ de leur production, dans l'intérêt global du système économique.

D. Les attaques contre les ententes en France

En novembre 1949, un projet de loi destiné à éliminer les pratiques commerciales restrictives et à assurer le contrôle des accords privés de coopération industrielle, agricole ou commerciale, est discuté au secrétariat d'État aux Affaires économiques. Ce projet s'efforce en particulier de « tenir compte de l'aspect international du problème et de rechercher dans quelle mesure la conclusion d'ententes privées entre professionnels pourrait être favorable aux objectifs de la coopération européenne »[32]. Il est précisé que, dans la mesure où les accords de coopération privés sont conformes à ce but, ils doivent être non seulement tolérés par le gouvernement, mais encore soutenus par lui dans toute la mesure du possible.

En revanche, s'ils ont pour effet de réserver le marché national aux producteurs du pays ou d'établir artificiellement sur ce marché des prix de vente sensiblement supérieurs aux prix mondiaux au moyen de « pratiques commerciales restrictives », le gouvernement peut les interdire. Toutefois, il reconnaît que la protection de certains marchés, même avec le maintien d'une certaine différence de prix, peut s'avérer indispensable. D'autre part, il précise que son opposition aux cartels est une position de principe mais il n'est pas question qu'elle entre immédiatement en application.

> Le but du gouvernement doit être la suppression de tels accords, et non pas l'interdiction aux producteurs ou commerçants français d'y participer. Car, en règle générale, l'abstention de la seule France ne saurait empêcher la création ou le maintien d'accords internationaux. Or, la non-participation

---

[32] 27 décembre 1949, Lettre du secrétaire d'État aux Affaires économiques au ministre des Affaires étrangères, service de coopération économique, MAE, DE-CE 32.

aux accords existants pourrait mettre les producteurs dans une situation difficile et porter préjudice à l'ensemble de l'économie française.[33]

À la même date, le ministère de l'Industrie et du Commerce prépare un projet de loi qui instituerait un agrément des ententes. Quand ce dernier serait obtenu, il placerait les ententes sous le régime du préjugé favorable.

En revanche, le Commissariat au Plan pense que, pour que la libération des échanges ait réellement des effets bienfaisants en créant les conditions d'une véritable concurrence, les ententes doivent être interdites. Dans ce but, il préconise le dépôt du projet de loi anti-trust[34].

Le gouvernement est amené à rechercher une synthèse des tendances exprimées dans les différents textes proposés. Le 12 mai 1950, le gouvernement Bidault dépose un projet de loi anti-trust rédigé par Robert Buron. Ce projet prévoit une série de mesures de contrôle des cartels et des pratiques commerciales limitant la concurrence. La mise en place d'un conseil supérieur des ententes, qui a pouvoir d'enquête et le droit de prendre des mesures, est prévue par le texte. Le Conseil économique repousse le texte de Robert Buron, le 21 juin 1950, par 106 voix contre 4 et 24 abstentions. Le patronat considère la politique anti-cartel comme une atteinte directe à la survie de ses entreprises. Il avait fait plusieurs démarches vis-à-vis du ministère des Affaires économiques afin de « limiter [le projet] à un texte de deux pages seulement qui était suffisamment général ».

En décembre 1951, René Pleven élabore un nouveau projet de loi, selon lequel l'administration a un pouvoir entier et discrétionnaire de mise en cause des accords professionnels ou des conventions passées entre entreprises.

En août 1953, le décret Laniel complète l'ordonnance de 1945 relative aux prix. Il interdit les prix de vente minimum, les pratiques discriminatoires et les pratiques de ventes liées. Ne sont pas concernées les ententes qui résultent de l'application d'un texte législatif ou réglementaire et celles dont les auteurs sont en mesure de justifier qu'elles ont pour but d'étendre les débouchés de la production ou d'assurer le développement du progrès technique par la rationalisation et la spécialisation. La direction des Industries mécaniques et électriques du ministère de l'Industrie et du Commerce se plaint d'une lecture restrictive de ce

---

33 27 novembre 1949, Projet de loi destiné à éliminer les pratiques commerciales restrictives et à assurer le contrôle des accords privés de coopération industrielle, agricole ou commerciale, MAE, DE-CE 351.

34 22 février 1950, Le plan Monnet veut organiser le retour à une économie concurrentielle, Archives du CNPF.

décret par la direction des Prix qui en limite la portée et rend difficile la conclusion d'accords de spécialisation[35].

Les membres du CNPF soulignent l'inquiétude avec laquelle les industriels observent le développement de cette législation anti-cartels.

> [Les industriels français] suivent avec une particulière attention la discussion devant le Parlement d'un projet gouvernemental visant à contrôler sévèrement les ententes, discussion qui se poursuit bientôt depuis deux ans. Ce projet, qui a été encore aggravé par la commission compétente de l'Assemblée Nationale, procède d'un esprit de suspicion systématique à l'égard des ententes et c'est ce qui explique les mesures de contrôle et de coercition qui sont prévues. Il institue une juridiction d'exception à quoi les industriels, instruits par l'expérience des dernières années, ne peuvent qu'être opposés. En outre, certaines infractions aux règles édictées seraient punies d'amendes pouvant atteindre un milliard de francs. Ce qui paraît le plus grave dans cette réglementation c'est moins peut-être l'extrême rigueur qui la caractérise que les arguments qu'elle fournira aux industriels qui sont adversaires de l'organisation professionnelle pour s'opposer à la création d'ententes nouvelles ou pour détruire celles qui existent déjà.[36]

Nous pouvons dire que la plupart des administrations et des industriels français s'accordent sur la nécessité de constituer des accords. Certains fonctionnaires français les intègrent même dans leur vision de l'Europe. Au Quai d'Orsay, Olivier Wormser, alors Directeur Général des Affaires économiques et financières, compte réguler le marché européen par des accords entre les grandes firmes industrielles de chaque secteur de production. Ces accords seraient surveillés de près par l'État, qui pourrait même les aider financièrement, et créeraient donc de véritables compagnies nationales d'investissement dans les principaux secteurs de développement industriel[37].

À chaque fois que des coups de butoir sont donnés aux ententes, cela suscite des controverses. Le gouvernement français est loin d'être opposé aux cartels, mais il les tolère plus qu'il ne les admet. À l'occasion de la libération des échanges, les pouvoirs publics français ont pris plus nettement conscience du handicap que représente pour l'industrie française l'existence de structures inadaptées dans certaines branches. Aux mesures d'exonération fiscale partielle, ils ont ajouté des incitations en vue d'amener les industriels à se regrouper et à se spécialiser, notamment par voie d'accords. L'extension de la concurrence étrangère dans le cadre de la libération des échanges rend spécialement désirable toute

---

35 Ententes industrielles et accords de spécialisation, Note de la DIME pour M. le directeur de cabinet, MIC, 771526 art. 5.

36 7 mai 1951, Discours de Pierre Ricard, Archives du CNPF.

37 3 mai 1956, Marché Commun, Documents diplomatiques français, 1956, I, n°293.

mesure visant à abaisser les prix de revient des entreprises françaises et conduit à diminuer les risques de monopole ou d'oligopole qui peuvent découler des accords de spécialisation[38]. La constitution de ces accords ne doit évidemment pas tomber sous le coup de la réglementation sur les ententes. Mais cette dernière est conçue en des termes très généraux et son application présente une marge importante d'indétermination.

La position du gouvernement français dans le contexte du Marché Commun consiste à favoriser les accords par secteurs qui éviteraient d'alourdir les mécanismes généraux du traité de nombreuses mesures de dérogation ou d'exception. Inversement, il ne serait pas impossible d'envisager, pour certains secteurs, des libérations plus étendues, plus rapides ou assorties de formalités de contrôle plus souples.

À partir de 1957, la position de l'administration française à l'égard des ententes se durcit un peu. Un nouveau type d'entente est considéré comme condamnable. D'un point de vue formel, le système français anti-trust est comparable au système allemand. Les ententes envisagées par l'article 85 sont déjà nulles de plein droit. Dans la pratique, non seulement les ententes continuent d'exister, mais les juges leur appliquent même des sanctions bien qu'elles soient juridiquement nulles. D'autre part, dans les rares cas où ils sont appelés à décider de la nullité d'une certaine entente ou d'une certaine action pour dommages et intérêts, les juges ont contracté l'habitude d'attendre que les autorités administratives aient décidé de l'admissibilité d'une telle entente. Ainsi, la ligne directrice face aux ententes reste ambiguë.

René Perrin, le Président de l'Association des cadres dirigeants de l'industrie, déplore à cette date que le traité de Rome soit directement inspiré de la loi allemande. Il aurait préféré que ne soit pas exclue la possibilité d'ententes, au moins temporaires, sous le couvert de l'autorité supranationale, soit pour pallier des difficultés insurmontables de mise en contact, soit en période de récession pour éviter un effondrement catastrophique des prix[39].

Le CNPF remarque en octobre 1960[40] que les travaux de la commission technique des ententes en France sont marqués par un esprit constructif. La commission n'a pas voulu se borner à donner dans chaque affaire une appréciation d'ordre juridique ni à établir une liste des « bonnes » et des « mauvaises » pratiques. Elle a été conduite à fonder son appréciation et à qualifier l'entente qui lui était soumise au vu des

[38] 25 avril 1955, Rapport sur la politique des pouvoirs publics à l'égard des réformes de structures, Commission Noiret, MIC, 780695 art. 13.

[39] 4 janvier 1957, Considérations sur le projet de traité de Marché Commun, Archives départementales de l'Aveyron, fonds Ramadier, 52 J 115.

[40] *Bulletin du CNPF*, octobre 1960.

résultats d'ensemble d'un véritable bilan économique. Ce bilan prend en considération les effets réels d'une entente sur la production et sur le marché par rapport aux conséquences qu'aurait vraisemblablement entraînées le libre jeu de la concurrence et aussi par comparaison des prix de revient et de vente, et des niveaux de production et de consommation des produits considérés en France et à l'étranger.

E. La persistance des ententes malgré la réglementation

Malgré l'existence de l'Office des cartels et d'une législation complexe à partir de 1957, les ententes subsistent en République fédérale, où l'attaque a pourtant été la plus violente. La concentration industrielle n'a pas cessé d'augmenter sous toutes ses formes : verticale, horizontale et en conglomérats.

Les fusions se multiplient : quarante par an de 1958 à 1968, 350 par an de 1969 à 1978. Les interdictions sont rarissimes et les abus de position dominante impossibles à mettre en évidence. L'Office des cartels voit souvent ses décisions cassées par les tribunaux ou par le ministre.

Les trois firmes qui ont succédé à l'IG Farben, Bayer, BASF et Hoechst, tissent des accords. Dans quelques domaines de la chimie, comme les engrais, l'acide sulfurique et les goudrons, l'existence de cartels est de notoriété publique. La société d'achat des matières explosives est dissoute, mais les agences d'achat des différents producteurs se trouvent toujours au même endroit. Dans l'industrie pharmaceutique, il est fort probable qu'il existe des accords sur les prix et les débouchés. Pour les matières synthétiques, des accords concernent la concurrence et les rabais. Enfin, pour les savons et les détergents, il existe un cartel sur les prix[41].

Cette persistance des cartels inquiète le gouvernement allemand. Il veut mettre sur pied une action répressive, mais sans en avoir les moyens. Il pense alors à s'attaquer à quelques grands secteurs pour en faire des exemples.

Dans la perspective du Marché Commun, la collaboration entre firmes a même tendance à se multiplier. La *Deutsche Zeitung und Wirtschaftzeitung* se fait l'écho de bruits selon lesquels des négociations auraient lieu entre Daimler-Benz, Citroën et Peugeot en vue de la conclusion d'un accord assignant à chacun des participants un champ d'activité déterminé. Selon ce journal, les deux sociétés françaises limiteraient ainsi leur production aux petites voitures et aux automobiles de type moyen alors que Daimler-Benz exécuterait son programme de

---

[41] 11. Mai 1955, Kurze Stellungnahme zu den Berichten der Referate der Abteilung IV, BA, B102/17106.

production. Il serait également question que les sociétés participantes mettent leur réseau de vente à la disposition de leurs partenaires et que Daimler-Benz équipe dorénavant une partie de ses voitures de pneus Michelin.

Un accord doit être conclu entre la firme allemande BMW et la firme italienne Fiat, l'entreprise allemande se proposant de sortir une nouvelle voiture de type moyen alors que Fiat intensifierait la production de ses petites voitures. Les constructeurs anglais s'inquiéteraient des accords ainsi envisagés qui risquent de les évincer du Marché Commun. Pour écarter cette menace, ils essaient d'intéresser des constructeurs allemands ou appartenant à d'autres pays de la petite Europe à la fabrication de leurs modèles. Mais de tels projets qui, notamment dans le cas de la Standard Motor Corporation, auraient atteint un stade avancé, restent cependant d'une réalisation assez difficile.

III. Conclusion

L'intégration européenne passe nécessairement, pour les milieux industriels, par une plus grande coopération entre les branches industrielles. Les milieux d'affaires n'hésitent pas à parler d'ententes. C'est ainsi que la coopération a été de plus en plus marquée entre les organisations professionnelles ainsi qu'entre les organisations patronales en Europe. Toutefois, il serait abusif de parler, à cette date, de l'existence d'un « patronat européen ». Les seuls points où il y a vraiment eu convergence d'intérêts entre les patronats européens ont été l'élaboration des projets d'intégration européenne dans le cadre de la conférence économique de Westminster qui n'ont jamais vu le jour et l'opposition à la loi anti-cartel.

Conclusion de la première partie

Les industriels ont imaginé un projet d'intégration européenne, notamment dans le cadre de la Conférence économique de Westminster de 1949, en essayant de spécialiser leur production, de réaliser des ententes et de réduire très progressivement les restrictions aux échanges (baisse des restrictions quantitatives assortie d'une hausse des tarifs douaniers).

Mais leur point de vue n'a pas triomphé. Ils ont dû s'adapter tant bien que mal au processus de libération des échanges entrepris dans le cadre de l'OECE, dont les méthodes et le rythme de libération divergeaient considérablement de leurs points de vue initiaux.

L'adaptation a pu se faire assez rapidement en Allemagne où les industriels ont été systématiquement intégrés aux négociations commerciales menées par le ministère de l'Économie. Elle a été nettement plus difficile en France où la politique commerciale était mise au point par les seuls ministères.

Partie II

L'action des industriels sur la libération des échanges dans le cadre de l'OECE

Les enjeux de la libération des échanges

La technique employée à l'OECE consiste, après avoir choisi une année de référence, à libérer progressivement une fraction croissante d'importations. Nous pouvons distinguer quatre étapes dans le processus de libération de l'OECE : l'obligation pour les pays membres d'atteindre 60 %, 75 % et enfin 90 % de libération, puis le 1er janvier 1959, d'accroître de 20 % leurs contingents.

Compte tenu de la nécessité de libérer à l'importation un certain pourcentage des importations par rapport à la référence de 1948 (seule l'Allemagne fonde la libération de ses échanges sur l'année 1949 qui correspond à l'année de naissance de la République fédérale), les pouvoirs publics, unilatéralement ou par négociation avec les autres partenaires, libèrent la totalité des importations d'une industrie ou d'un secteur d'industries déterminés. La protection n'est progressive qu'à l'échelle de l'ensemble de l'économie. À l'échelle d'un produit particulier figurant dans la liste de libération, toute protection contingentaire disparaît d'un coup. Ainsi, lorsque le pourcentage de libération d'un pays est de 19 % pour une année donnée, cela signifie que ce pays a libéré des produits dont l'importation en 1948 a représenté 19 % des importations totales privées effectuées au cours de ladite année.

> Le passage à la libération des échanges était graduel pour l'économie mais se faisait du jour au lendemain pour un secteur ou un produit, d'où la résistance des produits sensibles.[1]

L'adoption de ce principe de libération des échanges entraîne plusieurs implications majeures.

D'abord, un produit qui a pu, grâce à une solide protection, être prohibé à l'importation en 1948 ne compte pour rien dans le système OECE. Sa libération, même si elle peut donner lieu à des échanges considérables, ne présente aucun intérêt comptable. On s'abstiendra donc de la décider, assurant ainsi le maintien du protectionnisme dans la mesure même où il a été le plus extrême.

Ensuite, l'OECE laisse aux États, dans une large mesure, la faculté de répartir les libérations entre les différents produits. Les importations

---

[1] Entretien de Pierre Uri avec Gérard Bossuat, in *Travaux et Recherches*, automne 1988.

de matières premières, qui sont indispensables à l'expansion industrielle du pays, ont souvent été les premières à être largement libérées. Dans le même temps, la protection a pu demeurer forte sur les produits manufacturés et les denrées alimentaires.

La libération des échanges, étant très brutale, peut mettre en danger l'existence des industries nationales. Comme le rythme de libération peut être différent selon les produits, cela incite les représentants d'intérêts industriels à négocier avec les pouvoirs publics responsables de la politique commerciale le maintien sous contingent de leur secteur. Les secteurs économiques les plus sensibles n'ont cessé d'être protégés qu'à partir du moment où il n'y avait plus aucun échappatoire, c'est-à-dire au début des années 60.

Il faut garder à l'esprit qu'au terme de la décennie, quand les pays membres du Marché Commun ont d'ores et déjà libéré dans le cadre de l'OECE une fraction non négligeable de leurs échanges, leurs protections effectives restent importantes. Les pourcentages de libération sont, en effet, doublement trompeurs.

Le premier argument que nous pouvons apporter à l'appui de cette thèse est que les pourcentages de libération ne portent que sur les importations « privées ». Le commerce d'État échappe donc au processus de libération des échanges entrepris dans le cadre de l'OECE. Il s'agit des importations réalisées par l'État ou par des organismes bénéficiant d'un monopole d'importation, dans le cadre d'accords bilatéraux pour des importations qui n'ont jamais été libérées mais qui sont facilitées par des licences automatiques ou l'octroi de crédits. Le commerce d'État ne doit pas être considéré d'emblée comme un instrument de restrictions, bien qu'une pratique restrictive puisse en être faite. Pendant la majeure partie de notre période d'étude, l'OECE n'a pas tenté de supprimer le commerce d'État ni de le réduire. Les pays membres sont restés seuls juges pour déterminer s'il était conforme à leur intérêt national de faire passer un produit sous commerce d'État. Ce n'est qu'à la fin des années 50 que l'OECE a fait pression pour qu'ils délaissent ce moyen de protection. Le 1er janvier 1959, lors des premières mesures d'application du traité de Rome, le commerce d'État est soumis aux mesures de libération des échanges.

Il pouvait donc être tentant pour les pays membres de l'OECE de mettre sous commerce d'État, dans le courant des années 50, des produits qu'ils devaient libérer. Deux éléments peuvent, en effet, laisser penser que le commerce d'État a été considéré par la France comme par la République fédérale, comme un moyen de se soustraire à la libération des échanges.

La France est, de loin, le pays qui le pratique le plus au cours des années 50. Selon certains auteurs[2], la part des importations françaises sous commerce d'État est de 35 % en 1953. Elle est encore de 22 % en 1956, comprenant surtout du charbon et des produits agricoles.

L'Allemagne, qui ne pratiquait pas le commerce d'État en 1949, l'a introduit en 1950.

Évolution des importations sous commerce d'État entre 1949 et 1958[3]

	FRANCE		ALLEMAGNE	
	Valeur imp. 1948	%	Valeur imp. 1948	%
1949	186,6	21,9	0	0
1953	198,5	23,3	14,4	1,8
1954	187,7	22	54,9	6,9
1958	187,7	22	54,9	6,9

Mais la majorité des produits sous commerce d'État sont des produits agricoles, alors que notre étude se limite aux produits industriels. De plus, les seules modifications en France ont été le passage sous commerce d'État des importations de sucre et le retour de l'équipement ferroviaire au commerce privé. En Allemagne, la composition du commerce d'État n'a plus changé après 1951.

Un deuxième argument vient étayer la position selon laquelle les pourcentages de libération de la fin des années 50 sont trompeurs. Ils sont calculés par rapport au volume du commerce des États en 1948. Depuis cette date, les échanges se sont considérablement développés. Ainsi, si les échanges de produits chimiques sont libérés à 25 %, cela signifie uniquement que le pays a libéré des produits chimiques dont l'importation en 1948 a représenté 25 % des importations totales privées de produits chimiques échangés en 1948. Si les échanges ont été multipliés par vingt depuis, l'essor des échanges n'est pas pris en compte dans le calcul. Les pourcentages de libération atteints, même s'ils sont élevés, ne signifient donc pas que les échanges de ces produits sont effectivement largement libérés.

Il y a bien eu, au cours de la décennie, plusieurs tentatives pour changer l'année de référence des calculs de libération. Ainsi, la date de 1953 a été utilisée par la plupart des pays membres à partir du milieu des années 50. Vers la fin de la décennie, les calculs étaient faits à partir

[2] Andres, W., *Der Liberalisierungskodex der OECE für den Warenhandel*, Zürich, 1964.

[3] Ouin, M., *State Trading in Western Europe*, Duke University School of Law, 1959.

de la référence de l'année 1957. Mais la France a longtemps cherché à se soustraire à ce changement d'année de référence. L'habileté de sa délégation à l'OECE lui a permis de continuer à se servir de l'année 1948 pour réaliser ses calculs de libération des échanges jusqu'en 1958.

CHAPITRE I

Une première tentative de libération des échanges (1949-1952)

I. Une libération très limitée

A. Le processus de libération

Le 2 novembre 1949, les pays membres de l'OECE s'accordent pour supprimer, avant le 15 décembre 1949, les quotas sur au moins 50 % de leurs importations privées de la zone OECE en 1948. L'année de référence est 1949 pour la République fédérale. Cette libération doit s'appliquer non seulement au total des produits échangés, mais également aux trois catégories de produits suivantes : les matières premières, les produits de première nécessité et les produits manufacturés. Il n'est pas nécessaire qu'un pays membre libère 50 % de ses échanges à l'égard de chacun des autres pays participants. S'il libère moins de 50 % de ses échanges avec un pays (soit parce qu'il exclut ce pays de certaines ou de la totalité des mesures de libération, soit parce que les postes libérés ne comprennent pas les exportations les plus importantes en provenance de ce pays), il s'ensuit qu'il devra libérer plus de 50 % de ses échanges avec l'un ou plusieurs des autres pays, afin que soit libéré au total 50 % de l'ensemble de ses échanges privés de 1948. Les importations sous commerce d'État ne sont pas intégrées au calcul. La libération d'un produit entraîne automatiquement l'attribution des devises nécessaires pour l'importer.

Ce pourcentage de 50 % est rapidement dépassé par les listes additives publiées au *Journal Officiel* du 28 décembre 1949 qui portent ce taux à 70 % avec le Benelux et l'Italie.

En ce qui concerne les territoires d'outre-mer, le gouvernement français a annoncé que les mesures de libération allaient y être étendues dans toute la mesure compatible avec l'équilibre de la balance des paiements de la zone franc dans son ensemble. Il a, en outre, indiqué que les produits des industries locales devraient être protégés contre une concurrence prématurée. Sous réserve de ces considérations importantes, le gouvernement français envisage donc des mesures particulières à chaque catégorie de territoire en fonction de son statut propre.

La délégation française auprès de l'OECE a traditionnellement soutenu la thèse selon laquelle les libérations entreprises devaient aboutir à la création de véritables marchés uniques en Europe. Jusqu'en juillet 1950, les pays participants se sont simplement attachés à atteindre le pourcentage fixé d'importations libérées sans poursuivre spécialement un but économique. En fait, la liste comparative des produits libérés montre que, très généralement, les pays participants ont libéré soit des produits pour lesquels ils n'étaient pas producteurs, soit des produits pour lesquels ils étaient compétitifs, de telle sorte « qu'on n'a pu aboutir à la création d'un marché unique pour aucun produit »[1].

B. La liste commune pour les produits libérés

La liste commune, élaborée en juillet 1950 par le Secrétaire Général de l'OECE, vise justement à élaborer un véritable marché unique pour quelques produits. Elle doit être considérée comme une simple recommandation, un guide pour les négociations bilatérales que les pays membres ont été invités à mener entre eux à l'occasion de l'objectif des 75 % dès le 1er janvier 1951.

Certains pays étrangers ont, sur la liste commune, une opinion différente de celle des services français. L'Italie, par exemple, estime que les libérations futures devraient porter par priorité sur les produits inscrits sur la liste de l'OECE[2].

Les produits sont choisis pour figurer sur la liste commune quand ils représentent des échanges importants dans le commerce intra-européen et quand ils permettent un abaissement des prix de revient. Ils peuvent également être choisis quand la suppression des restrictions quantitatives à l'importation aiderait au rétablissement de l'équilibre en dollars de la balance des paiements des pays européens. Une liste commune pourrait se traduire, en effet, soit par une extension des exportations, soit par une diminution des importations. La création d'un marché unique augmenterait la capacité de concurrence de l'industrie européenne et stimulerait la recherche technique. Enfin, certains produits, dont une plus grande importation permettrait de décourager les investissements anti-économiques, ont également été intégrés dans la liste commune.

Une certaine préférence a été donnée aux produits semi-finis et aux équipements industriels par rapport aux produits de consommation et aux matières de base. La libération des produits finis incitera automati-

---

1 3 juillet 1950, Élaboration d'une liste commune pour les produits libérés, Lettre du Directeur des Relations économiques extérieures (DREE) du ministère des Finances à Olivier Wormser, ministre des Affaires étrangères, MAE, DE-CE 352.

2 16 décembre 1950, Commission de libération des échanges, Archives du CNPF.

quement les pays membres à se procurer les matières premières utilisées lors de leur fabrication aux meilleures conditions. En outre, en raison du grand nombre d'industries qui utilisent ces produits, leur libération aidera à réduire les coûts de production dans un domaine beaucoup plus vaste que celui des industries auxquelles s'applique cette libération. Les industries productrices de produits semi-finis sont, en général, de plus grand volume et peuvent gagner davantage à la spécialisation que celles qui produisent des produits finis, en particulier des produits de consommation. Ainsi, la sidérurgie et les industries chimiques ont davantage à gagner à la spécialisation que les industries fabriquant des produits finis de consommation à partir des tôles d'acier et des matières plastiques. Enfin, il existe un sérieux avantage à donner la préférence aux équipements industriels parce qu'ils interviennent directement dans les coûts de fabrication de nombreuses autres industries et parce que leur production peut elle-même donner lieu à une spécialisation plus poussée.

Le directeur des Relations économiques extérieures a fait parvenir au ministre des Affaires étrangères deux listes communes possibles : l'une, réduite, a reçu l'aval du ministre du Commerce et de l'Industrie, et l'autre, plus importante, s'en trouve contestée.

En août 1950, les pays participants se sont mis d'accord sur une liste commune qui correspond à peu près à 20 % du commerce intra-européen. Le CNPF remarque que la délégation française a dû faire de nombreuses concessions. Il le regrette d'autant plus que ses souhaits étaient très proches de ceux de la délégation française :

> La position largement créditrice de la France à l'Union européenne des paiements lui a été nettement défavorable. [...] Notre délégation a ainsi été empêchée de soutenir avec succès les réserves faites aussi bien en ce qui concerne le pourcentage des produits libérés qu'en ce qui concerne certains produits de la liste commune qu'elle aurait désiré laisser sous contingent. D'un autre côté, elle n'a pas réussi à obtenir que l'ensemble des pays membres de l'OECE sans exception libère les mêmes marchandises que celles libérées en France. C'est le cas en particulier des produits cotonniers. [...] L'action du CNPF sur l'administration n'a pu être dès lors qu'assez limitée.[3]

Le CNPF souhaite voir effectuer la libération des mêmes produits par tous les pays membres afin d'arriver plus facilement à la création d'un vaste marché européen. De nombreux membres de la Commission de libération des échanges du CNPF sont d'ailleurs d'avis de demander aux autres pays de libérer les produits déjà libérés en France.

Mais le CNPF n'a pas pu se prononcer franchement en faveur du principe de la liste commune dans la motion adoptée par l'assemblée du

---

[3] 25 avril 1951, Commission de libération des échanges, Archives du CNPF.

1er juillet 1950, ses fédérations étant divisées à ce sujet. Si cette liste commune doit se réaliser, le CNPF souhaite qu'elle soit progressive et qu'elle ne soit pas uniquement un catalogue avec possibilité de choix, ce qui aggraverait la situation présente « déjà fort incohérente », au lieu de l'améliorer.

La France a publié le 13 mai 1951 la nouvelle liste de ses produits libérés. Elle a suivi pour un grand nombre de produits la liste commune, mais elle en a exclu certains dont la libération n'aurait pu être décidée sans danger pour son économie. Les produits ainsi remis sous contingent ne représentent qu'un pourcentage réduit (2,8 % du montant total des importations privées).

Ce manque de latitude dans les négociations risque de ramener le rôle du CNPF à celui d'un arbitre. Or l'organisation patronale ne veut pas marchander la libération des échanges en appuyant l'élargissement des contingents d'un produit plutôt que celui d'un autre. Parallèlement, elle travaille à obtenir que les tarifs douaniers encore suspendus soient rétablis pour tous les produits libérés considérant que la seule protection possible réside dans le droit de douane[4].

Le BDI est favorable à l'élaboration d'une liste commune qui consolide la libération européenne. Mais il insiste pour que tous les intérêts relatifs au commerce extérieur des pays participants soient également pris en compte[5].

C. Une libération des échanges assortie d'une libération des changes ?

Pour les patrons français et allemands, la libération des changes doit accompagner la libération des échanges ou même la précéder. Ils considèrent que seul un change libre est capable d'assurer l'adaptation automatique des échanges aux besoins. C'est également le sens de la déclaration de la Conférence de Westminster. Les gouvernements doivent désormais s'abstenir de subventionner les produits alimentaires ainsi que les autres éléments du coût de la vie, dont les salaires.

Au mois de décembre 1949, le CNPF a pris officiellement position en faveur d'un retour à la liberté des changes, dans le cadre de l'entente régionale projetée entre la France, l'Italie et le Benelux. La liberté proclamée n'est pas la flexibilité des changes, comportant la détermination périodique des parités officielles, mais une liberté totale tant en ce qui

---

4 6 juillet 1951, Rapport général sur l'activité de la Commission des relations économiques internationales du CNPF pendant le premier semestre 1951, in *Bulletin du CNPF*.

5 *Jahresbericht des BDI*, 1er juin 1951-30 avril 1952.

concerne les paiements de marchandises que les règlements financiers et les mouvements de capitaux, avec un retour à la cotation libre et journalière des monnaies à la bourse des valeurs et la reconstitution d'un marché à terme. Le CNPF justifie sa position par la nécessité de laisser jouer librement les mécanismes monétaires afin de corriger les déséquilibres qui pourraient se manifester du fait de la libération des échanges[6].

Le groupe de travail des questions monétaires du CNPF insiste sur le fait que la transférabilité des monnaies européennes ne prend tout son sens que dans la mesure où elle englobe la livre sterling, ou tout au moins si elle comporte une union très étroite avec elle. À cette date, l'adhésion de la Grande-Bretagne est conditionnée par la solution de très importants soldes en sterling. Le problème monétaire ne peut être résolu tant que la dette de la Grande-Bretagne n'est pas liquidée. Le CNPF pense que même si la Grande-Bretagne refuse son adhésion à l'Union européenne des paiements, celle-ci doit tout de même se réaliser.

Alors que certains membres de la commission pensent que ce système de crédits internationaux pourrait constituer une étape utile vers la liberté totale des changes, d'autres reprochent au projet d'Union européenne des paiements élaboré à l'OECE de ne pas inciter suffisamment les pays débiteurs à réduire leurs débits.

Jean Constant, le Président de la Fédération des industries mécaniques et transformatrices des métaux, insiste sur l'échec que représente la libération de l'OECE sur le plan monétaire. Il trouve que l'on a résolument tourné le dos à l'idée d'un marché européen pour sombrer dans le « bilatéralisme élargi » en cherchant avant tout à améliorer, par des suppressions de contingents, la balance des comptes des pays deux à deux[7].

II. Une réaction en demi-teinte des industriels

A. Les réactions en France

1. Le principe de la libération

En 1949, un grand nombre d'industriels ne prend pas du tout la mesure des changements à venir.

> Un grand nombre de dirigeants d'industrie se réfugia dans une abstention indifférente, persuadés qu'il ne s'agissait en l'occurrence que de disserta-

---

6 25 mars 1950, Groupe de travail pour les questions monétaires et financières, Archives du CNPF.

7 Janvier 1950, Bilan d'une libération, éditorial de Jean Constant, le Président de la FIMTM, in *Les industries mécaniques* n°58, MIC, 830589 art. 11.

tions de rhéteurs quelque peu visionnaires et que longue vie était encore réservée à l'ère au sein de laquelle ils s'étaient installés.[8]

Nous pouvons voir deux séries d'explications à cette indifférence initiale des industriels français à l'amorce du processus de libération des échanges. D'abord, ils se sentent protégés par la politique protectionniste du ministère de l'Industrie. Ensuite, ils sont persuadés que si une libération hâtive et improvisée des échanges se traduit par une régression du système social français, un chômage important et une diminution trop sensible du niveau de vie, l'expérience n'ira pas jusqu'au bout. Si le processus engagé était maintenu, malgré un chômage croissant, il ferait le jeu du communisme.

Les membres du CNPF espèrent, avec la libération des échanges, de meilleurs résultats pour l'économie française que ceux obtenus par le système du contingentement. Ce dernier n'a eu la vertu d'atténuer ni l'ampleur ni le nombre des glissements du franc. Il n'a pas permis non plus un développement de la production nationale aussi importante que celui dont ont bénéficié la plupart des pays étrangers. Ils espèrent également que cette mesure les dégagera du « dirigisme étroit » de la politique gouvernementale et allégera le poids des formalités administratives qui peuvent entraver leurs échanges. Ils attendent enfin de la libération des échanges qu'elle pèse sur les prix en limitant les hausses de salaires[9].

Cette adhésion au principe de la libération des échanges n'empêche pas l'existence de quelques craintes, notamment celle de voir la France s'engager trop vite dans le processus, alors que la politique de modernisation entreprise dans le cadre du plan Monnet n'a pas encore pleinement porté ses fruits. Ils redoutent en particulier qu'une ouverture trop rapide de leur secteur aux concurrents étrangers entraîne une très forte augmentation des importations, stimulée par la différence du prix entre les produits français et étrangers. Ces importations massives pourraient entraîner la faillite de secteurs industriels entiers, et donc un chômage important.

Les industriels redoutent aussi fréquemment de voir la France handicapée par l'importance des charges fiscales, parafiscales et sociales. Le CNPF fait pression sur les chefs d'entreprise pour qu'ils baissent leurs prix de revient. Pensant que l'étude comparative de la productivité de la France et des pays étrangers pourrait fournir aux industriels le moyen

---

8 14 novembre 1949, ACADI, Projet de note sur la libération des échanges, Archives du CNPF.

9 25 novembre 1949, Des réactions de l'industrie mécanique devant la libération des échanges aux projets de loi « anti-trust », in *Bulletin économique*.

d'améliorer leurs performances, le CNPF a entrepris de développer des stages de techniciens aux États-Unis.

Selon l'Association des cadres dirigeants de l'Industrie, quand les industriels français sont réservés sur la libération des échanges, ils craignent surtout la concurrence allemande.

La résolution du Conseil économique sur la libération des échanges de la fin janvier 1950[10] donne une idée des tensions qui traversent le monde industriel. Le Conseil s'est montré très divisé sur les questions considérées. Une majorité s'est finalement dégagée, mais deux groupes minoritaires, la CGT et la CGA, sont restés irréductibles. Le Conseil économique a été amené à présenter un rapport sur la libération des échanges en trois parties : la première rendant compte de l'opinion de la minorité résolument hostile à la libération des échanges, essentiellement représentée par la CGT, la deuxième partie représentant l'opinion de la plus grande partie de la CGA, et une troisième partie restituant l'opinion de la majorité du Conseil économique dont font partie le groupe des chefs d'entreprise, les artisans, FO, la CFTC et la CGC. Les minorités objectent le danger d'une très grave concurrence allemande. Les autres membres du Comité reconnaissent ce danger mais doutent que le système des accords bilatéraux et des contingents permette d'y parer de façon efficace.

Le texte du groupe des chefs d'entreprise a été mis au point avec la participation des représentants des Chambres de Commerce et d'Industrie, des petites et moyennes entreprises et du CNPF. Il demande au Conseil économique d'attirer l'attention du gouvernement « aussi bien sur les avantages que la France peut retirer de la libération des échanges intra-européens que sur les inconvénients graves qui résulteraient de cette libération, si celle-ci n'était pas accompagnée de mesures de précaution »[11].

Le texte final, conciliant les positions prises par les divers groupes de la majorité, a été adopté le 26 janvier par 89 voix contre 39 (CGT et quelques conseillers CGA d'extrême gauche) et 27 abstentions (CGA). Le Conseil économique se prononce donc « pour une libération prudente et progressive des échanges intra-européens dans le cadre de l'OECE ». Il trouve la situation du moment confortable, mais craint que, si la France se refuse à ouvrir son économie, elle n'en pâtisse plus douloureusement demain. Le ralliement à l'ouverture européenne est donc un ralliement de raison.

---

[10] 26 janvier 1950, Conseil économique, Libération des échanges intra-européens, MAE, DE-CE 351.

[11] 20 février 1950, Le Conseil économique et la libération des échanges, in *Bulletin du CNPF*.

2. *La méthode employée*

Des difficultés se sont produites entre les industriels au moment des débuts de la libération des échanges, aucune fédération industrielle ne voulant figurer sur la liste de libération[12]. Comme les industriels ne s'opposent pas fondamentalement au principe de la libération, ces réticences sont imputables à la méthode employée par l'OECE.

Dès la parution de la liste de libération des échanges du 6 octobre 1949, l'industrie mécanique décide une contre-offensive[13]. La Fédération des industries mécaniques et transformatrices des métaux présente son plan de libération des échanges, répondant en tous points à la décision du Conseil de l'OECE, mais utilisant des méthodes fort différentes pour parvenir à cette libération.

Le CNPF est également très critique à l'égard de la méthode adoptée au sein de l'OECE[14]. Il considère que les industriels ont été placés devant un fait presque accompli au moment où les pouvoirs publics les accablent tant socialement que fiscalement et que leur rééquipement, déjà bien amorcé, n'est pas terminé. La direction des Relations économiques extérieures du ministère des Finances reconnaît qu'elle a imposé aux industriels le principe de la libération des échanges, mais souhaite réfléchir avec eux aux meilleures solutions de sa mise en œuvre[15] en excluant toutefois la solution par paliers dans le temps qui paraît momentanément inapplicable.

Dans ces conditions, le CNPF souhaite que la libération des échanges donne toutes ses chances aux industries exportatrices, permette la réadaptation de toutes les productions aux conditions du marché mondial et se fasse en douceur. La libéralisation suppose un accès bon marché aux matières premières et à l'énergie, en tout cas à un prix qui ne serait pas supérieur au prix de revient dans les autres pays européens. Or, aucune de ces conditions préalables n'a été réalisée.

Le CNPF conteste le fait de devoir libérer la totalité des importations d'une industrie ou d'un secteur d'industries déterminés. Il trouve que cette méthode est trop brutale et ne ménage pas la nécessité d'une adaptation progressive de l'économie française. Il aurait préféré élargir progressivement le contingent d'importation existant, afin de tenir

---

12 18 juin 1956, Rapport sur le Marché Commun, Archives du CNPF.

13 25 novembre 1949, Des réactions de l'industrie mécanique devant la libération des échanges aux projets de loi « anti-trust », in *Bulletin économique*.

14 9 mai 1950, Méthodes à employer en matière de libération des échanges, Commission de libération des échanges, Archives du CNPF.

15 5 janvier 1950, Entretien de M. de Sailly, DREE, avec une délégation patronale, Archives du CNPF.

davantage compte des intérêts en cause. Cette méthode avait d'ailleurs été adoptée par la Conférence de Westminster qui est restée à bien des égards la charte du patronat français durant les années 50.

La formule des contingents globaux fait craindre au ministère de l'Industrie que les concurrents dangereux, notamment les Allemands, n'exercent successivement sur tel secteur industriel particulier des efforts massifs et localisés jusqu'au démantèlement des circuits industriels et commerciaux français[16].

De plus, les industriels sont unanimes à regretter que les libérations soient effectuées d'une manière incohérente et sans idée directrice. Ils demandent que l'on procède à la libération par grands secteurs, depuis les matières premières jusqu'aux produits finis. Or, près de la moitié des produits des industries de transformation sont libérés dès la première tranche, sans libérer aucun de ceux qui constituent les matières premières, car ils étaient plus chers en France que sur les marchés internationaux.

Ils critiquent également le fait qu'un produit qui a pu, grâce à une solide protection, être prohibé à l'importation en 1948 ne compte pour rien dans le système OECE. Sa libération ne sera donc même pas mise à l'étude.

Les membres de la commission de libération des échanges du CNPF demandent avec insistance que les produits libérés soient exemptés de tout contrôle des prix et de tous les autres systèmes de péréquation et qu'ils puissent suivre la loi du marché. Ils attendent du gouvernement la mise en vigueur des droits de douane sur tous les produits pour lesquels les restrictions quantitatives ont été supprimées.

Ils demandent qu'un délai suffisant soit laissé aux entreprises pour s'adapter aux nouvelles conditions de la concurrence ou, éventuellement, s'orienter vers des productions plus conformes à l'intérêt général.

B. Les réactions en République fédérale

Les producteurs allemands sont partagés entre ceux qui ont peur de permettre de nouvelles importations qui déstabiliseraient leurs productions (la République fédérale produit suffisamment et a déjà beaucoup de chômage, alors pourquoi accepter ces nouvelles importations ?), et ceux qui cherchent de nouveaux débouchés pour agrandir leurs affaires[17].

---

16 24 novembre 1949, Lettre de M. Bellier, le directeur des Industries mécaniques et électriques, à l'Inspecteur général chargé de la coordination industrielle, MIC, 830589, art. 11.

17 2. Juni 1950, Kein Boykott der Ostzone, in *Frankfurter Allgemeine Zeitung*.

La plupart ne sont pas opposés au principe de la libération des échanges, mais souhaitent temporiser afin d'adopter les mesures nécessaires, telles que le nouveau tarif douanier. Ils ne veulent en aucun cas d'une libération complète, estimant que les conditions de départ de la libération ne sont pas équitables. La production allemande est encore beaucoup plus faible que celle des autres pays. Plusieurs partenaires européens, notamment la Hollande, l'Angleterre et la France n'ont pas encore mis en vigueur leurs listes de libération par rapport à la République fédérale. Cette dernière n'est pas libre d'acheter où elle veut et, par conséquent, ses matières premières lui coûtent plus cher qu'à ses concurrents.

> La politique de libéralisation de la République fédérale rencontra peu d'écho dans son propre pays, non seulement au sein de branches traditionnellement protectionnistes comme la sidérurgie, le textile, l'agriculture, mais également dans le secteur chimique. Les critiques ne portaient pas tant sur le principe de la libéralisation en soi, que sur le rythme imposé, les handicaps présumés de la République fédérale envers plusieurs partenaires de l'OECE et l'influence insuffisante sur le processus de décision de la politique commerciale.[18]

Le BDI a soutenu d'emblée la politique de libération des échanges, tout en manifestant quelques réserves : Fritz Berg ne veut pas que la libération des échanges soit utilisée comme un moyen « d'assommer » les secteurs productifs.

> L'industrie est fondamentalement favorable à la libération des échanges. Mais elle a émis les plus sévères réserves au sujet du rythme imposé par la libération et, surtout, elle a avancé l'idée selon laquelle la libération ne devait pas se faire aveuglément mais devait être réalisée progressivement dans chaque branche industrielle. Les industriels sont persuadés que la création d'un espace économique européen unifié est la condition de l'existence économique de l'Allemagne dans les années à venir. Ils considèrent l'union économique européenne comme indispensable et voient dans les mesures de libération un préalable à l'extension de la libération à l'étranger. Elle apportera une augmentation considérable des chances d'exportation et un élargissement du volume du commerce extérieur. Pourtant, ils trouvent que la balance commerciale et celle des paiements ont pris un tour dangereux au cours de l'année 1949. Alors que les importations en République fédérale sont de 2 089 millions de dollars, les exportations ne sont que de 1 029 millions de dollars. L'excédent des importations est de 1 060 millions de dollars, c'est-à-dire qu'il est supérieur à l'ensemble des exportations. Il

---

[18] Bührer, W., « Erzwungene oder freiwillige Liberalisierung ? Die USA, die OEEC und die westdeutsche Aussenhandelspolitik 1949-1952 », in L. Herbst *et al.*, *Vom Marshallplan zur EWG : die Eingliederung der Bundesrepublik in die westliche Welt*, München, 1990, p. 154.

n'y a pas de doute que cette détérioration visible du commerce extérieur allemand des derniers mois a été causé par le traité commercial signé par la JEIA [*Joint Export Import Agency*, fondée le 1er janvier 1947 par les autorités militaires d'occupation pour organiser le commerce extérieur allemand], qui a ouvert les vannes des importations en Allemagne. L'industrie s'est pourtant déclarée pour le maintien de la libéralisation et pour la continuation de cette politique.[19]

Ainsi, le BDI souhaite ne pas aller trop vite en besogne pour éviter chômage et perte de capital ainsi qu'un retour brutal vers un protectionnisme plus radical. Il propose de maintenir dans l'immédiat une certaine protection pour quelques industries touchées de plein fouet par les modifications structurelles qui ont suivi la guerre, et qui ont besoin d'un délai avant de se confronter à la concurrence[20].

L'industrie allemande connaît, avec la libération des échanges, des avantages substantiels qui ne peuvent pas la laisser indifférente : les interdictions de production qui avaient suivi la guerre sont supprimées.

Mais, si les industriels allemands ne sont finalement pas opposés au principe de la libération des échanges, avec quelques réserves, ils souhaitent une approche bilatérale et non multilatérale. Pendant l'automne 1949, un conflit a opposé, au sein de l'OECE, le Secrétaire Général de l'OECE, son adjoint et le représentant de la mission américaine de l'*Economic Cooperation Agency* (ECA), qui étaient favorables à une approche multilatérale, au reste des délégations, dont la délégation allemande et la délégation française, attaché à une approche bilatérale. Le choix d'une date de référence favorable à l'Allemagne (l'année 1949) a finalement rallié ceux qui condamnaient la méthode multilatérale et considéraient la libération bilatérale comme la seule possible[21].

L'industrie chimique trouve que la libération des échanges desservirait le commerce extérieur. La politique commerciale allemande est toujours gérée par les puissances d'occupation. Les pays membres de l'OECE ne l'autoriseraient à redevenir maîtresse de son commerce extérieur qu'en échange de facilités d'accès au marché allemand et du maintien des exportations allemandes dans des limites qui leur paraîtraient acceptables. De telles contreparties entraîneraient le déclin d'un secteur comme la chimie qui est basé sur l'exportation. L'industrie chimique espère également que le gouvernement fédéral pourra rapide-

---

19 *Jahresbericht* des BDI, 19 octobre 1949-31 mars 1950.

20 *Jahresbericht* des BDI, 1er mai 1952-30 avril 1953.

21 Bührer, W., « Erzwungene oder freiwillige Liberalisierung ? Die USA, die OEEC und die westdeutsche Aussenhandelspolitik 1949-1952 », in L. Herbst *et al.*, *Vom Marshallplan zur EWG : die Eingliederung der Bundesrepublik in die westliche Welt*, München, 1990, p. 156.

ment regagner une véritable liberté de mouvement dans le domaine tarifaire, afin de pouvoir augmenter les tarifs en prévision des débuts de l'élargissement des contingents. Au lieu de cela, l'Allemagne est obligée dans les nouveaux traités commerciaux de maintenir les facilités douanières qu'elle devait concéder antérieurement et les Hauts Commissaires risquent de l'empêcher d'augmenter ce tarif autant qu'il serait nécessaire, ce qui la mettrait dans une situation défavorable lors du processus de libération des échanges à venir. Le Président de l'organisation professionnelle de la chimie allemande, W.A. Menne, ne souhaite pas pour autant engager une polémique dans la presse. Il juge préférable de lancer la discussion au *Bundestag* sur les conditions nécessaires à la libération des échanges et le manque d'autonomie allemande en termes de politique commerciale[22].

En fait, la référence à l'année 1949 permet aux Allemands d'atteindre sans trop de mal l'objectif de 50 % de libération des échanges. En effet, durant cette année, le niveau des importations avait été assez bas. Cela contribue à expliquer comment l'Allemagne a pu aussi facilement et régulièrement augmenter son pourcentage de libération. Le BDI met l'accent sur la baisse du prix mondial des matières premières qui a réduit les prix à l'importation et a permis à la République fédérale de dégager des surplus commerciaux[23].

Le succès à l'exportation de l'Allemagne ne se fait pas attendre. Les exportations correspondaient, en 1948, à 1,2 % des exportations mondiales. La part allemande est montée à 3,5 % en 1950 et presque 4,5 % en 1951. Certes, cela ne représente que la moitié de la part allemande d'avant-guerre, mais c'est déjà un résultat qui conduit la République fédérale à la cinquième place des pays exportateurs dans le monde. Ce succès est dû en grande partie à la forte volonté exportatrice de l'industrie, encouragée autant que possible par le BDI qui considère l'exportation comme un devoir fondamental[24].

Les atouts de l'industrie allemande sont nombreux à l'aube des années 50. Le commerce allemand se concentre sur les pays à fort développement industriel c'est-à-dire sur les pays à forte capacité d'importation. La production de l'industrie allemande s'est spécialisée dans les biens d'investissement qui étaient particulièrement demandés dans cette phase d'expansion. L'économie allemande n'est pas, contrairement aux autres pays européens, touchée par des disparités régionales et sectorielles importantes. Enfin, les prix des produits allemands sont inférieurs

---

22 6. Dezember 1949, Präsident des VCI, W-A Menne, an Bundesminister für Wirtschaft, L. Erhard, BAL, 062-015.

23 *Jahresbericht* des BDI, 1er mai 1952-30 avril 1953.

24 *Jahresbericht* des BDI, 1er juin 1951-30 avril 1952.

à ceux du marché mondial. Cela s'explique en grande partie par le faible niveau des salaires allemands. Au cours des années 50, d'autres raisons viennent s'ajouter : la sous-évaluation du DM et des mesures gouvernementales volontaristes pour favoriser les exportations[25].

III. L'échec de la libération des échanges

Malgré ses nombreux atouts et sa réussite à l'exportation, la République fédérale connaît des difficultés croissantes de balance des paiements à partir de l'automne 1950. Le gouvernement fédéral a été contraint d'instaurer des mesures restrictives en novembre du fait d'un déficit du commerce extérieur qui atteint 357 millions de dollars au cours des trois derniers mois de l'année. Un crédit exceptionnel de plus de 120 millions de dollars n'a permis qu'un apaisement de courte durée. En février 1951, le déficit était passé à 457 millions de dollars. À la fin du mois, le gouvernement décide de suspendre les mesures de libération.

Les difficultés françaises remontent à la même époque. Après une très bonne santé essentiellement due à un volume important d'exportations de mai à octobre 1950, le taux de couverture a continuellement chuté, du fait de l'invasion du marché français par les produits étrangers à partir d'avril 1951.

Le déclenchement de la guerre de Corée en juin 1950 a entraîné, dans les pays membres de l'OECE, une hausse considérable du prix des matières premières. En France, les ministères des Affaires étrangères et des Affaires économiques, ainsi que les industriels, décident de ne pas stocker le matériel pour éviter les effets inflationnistes. Le résultat à plus long terme a pourtant été de déstabiliser complètement les finances françaises au sein de l'Union européenne des paiements.

Selon un rapport de la Banque de France[26], la répercussion des événements de Corée aurait dû être moindre en France qu'à l'étranger. Si le contraire s'est produit, c'est d'abord parce que le pays, plongé dans l'inflation depuis dix ans, était « hypersensibilisé » à toute cause de hausse des prix. C'est ensuite parce que, pendant dix-huit mois, la carence gouvernementale a été totale en matière de prix. Loin de réagir contre la psychose de hausse, les pouvoirs publics ont procédé à des relèvements répétés des tarifs des services publics et ont entériné des hausses massives sur tous les prix directeurs agricoles, qui ont entraîné celle des prix alimentaires au détail et, à leur suite, celle des salaires et

---

25 Ambrosius, G., « Europäische Integration und wirtschaftliche Entwicklung », in H. Berding, *Wirtschaftliche und politische Integration im 19. und 20. Jahrhundert*, Göttingen, 1984, p. 274.

26 FNSP, AWB, 2BA7.

enfin des prix industriels. Toutes ces hausses conjuguées se sont traduites par un appel massif au crédit. La politique restrictive menée par la Banque de France, malgré de véhémentes protestations, à partir de l'automne 1951 a été insuffisante pour redonner des bases saines à l'économie nationale.

Dans ce contexte, le gouvernement français pouvait solliciter de l'Union européenne des paiements un crédit spécial pour passer ce cap difficile, dévaluer ou suspendre la libération des échanges. C'est la troisième solution qu'il a choisie le 3 février 1952. La brutalité de ces dispositions suscite dans les milieux industriels une vive émotion, qu'est encore venue renforcer une déclaration du Président du Conseil selon laquelle les avoirs en devises du fonds de stabilisation des changes ne permettraient à la France de faire face à ses achats normaux que pendant trois jours.

Le BDI voit dans le déficit de la balance commerciale allemande des raisons conjoncturelles, à savoir la réduction de l'aide Marshall jointe à la raréfaction et l'augmentation des prix des matières premières que l'Allemagne importe en quantité croissante à la suite de la guerre de Corée. Le CNPF, en face de la même situation, a une position entièrement différente. Il pense que ces difficultés françaises résultent d'une politique de facilité du gouvernement encourageant l'inflation.

Dès octobre 1950, Fritz Berg, le Président du BDI, demande au Directeur de la *Bank deutscher Länder* de cesser les mesures restrictives sur les importations et le crédit. Il pense que des mesures ponctuelles dans les domaines particulièrement touchés auraient été suffisantes. Il a d'ailleurs l'impression que certains cercles allemands ont profité de cette mauvaise conjoncture pour remettre en question la libération des échanges. Il propose de remplacer ces mesures restrictives par une véritable aide à l'exportation. En juin 1951, le BDI publie un mémorandum où il engage le gouvernement à reprendre sans tarder le processus de libération. Il est soutenu par l'industrie chimique qui juge les mesures adoptées par la *Bank deutscher Länder* trop restrictives. Plus généralement, ces mesures ont d'ailleurs provoqué « une grande consternation » dans les milieux industriels allemands[27].

Le DIHT temporise davantage et désire repousser la reprise de la libération des échanges au 31 décembre 1951 afin d'éprouver les premiers effets du changement de tarif douanier qui doit intervenir le 1er octobre. Tous sont d'accord pour reprendre la libération à 60 % plutôt qu'à 40 %, pour favoriser l'importation de matières premières, et en particulier de

[27] 24. Oktober 1950, Brief von Fritz Berg an dem Dr Vocke, Präsident der Bank deutscher Länder, BAL, 62/22.48.

charbon. Les organisations professionnelles s'efforcent, avec succès, de faciliter l'approvisionnement de leurs branches en matières premières.

Alors que la France et le Royaume-Uni ont suspendu leur processus de libération des échanges, le BDI craint que le processus d'intégration européenne ne soit définitivement paralysé car ces deux pays représentent 58 % du commerce extérieur des pays de l'OECE en 1950. Il encourage le gouvernement fédéral à franchir un nouveau seuil de libération (75 %) au 1er avril 1952. Il pense que cette crise de la libération des échanges est propre à mettre en danger le développement du commerce extérieur allemand. Les mesures d'urgence prises par le Royaume-Uni et la France risquent de réduire le volume global des échanges européens. Ce serait exactement le contraire de l'expansion économique que les Allemands attendent de l'intégration européenne.

Le DIHT est du même avis que le BDI, mais pose comme conditions à la poursuite de la libération le plein accord des industriels dans l'élaboration de la liste commune et la surveillance du poste de l'emploi et de celui de l'exportation[28].

Les branches industrielles allemandes ne sont pas forcément toutes aussi décidées que les grandes centrales patronales à poursuivre la libération. Elles regrettent un manque de réciprocité des mesures adoptées. L'industrie textile se plaint d'une baisse d'un tiers de ses exportations depuis l'année 1951, du fait des restrictions à l'importation établies par ses partenaires commerciaux. L'association professionnelle textile demande au gouvernement fédéral de suspendre toute poursuite de la libération dans son domaine et d'instaurer un blocus à l'importation des produits français jusqu'à ce que le gouvernement français lève celui qu'il a instauré à l'entrée des produits en coton[29].

La réaction du CNPF est très différente de celle du BDI. Il fait remarquer que la suspension de libération des échanges a été trop tardive.

> Ce n'est pas d'aujourd'hui ni même d'hier que l'on constate que les prix français sont trop élevés et que nos industries ne luttent plus à armes égales avec les industries étrangères. Le renversement de notre position dans l'Union européenne des paiements remonte au mois d'avril 1951 et l'on pouvait prévoir dès ce moment que ce mouvement serait durable. En attendant dix mois pour modifier sa politique, le gouvernement a conduit la France au bord de la faillite et a été contraint d'imposer des restrictions brutales à nos importations. S'il avait agi plus tôt, les mesures restrictives eussent été moins rigoureuses, elles auraient été moins graves pour nos in-

28 25. Februar 1952, DIHT über die Zukunft der Liberalisierung, RWWK, 1/582/1-2.

29 24. Juni 1952, Textilindustrie gegen Erweiterung der Liberalisierung, RWWK, 1/582/1-2.

dustries et auraient porté un coup moins sérieux à la politique de libération des échanges.[30]

Il ne fait aucune déclaration officielle pour appeler nettement à la reprise de la libération des échanges. Il se contente d'indiquer que l'abandon des contingents serait souhaitable dès lors que la situation de l'économie française le permettra. Il gère au mieux la crise et l'approvisionnement en matières premières, en liaison étroite avec les administrations.

Lors d'une analyse rétrospective, le CNPF essaie de comprendre ce qui a été à l'origine de la détérioration de la situation économique de la France. Jean Louis[31], un proche de Georges Villiers, considère que les hausses répétées de salaires dans le courant de l'année 1951 (en particulier celle de septembre 1951, décidée par le gouvernement Pleven) sont à l'origine de l'accroissement inconsidéré des coûts de production et de la spirale inflationniste qui s'est instaurée. De janvier 1951 à janvier 1952, les salaires horaires augmentent de 32,8 %, tandis que les prix s'accroissent de 23,9 %. La situation se dégrade aussitôt à une rapidité prodigieuse. La politique déflationniste menée alors par le gouvernement Pinay n'a pas été assez efficace pour rétablir la situation.

Selon le CNPF, cette spirale inflationniste vient se superposer à un problème de fond : le pays consomme plus qu'il ne produit. Le déficit chronique de la balance commerciale qui résulte normalement de ce que la France s'offre des approvisionnements à l'étranger en utilisant l'excédent des devises devient tout à fait dramatique depuis qu'un déficit de la balance des invisibles s'y ajoute. Ce déficit est apparu parce que la parité officielle du change du franc est, depuis quelques années, supérieure à la parité économique.

Jean Louis juge donc la politique du gouvernement français irresponsable en ce sens qu'elle introduit deux déséquilibres majeurs dans l'économie : une spirale inflationniste et un franc surévalué.

Cette analyse d'une dégradation du commerce français datant de la décision de René Pleven du 15 septembre 1951 d'augmenter tous les salaires de 15 % sans dévaluer n'est pas propre aux organisations patronales. La Banque de France la partage[32]. Pierre Uri impute également à

---

[30] 5-20 mars 1952, La situation de la France dans l'UEP et la suspension de libération des échanges, in *Bulletin du CNPF*.

[31] Un temps considéré comme le dauphin de Louis Renault avant la guerre, il est nommé Directeur Général de la Régie par Pierre Lefaucheux. Il rejoint le Conseil d'administration de Peugeot en 1948. Il est Président de la Commission des Affaires européennes du CNPF à partir de février 1960.

[32] Note de la Banque de France, AWB, FNSP, 2BA7.

cette décision la dégradation du commerce français. Il raconte comment les fonctionnaires qui entouraient René Pleven, dont il faisait partie, ont tout fait pour l'en dissuader[33].

Le CNPF critique fortement les importations dites « de choc » de l'automne 1951 décidées unilatéralement par le gouvernement français. Ce dernier a alors décidé l'ouverture de contingents supplémentaires d'importation pour un certain nombre de produits (notamment textiles) dans le but, d'une part, de peser sur les prix et, d'autre part, d'éponger une partie du pouvoir d'achat supplémentaire résultant des hausses de salaires. Le CNPF considère que ces importations forcées, d'un volume considérable, sont venues aggraver les difficultés commerciales françaises.

IV. Conclusion

La tentative de libération des échanges a échoué, dans un premier temps, dans les deux pays. Mais le parallèle s'arrête là, car l'Allemagne, contrairement à la France, tire profit de cette augmentation considérable des importations, qui a été fatale à l'équilibre de sa balance commerciale, pour opérer une modification complète de la structure de ses exportations[34].

33 Entretien accordé à Gérard Bossuat, in *Travaux et Recherches*, automne 1988.

34 Milward, A. S., *The Reconstruction of Western Europe 1945-1951*, London, 1987, p. 429.

CHAPITRE II

Une attitude opposée des industriels français et allemands face à la libération des échanges (1952-1955)

I. Un consensus entre l'État français et les industriels pour retarder l'ouverture des frontières ?

A. Les difficultés commerciales françaises

Depuis la fin de l'année 1950, le déséquilibre de la balance commerciale pose le problème de la capacité compétitive de la France sur le plan des échanges internationaux. Le pourcentage de couverture des importations par les exportations, qui atteignait et dépassait même 100 % durant les derniers mois de 1950, est tombé à 48 % en février 1952. Le déficit commercial, condition de l'expansion française pendant une bonne partie des années 50, est un choix politique du gouvernement. Il naît du refus de dévaluer le franc et de la difficulté à libérer les échanges.

Après avoir été tendue à l'extrême au début de l'année 1952, la trésorerie française en dollars s'est légèrement améliorée en fin de semestre, mais l'amélioration passagère n'est pas due à une augmentation des exportations, qui, bien au contraire, continuent à décroître. Elle est essentiellement la conséquence des restrictions qui ont été apportées aux importations et des fluctuations des prix mondiaux. En effet, le poste des importations a joué deux fois plus que le poste des exportations pour la réduction du déficit. Mais cette économie est due non pas à une diminution du volume physique des importations, mais à une chute du prix des matières premières importées. Le poste des exportations a permis un gain de 70 milliards. Ce chiffre tient à deux facteurs. D'une part, la chute du prix des matières premières exportées par la France a été bien moindre que celle des produits importés. D'autre part, l'augmentation du volume des exportations a porté sur cent milliards pour les matières premières et les produits semi-ouvrés. Ce résultat est en partie dû à la faible demande sur le marché intérieur, donc à la stagnation qui a contribué à dégager des disponibilités pour l'exportation[1].

B. Les raisons de ces difficultés

1. Des prix trop élevés

La disparité entre les prix français et étrangers est une des raisons majeures des difficultés commerciales françaises. La situation se dégrade au début des années 50. Les prix de gros et le coût de la vie accusent, en France, une hausse considérablement plus forte que dans les pays voisins. Le pays s'enfonce dans une spirale inflationniste prix/salaires qui ne profite pas réellement aux salariés, mais augmente considérablement les coûts de production.

Il est certain que l'origine lointaine des difficultés se trouve, pour une large part, dans les défauts de structure de l'économie française et dans l'alourdissement général des coûts de production qu'ils ont provoqués. Certains placent au premier rang de ces défauts, les limitations de la concurrence qui favorisent la stagnation de l'agriculture et de l'industrie. Enfin, la réglementation du commerce extérieur et des changes, du fait de son incidence sur les prix des matières premières importées, ne va pas elle-même sans aggraver les difficultés d'exportation qui ont précisément conduit à lui donner sa rigueur actuelle[2].

D'abord sporadique, le blocage des prix est généralisé le 11 septembre 1952 par le gouvernement Pinay pour remédier aux prix trop élevés des produits français. Néanmoins, ceux-ci ont été stabilisés à 15 % ou 20 % au-dessus des cours mondiaux, ce qui entrave les exportations. Ils sont restés à peu près stables jusqu'en 1955. Le blocage des prix est toujours en place en avril 1957. La situation française présente un secteur libre (celui des produits importés) au sein d'un système de prix intérieurs bloqués. Il existe ainsi une juxtaposition de deux systèmes économiques, l'un libéral et l'autre dirigiste.

La critique par les industriels du blocage des prix remonte au début des années 50. Ils déplorent une augmentation constante des prix de revient, qu'ils ne peuvent pas répercuter dans leurs prix de vente. Le CNPF considère le blocage des prix comme « absurde », dans la mesure où les mécanismes d'ajustement sont bloqués, tout en comportant suffisamment de brèches pour faire perdre au blocage des prix son efficacité.

---

1 Commentaires sur les Comptes économiques de la Nation pour les années 1953 et 1954, SAEF, 1A390.

2 Octobre 1952, Rapport sur l'origine des disparités actuelles entre les prix français et les prix étrangers, Direction Générale des Prix et du Contrôle économique, SGCI, F60/3070.

Parmi celles-ci figurent les augmentations de salaires autorisées de temps en temps par le gouvernement. Dans ces conditions, les industriels demandent à ce dernier de laisser les prix libres quelque temps, afin qu'ils se réajustent par rapport aux cours mondiaux. Le gouvernement refuse. Il ne veut pas toucher aux prix, afin d'éviter une dévaluation.

Les industriels considèrent souvent les prix français trop élevés comme le signe de la prédominance gouvernementale. En 1960, les membres du CNPF chiffrent à 40 % le prix de revient de chaque objet produit en France qui échappe à l'action des producteurs et de la concurrence pour ne dépendre que des décisions de l'État.

> Volontiers on dénonce ici et là la soi-disant sclérose des structures nationales. Mais la véritable sclérose, la plus redoutable, n'est-elle pas celle qui découle de cet élargissement constant des interventions de l'État ? [3]

Ces critiques fondamentales de la politique intérieure française peuvent contribuer à expliquer le ralliement du CNPF à l'intégration européenne, qui est pressentie comme profondément libérale. Les industriels préfèrent subir le feu de la concurrence au niveau européen, si cela leur permet de se dégager de la prise en étau maintenue par le gouvernement français entre l'augmentation des coûts de revient (fort coût de l'énergie, augmentation des salaires, etc.) et le blocage des prix de vente.

Le CNPF énumère les remèdes à la cherté des produits que le gouvernement pourrait adopter au lieu de s'en tenir au seul blocage des prix. Il en dénombre quatre : l'établissement d'une monnaie saine et stable, la réduction des charges fiscales, celle des charges salariales totales (salaires et charges sociales) et la libre concurrence[4].

2. Un accès restreint à l'investissement

La prise en compte de la politique d'investissement par l'État, au même titre que la politique commerciale, s'amplifie dans l'après-guerre.

Les critiques des industriels à l'égard de cette pratique sont virulentes. La Fédération des industries mécaniques et transformatrices des métaux fustige les nombreux emprunts que lance l'État, qui représentent un obstacle aux investissements industriels, et l'alourdissement de la fiscalité[5]. Depuis le blocage des prix, le CNPF signale que les marges

---

[3] 5 juillet 1960, Le poids des charges publiques, in *Bulletin bi-hebdomadaire* n°50, Archives du CNPF.

[4] Intervention de Henri Fayol sur le problème des prix, Assemblée générale du 13 mai 1958, Archives du CNPF.

[5] 7 janvier 1958, Adaptation de l'économie française au Marché Commun, FIMTM, Archives du CNPF.

d'autofinancement se sont encore amenuisées et ont même disparu dans le cas de certaines grosses sociétés. Cette pratique contribue à un alourdissement des prix.

> Banquier des collectivités locales, banquier des investissements, l'État, dont les dépenses dépassent toujours les recettes, est devenu le principal client du marché financier au détriment des entreprises les plus valables amenées à pratiquer largement l'autofinancement. Il en résulte un alourdissement des prix français qu'il faut compenser par diverses subventions à l'exportation.[6]

Le ministère des Finances ne ménage pas non plus ses critiques.

> Les possibilités du marché financier pourraient être plus en harmonie avec le volume de l'activité française si l'État ne se livrait pas à un tour de « passe-passe ». Il est d'autant plus difficile d'obtenir des capitaux privés que l'État entrave un élargissement de ce marché en monopolisant, au profit du Trésor, pour permettre le jeu de pratiques extra-budgétaires condamnables, un grand nombre de disponibilités qui devraient, dans une nation de structure libérale financer les investissements privés.[7]

3. Le mauvais fonctionnement des aides à l'exportation

La libération des échanges est immédiatement assortie, en 1949, d'une politique systématique d'aide à l'exportation. Cette dernière se manifeste de différentes façons : délais de crédit plus importants, taux inférieurs accordés par les banques, exonérations des taxes sur le chiffre d'affaires, remboursement partiel des charges sociales et fiscales, détaxation à la TVA, etc. Cet ensemble de mesures représente une aide très substantielle à l'exportation, l'avantage de ces ristournes s'établissant entre 3 et 15 % du prix de revient selon les industries. En juillet 1953, le remboursement partiel des charges sociales et fiscales compense à peu près la surévaluation des prix français. Il permet aux exportateurs d'abaisser leurs prix à l'exportation ou d'accroître leurs marges bénéficiaires.

Pourtant, le CNPF considère que ces aides ne sont pas adéquates.

> Les avantages devraient, pour être efficaces, représenter un pourcentage substantiel des prix, être mis à la disposition des exportateurs suivant une procédure plus rapide, être octroyés à de plus nombreuses catégories de produits et pour toutes destinations (l'URSS et ses satellites exceptés, ainsi que

---

[6] 23 décembre 1958, Intervention de M. Terrel, Réunion du groupe d'études générales, Archives du CNPF.

[7] 1955, Évolution de l'industrie automobile française au regard de la libération des échanges, Note au ministre des Finances, SAEF, 1A396.

l'Argentine). Toutefois, même ainsi aménagés, ces avantages ne sauraient suffire.[8]

Effectivement, l'aide est très inégalement répartie. Les produits agricoles sont les plus favorisés. Viennent ensuite un certain nombre de produits chimiques, l'essentiel des produits textiles et la plupart des machines et des produits de la construction électrique. Les principaux produits de l'industrie chimique, les métaux ferreux et non ferreux bénéficient d'une aide au taux commun de 2,5 %. Enfin, les exportations faites sous le régime de la Communauté européenne du charbon et de l'acier, les produits pétroliers et les pneumatiques ne bénéficient d'aucune aide[9].

Le divorce des industriels est de plus en plus grand avec la politique économique gouvernementale à l'égard de l'exportation qu'ils jugent inconstante. Le gouvernement a, en effet, publié le texte portant remboursement d'une partie des charges fiscales et sociales aux entreprises exportatrices vers la zone dollar en mars 1951 et prévu des pénalisations un mois plus tard pour ces mêmes exportateurs. Le rétablissement de la taxe sur les transactions des exportations a provoqué une grosse émotion dans ces milieux. Il semblait en effet incompréhensible de vouloir intensifier les ventes françaises à l'étranger et de rétablir une taxe à l'exportation. Le CNPF, qui demandait le maintien et même le renforcement de l'effort d'encouragement vers les marchés difficiles, comme la zone dollar, a vigoureusement protesté auprès du ministre des Finances Edgar Faure.

Nous pouvons indiquer plusieurs explications à cette inconstance gouvernementale. D'abord, le problème de l'exportation se pose, pour le gouvernement français, dans des termes différents depuis la guerre de Corée. La préoccupation majeure est désormais d'assurer à l'économie intérieure un approvisionnement en matières premières aussi satisfaisant que possible. Par conséquent, l'intérêt d'une exportation se mesure moins aux devises qu'elle rapporte à la France qu'aux matières premières qu'elle lui procure. Le Président du CNPF, Georges Villiers, convient du fait que les produits bruts doivent être conservés par la France, mais il pense que l'aide doit être poursuivie avec constance pour les produits finis.

Ensuite, les aides à l'exportation ne sont pas tolérées par l'OECE. En janvier 1955, une décision de cet organisme stipule que toute mesure

---

8 1er semestre 1952, Rapport général sur l'activité française, Commission des relations économiques internationales, Archives du CNPF.

9 17 décembre 1957, Problème des échanges extérieurs, Rapport présenté par M. Byé au nom du Conseil économique, in *Journal Officiel*.

d'aide artificielle à l'exportation doit être supprimée. Le gouvernement français décide alors de réduire les taux de remboursement des charges sociales et fiscales. Le montant de l'aide accordée aux exportateurs est réduit d'un quart environ. Cette mesure correspond, d'une part, au désir de diminuer les protections artificielles qui faussent les conditions de concurrence entre l'économie française et les économies étrangères ; d'autre part, au désir d'améliorer devant les instances internationales la présentation du « cas français » et d'éviter de graves mesures de rétorsion dont la menace se précise chaque jour davantage.

Durant l'été 1956, le gouvernement instaure une politique d'aide sélective suivant les mérites de l'entreprise. Les industriels réagissent vigoureusement, du fait du fléchissement de l'exportation et des commandes. Cette réaction est telle que, dans certains cas, le gouvernement pense revenir partiellement sur cette suppression. Le CNPF souhaite que le gouvernement applique les taux antérieurs ou procède à une dévaluation, sous peine d'assister à un effondrement des exportations. Pour justifier sa position en faveur des aides, le CNPF explique que l'État a détruit les mécanismes naturels du marché en intervenant dans l'économie et qu'il est désormais très difficile de se passer de ses aides. De plus, le poids des charges sociales et fiscales, le système de rémunération des heures supplémentaires, l'égalité des salaires féminins et masculins, etc., mettent les entrepreneurs français dans une situation de grave infériorité par rapport à ceux des pays voisins.

La direction des Affaires extérieures du ministère des Affaires étrangères pense qu'il faudrait augmenter les aides dans le cadre de contrats d'assurance-prospection passés par l'État avec les bons exportateurs, l'État supportant 50 à 75 % des dépenses. La fiscalisation d'une partie des charges sociales avec augmentation correspondante de la TVA est un autre moyen de favoriser les exportations et de réduire les importations.

Le gouvernement fait à nouveau volte face au printemps 1957, quand la balance française des paiements se détériore fortement. Paul Ramadier considère désormais l'augmentation du volume des exportations comme un impératif[10]. Un traitement préférentiel des exportateurs est alors institué. Une fixation uniforme à 15 % de l'aide à l'exportation a été proposée. Les exportateurs, dont le chiffre d'affaires de vente à l'extérieur s'élève à plus de 500 000 francs, ont droit à une carte d'exportateur qui leur permet d'avoir accès en priorité au marché du capital et d'être exemptés des augmentations de la TVA. Ces stimulants ont probablement contribué à la remarquable reprise des exportations

10 24 avril 1957, Lettre de Paul Ramadier à Jean Masson, secrétaire d'État aux Affaires économiques, Archives Ramadier.

françaises après 1958 et à la croissance relative des exportations de produits semi-manufacturés et manufacturés.

C. Des réticences partagées par la plupart des acteurs économiques à l'égard de la libération des échanges

1. Les ministères en charge des questions commerciales

Le ministère des Affaires étrangères, sous la houlette de Georges Bidault, veut résister à la pression des partenaires de la France qui cherchent à lui faire ouvrir ses frontières. Il pense que le meilleur moyen de résoudre le problème du déficit de la balance des paiements est de réduire les importations et d'exploiter au maximum les ressources de l'Union française dans son ensemble. Il considère que la libération des échanges affaiblit l'économie française, accélère la désintégration de l'Union française et exacerbe le déficit extérieur[11]. Il insiste sur le fait que la France devrait mettre en place le deuxième plan, laissé en sommeil depuis 1952, pour améliorer les niveaux de productivité et la compétitivité de l'économie. Cela préparerait le jour où l'économie pourrait éventuellement être libéralisée.

> Nous avons de plus en plus de peine à justifier notre système de commerce extérieur. Pourtant les importations françaises n'ont pas subi de réduction sensible. Nos exportations n'ont pas envahi les marchés étrangers au détriment de nos partenaires. Si nous cédons aux objurgations qui nous assaillent, nous risquons de perdre nos marchés ; notre balance en devises se détériore nécessairement. La demande de nos interlocuteurs est donc absurde. On s'imagine à tort à l'étranger que la raison du maintien de ce système boiteux est la surévaluation de notre monnaie. Or nous ne voulons courir le risque ni de la dévaluation, ni de l'inflation. Nous voulons maintenir le niveau des prix français. Grâce à notre système, si imparfait soit-il, nous avons développé nos exportations et maintenu notre place sur les marchés mondiaux. Que cette réussite soit de nature plutôt à créer un mouvement de solidarité auprès de nations qui sont nos alliées et qui ont tout à gagner à nous savoir prospère. Pour apaiser les inquiétudes légitimes, annonçons notre désir d'atteindre un taux de libération proche de 90 %. Dénonçons et effaçons les vices de notre système dans ce qu'il présente d'abusif, notamment certaines taxes de compensation, afin d'éviter d'être accusé de pratiquer du « dumping ». De la sorte, nous pourrons maintenir les grandes lignes d'un système qui, redressé, permettra à notre commerce de demeurer égal à lui-même.[12]

---

[11] Lynch, F., « Restoring France : the Road to Integration », in A. Milward *et al.*, *The Frontier of National Sovereignty*, London, 1993, p. 66.

[12] 25 février 1956, résumé de l'exposé de M. Wormser à la réunion interministérielle, SAEF, 1A440.

Le directeur des Industries mécaniques et électriques du ministère de l'Industrie, Bellier, pense que l'augmentation des importations qui découlerait de la libération des échanges serait très forte du fait de la tendance à l'expansion en France et de la hausse relative des prix français. Il compte au minimum sur un doublement des importations. Il considère que, dans la situation critique de la France à l'Union européenne des paiements, une aggravation même momentanée du déficit pourrait avoir les conséquences les plus fâcheuses. Il craint, en particulier, qu'il faille en venir à nouveau à un blocage complet des importations[13].

Comme les industries mécaniques et électriques connaissent une baisse d'activité, les conséquences en termes de chômage et de disparition permanente des branches d'industries risquent d'être lourdes. La direction des Industries mécaniques et électriques du ministère de l'Industrie et du Commerce préconise des mesures pour accompagner la libération : modification de la parité de change de la monnaie, aménagement du prix de l'énergie et des matières premières, accès aux sources d'approvisionnement les moins onéreuses, répartition des charges fiscales allégeant la charge qui pèse sur les investissements, abaissement du loyer de l'argent, amélioration du rendement des entreprises et soutien des exportations.

Comme la France risque d'être contrainte sur le plan international de libérer ses échanges avant l'application de ces mesures, la direction des Industries mécaniques et électriques propose une solution intérimaire qui consisterait à instituer un système de contingents globaux, lesquels seraient augmentés au fur et à mesure des accroissements en devises étrangères, pour tous les produits qui ne pourraient pas être d'emblée soumis au régime de libération[14].

Le ministère des Finances, pour sa part, est opposé au recentrage de la politique commerciale sur l'Union française, car une protection prolongée détruirait les courants d'échanges commerciaux en Europe et augmenterait encore les difficultés concurrentielles de l'industrie française. Edgar Faure, ministre des Finances à partir de juin 1953, est partisan de la dévaluation du franc et de la reprise de la libération des échanges.

Wilfrid Baumgartner, le Gouverneur de la Banque de France se prononce, aux côtés d'Edgar Faure, en faveur de la reprise de la libération

---

[13] 22 février 1954, Note de M. Bellier à l'Inspecteur général chargé des affaires extérieures, MIC, 771524 art. 158.

[14] 27 novembre 1953, Note de M. Savignon, l'adjoint de M. Bellier, sur un éventuel rétablissement de la libération des échanges envisagée du point de vue des industries transformatrices des métaux, MIC, 780695 art. 4.

des échanges afin de peser sur les prix intérieurs français. Les importations de produits libérés doivent venir concurrencer les produits français et contraindre producteurs et intermédiaires à réduire leurs marges et rechercher des débouchés extérieurs.

> L'ouverture de nos frontières, bien que portant en elle-même un risque de crise, va faire passer dans notre économie un souffle d'air plus vif, rendre sa signification à une notion de concurrence qui avait été quelque peu oubliée et exercer une action modératrice sur le niveau de nos prix intérieurs.[15]

Les libérations seront néanmoins très modestes afin de ne pas trop aggraver le déficit de la balance des paiements. Pour que l'ensemble libéré corresponde cependant à un volume honorable, il est envisagé d'y inclure un certain nombre de matières premières[16].

Ces positions très tranchées s'affrontent au sein du gouvernement. Celles favorables au maintien de la protection l'ont finalement emporté durant cette période. Le gouvernement français a pensé qu'il ne pouvait pas y avoir en même temps des pressions internes (par les salaires) et des pressions externes (par la libération des échanges) sur les structures productives sans risques d'implosion. C'est la raison pour laquelle il a retardé la libération des échanges dans le cadre de l'OECE.

> Des hausses récentes de salaires, un blocage rigoureux des prix, une réduction de l'aide à l'exportation ont rendu plus délicate la position de certaines industries. Ces aménagements d'ordre interne pourront, même si le gouvernement tient bon au « créneau » des prix, hâter le rajeunissement de l'appareil productif français. Une nouvelle vague brutale de libération des échanges, s'ajoutant à cette pression des salaires, risquerait de faire chavirer l'ensemble. [...] Il paraît donc nécessaire de « digérer » un peu les mouvements qui ont pesé récemment sur nos prix de revient avant de décider de nouvelles tranches consistantes de libération des échanges.[17]

2. Les industriels

La lecture des procès-verbaux de la commission de libération des échanges du CNPF donne une image très frileuse de l'attitude du patronat français à l'égard de l'ouverture des frontières. Roger Nathan, le Président de la Commission, confirme le désir des membres de son groupe de maintenir les contingents.

---

[15] FNSP, AWB, 2BA47.

[16] 17 septembre 1953, Extrait du procès-verbal du Conseil général, politique du crédit, FNSP, AWB, 2BA11.

[17] Drouin, P., « À quelle dose la libération des échanges est-elle nocive pour la France ? », in *Revue économique franco-suisse* n°11, novembre 1955.

> La plupart des membres de la commission de libération des échanges estiment que le contingentement peut rester quelques années encore un moyen de protection normal pour l'industrie française et que, par conséquent, le gouvernement et le CNPF doivent tout faire pour qu'il soit maintenu. C'est la raison pour laquelle ces mêmes personnes pensent qu'il est inutile et peut-être même dangereux d'envisager les mesures transitoires qu'il conviendrait de suggérer en fonction de l'abandon des restrictions quantitatives à la nécessité duquel elles se refusent à croire.[18]

Les membres du CNPF estiment que les contingents font partie intégrante de la politique économique française après avoir exercé une influence considérable sur la fiscalité, la législation du travail, les accords de crédit, etc. Dès lors, un processus de suppression de ces contingents ne peut être que très progressif.

La Chambre de Commerce de Strasbourg a mené une enquête sur la libération des échanges auprès de ses ressortissants. Sur 92 réponses de groupements professionnels, 68 demandent le maintien du contingentement en ce qui concerne les produits de leur fabrication, sept tolèrent un adoucissement du contingentement et seize seulement acceptent la libération. La Chambre de Commerce et d'Industrie souligne que ces industriels n'en sont pas moins, en principe, partisans de la libération, à condition d'harmoniser les charges sociales et fiscales avec les pays concurrents.

Il est possible d'expliquer cette réaction massive des industriels par la peur d'éprouver les mêmes difficultés que lors de la première expérience de libération. Ils ont alors subi un réel traumatisme. Ils craignent donc que, dans la mesure où depuis février 1952 aucun fait nouveau n'est intervenu qui justifie un retour à la libération, les mêmes causes produisent les mêmes effets.

> L'essai de libération a été fait sur notre dos ; nous avions insisté auprès de tous les ministères sur les conséquences fatales que cela entraînerait, la libération a été faite sous la forme la plus brutale qui soit il y a trois ou quatre ans, et les résultats ont été tels que l'on est revenu à une politique encore plus restrictive qu'avant la guerre. Ainsi donc, la brutalité de l'action entraîne directement la brutalité de la réaction. Puisqu'on nous a demandé de nous jeter à l'eau, nous avons déjà le souvenir d'avoir été jetés malgré nous dans un bain glacé, nous avons pris une bonne pneumonie et j'avoue que la perspective d'un nouveau bain, cette fois-ci, nous met absolument en état d'opposition.[19]

---

18 22 février 1954, Lettre de Roger Nathan à Pierre Ricard, Archives du CNPF.

19 1er mars 1954, Intervention de M. Trocmé, représentant de l'industrie cotonnière, Commission des relations économiques internationales, Archives du CNPF.

Les industriels relèvent même que les disparités de prix avec l'étranger se sont plutôt aggravées. Ils estiment donc « qu'ouvrir les frontières dans les conditions actuelles reviendrait à coup sûr à ruiner une partie de l'industrie française et, par surcroît, à entraîner une hémorragie de devises ».

Le CNPF attend du gouvernement qu'il applique de profondes réformes préalables qui réduiraient les disparités entre les prix français et étrangers (octroi de crédits d'équipement, réforme fiscale, changement de l'assiette des charges sociales qui pèsent sur l'heure de travail, application dans les autres pays de l'OECE des dispositions adoptées en France sur les salaires féminins, établissement du prix de l'énergie à un niveau comparable à ceux de l'étranger, etc.). En attendant que ces réformes produisent leurs effets, des mesures transitoires de sauvegarde doivent assurer la protection des productions menacées. En outre, la libération devra être très progressive et porter, à l'origine, sur un pourcentage relativement faible.

Le CNPF souligne l'incohérence de la politique menée au sein du gouvernement, lequel n'a pas adapté sa politique économique interne aux engagements internationaux contractés. Roger Nathan, par exemple, est persuadé que la plupart des difficultés que connaît la France, viennent de la contradiction entre la politique économique internationale et la politique intérieure. Il estime que cette contradiction persiste parce que « personne ne croit à la nécessité de libérer les échanges ». Il relève également l'incohérence entre la politique menée par le gouvernement et celle menée par le Parlement.

> Comment ne pas s'inquiéter alors que, dans le même temps où le gouvernement paraissait s'engager dans une voie saine, le Parlement vienne de porter de 0,4 à 0,75 % une taxe qui pèse sur toutes nos importations et nos exportations et par là entrave l'expansion de l'économie et l'amélioration du niveau de vie.[20]

Le CNPF souhaite que le gouvernement fasse son possible pour réduire les charges sur les entreprises françaises avant de libérer les échanges, ce qui permettrait aux industriels de baisser leur prix de revient et de reprendre la libération des échanges dans de bonnes conditions. Il reproche au gouvernement d'avoir autorisé de nouvelles hausses des salaires et de restreindre les aides à l'exportation[21].

---

[20] Conditions préalables et avantages possibles d'une politique de libération des échanges, Archives du CNPF.

[21] 5-20 septembre 1953, Les raisons de la position patronale, Éditorial de Georges Villiers, in *Bulletin du CNPF*.

> Si une libération limitée des importations ne risque pas d'apporter des troubles graves dans l'économie, dans l'hypothèse d'une libération à 75 %, la disparité des prix français et étrangers rendrait insupportable la concurrence des autres pays européens. Une rechute semblable à celle qui a suivi la libération de 75 % réalisée en 1951 serait rigoureusement inévitable sans une diminution préalable des charges qu'une longue période de facilité a accumulées d'année en année, mettant les meilleures entreprises françaises dans une situation d'infériorité.[22]

La seule solution que voit le CNPF pour que l'industrie française résiste à l'ouverture de ses frontières consiste donc dans l'abaissement des prix industriels.

Mais en ce qui concerne la politique extérieure de la France, l'analyse de la centrale patronale et de la plupart des ministères convergent. Le CNPF souhaite également maintenir le contingentement aussi longtemps que possible.

D. La difficile relance de la libération des échanges

1. La pression des partenaires commerciaux

En 1952, la suspension française de libération des échanges était considérée par ses partenaires de l'OECE comme une mesure nécessaire. En 1953, ils commencent à soupçonner la France de se complaire dans la fermeture de ses frontières et son considérable déficit à l'Union européenne des paiements, qui est de toutes façons couvert par d'importants subsides américains.

> Il n'y avait aucune volonté en France de changer la situation, elle convenait à tout le monde. Les industriels utilisant des matières premières importées pouvaient les obtenir à des cours exceptionnellement favorables et, s'ils voulaient les vendre en France, ils bénéficiaient d'un marché intérieur complètement protégé. S'ils voulaient les vendre à l'étranger, ils recevaient une aide. Les seules personnes en France qui pouvaient pâtir d'une persistance d'un contrôle des importations étaient les consommateurs qui devaient payer dans bien des cas pour des biens de consommation 50 à 75 % plus cher que les consommateurs des pays voisins. Mais ils ne sont pas organisés politiquement. Dans ces circonstances, il est nécessaire de chercher des moyens de faire pression en France par des canaux internationaux pour forcer le gouvernement français à prendre les mesures intérieures nécessaires pour retourner à un système de libre-échange.[23]

Constatant que la balance commerciale française s'est améliorée à leur détriment de 90 milliards en une année, les partenaires de l'OECE

---

22 1er semestre 1954, Commission de libération des échanges, Archives du CNPF.

23 6 novembre 1953, Lettre de M. Cahan à M. Mladek (FMI), AHCE.

imputent cette tendance à leurs larges libérations alors que les Français se limitent, en octobre 1953, à 17,9 % de libération des échanges.

En effet, les effets du programme d'expansion économique de février 1954, connu sous le nom de plan de dix-huit mois, mis en place par Edgar Faure, ont été rapides. Il s'agissait de réaliser pendant cet intervalle de temps une hausse de 10 % du PNB, d'accroître la libération des échanges, de faire passer le niveau de production industrielle de l'indice 150 à 165 et d'augmenter le pouvoir d'achat salarié de 10 % par une hausse du niveau des salaires et par une diminution des prix. S'agissant du niveau de l'activité économique française, les efforts ont visé à obtenir l'expansion de la production par une action sur l'investissement et une autre sur la consommation.

Dès le printemps, l'indice de la production a repris une nette progression, pour atteindre au mois de mai l'indice 161 (base 100 en 1952), le plus haut jamais atteint par l'économie française. La progression par rapport à 1953 s'est encore accentuée au cours de l'été et au début de l'automne. Le niveau est supérieur de 8 à 10 % à celui de l'année 1953. En dépit des tendances à la hausse habituellement développées par l'expansion, la stabilité des prix a pu être maintenue.

Le gouvernement a appuyé par des facilités de crédit les initiatives des organisations professionnelles ou des entreprises pour accroître la productivité et réduire les coûts de production. Ces initiatives ont permis d'aboutir à une sensible réduction des prix qui a diminué l'écart existant entre les prix français et la moyenne des prix étrangers. L'écart est désormais de 10 à 15 %, au lieu de 15 à 20 %.

Constatant ces bons résultats de l'économie française, l'OECE oblige la France à s'expliquer, pour le 1er mars 1954, sur le maintien de ses restrictions à l'importation.

En avril 1954, la France porte son pourcentage de libération des échanges à 54 %. Cette mesure s'accompagne de l'institution d'une taxe spéciale temporaire de compensation frappant la plupart des produits libérés en vue de compenser provisoirement les disparités qui faussent, au détriment des entreprises françaises, le jeu de la concurrence internationale.

2. Le principe de la taxe temporaire de compensation

Le ministre des Finances et des Affaires économiques explique que sa décision de revenir à la liberté des échanges pour un certain nombre de marchandises est davantage motivée par la volonté d'exercer une pression anti-inflationniste que par le désir de mettre fin aux doléances des partenaires commerciaux[24].

Peu avant, il a chargé Roger Nathan, le Président de la commission de libération des échanges au CNPF, d'établir un rapport sur la disparité entre les prix français et étrangers. C'est moins les disparités existantes que l'évolution qui tend à élever les prix français plus rapidement que les prix étrangers qui fait l'objet du rapport. Selon ce dernier, qui date de mars 1954, le contingentement a agi sur les prix en les déconnectant des variations internationales. La libération des échanges serait donc conçue comme un remède pour faire disparaître les disparités entre les prix français et étrangers. Mais certains membres du Comité Nathan pensent que des réformes devraient la précéder. S'il n'est pas possible de les réaliser dans un délai convenable, la libération des échanges devrait être assortie d'une mesure temporaire de protection.

> [Il y aurait lieu] de procéder très rapidement à des libéralisations, qui ne devraient se faire qu'à l'abri des mesures spéciales de protection ayant un caractère compensatoire adapté à la situation de chaque produit libéralisé dans ces conditions, et une durée limitée qui devrait être fixée en même temps que ces droits se superposeraient aux droits de douane permanents, dont aucun ne devrait rester suspendu, si du moins ils portent sur des produits qui seraient libéralisés.[25]

Le principe de la libération des échanges étant désormais acquis, il convient d'en fixer les modalités. L'administration s'attelle seule à cette tâche, sans consultation des comités techniques d'importation ni des organisations professionnelles.

Le ministre de l'Industrie, Jean-Marie Louvel, préconise une libération immédiate à concurrence de 30 % sans aucune mesure particulière de sauvegarde autre que le rétablissement des droits de douane dans les cas où ils se trouvent suspendus. Il estime que cette libération à 30 % pourrait s'opérer pratiquement sans aucun dommage pour l'industrie française. Les étapes ultérieures de libération n'interviendraient que si le plan de redressement qu'il préconise porte ses fruits. Au terme d'une période de quatre ans, la libération serait totale.

Les industriels sont, dans l'ensemble, favorables à ce plan. Le CNPF le considère comme « un moindre mal » dans la mesure où une politique de libération progressive des échanges s'impose à la France. Néanmoins, il est déçu de n'y voir aucune allusion à l'allégement des charges fiscales et salariales, auquel Jean-Marie Louvel s'était oralement engagé. Ces charges sont pourtant en grande partie responsables des dispari-

---

[24] 23 septembre 1953, Première étape de libération des échanges, FNSP, AWB, 2BA11.

[25] 20 mars 1954, Rapport de la Commission Nathan, SAEF, 1A390.

tés de prix. Le CNPF critique également le retard mis par le ministre de l'Industrie à élaborer son plan de redressement intérieur, qu'il voudrait voir appliquer avant les premières mesures de libération des échanges. Tous les industriels reconnaissent, en effet, la nécessité d'élaborer et de mettre en œuvre au préalable un plan de redressement. Or, « la libération des échanges à 100 % est subordonnée par la note à la réalisation de conditions tout à fait insuffisantes »[26].

Le Quai d'Orsay pense qu'une libération à 30 % serait jugée inacceptable par l'OECE et déclencherait des mesures de rétorsion. C'est pourquoi Edgar Faure envisage une solution différente. La libération de 50 à 60 % serait accompagnée de taxes de transfert de 10 à 15 %, qui s'ajouteraient aux droits de douane. L'idée des taxes de transfert est venue du haut fonctionnaire de la direction des Relations économiques extérieures, Alexandre Kojève.

Ce plan déclenche l'hostilité des industriels. Ceux de la mécanique y sont « foncièrement hostiles », faisant observer que ces taxes s'appliqueraient à l'ensemble des pays membres du GATT. D'autre part, ils craignent que l'instauration des taxes de transfert ne fasse l'objet de fortes critiques de la part des partenaires commerciaux[27].

A. R. Métral, le Président de la Fédération des industries mécaniques et transformatrices des métaux, est d'accord pour une libération importante mais il insiste auprès du ministre des Finances pour que cette libération soit accompagnée d'autres mesures, telles que la détaxe des investissements, l'accélération des amortissements, une réforme fiscale, le prolongement du crédit à moyen terme et la réduction des dépenses de l'État. Il pense surtout que, pour faire adopter son plan de libération, Edgar Faure doit réussir à convaincre les industriels et l'opinion publique en général que cette mesure fait partie d'un programme d'ensemble déjà défini dont l'objectif est de ramener les prix français au niveau du marché international.

Le ministère de l'Industrie a invité les professionnels à donner leur avis sur les deux listes de libération mises au point par le ministère, l'une correspondant à la solution Louvel, l'autre à la solution Faure. Toutes ces réunions se sont déroulées dans un climat de confiance totale et de grande cordialité. Elles ont été extrêmement restreintes et tout à fait officieuses au niveau du cabinet. Du côté des professionnels, seules les trois ou quatre personnalités les plus qualifiées y ont été conviées. À la suite de ces contacts avec les professions, il semble qu'il soit possible

26 8 janvier 1954, Discussion du projet Louvel, Archives du CNPF.

27 18 mars 1954, Lettre de François Peugeot, Président de la Fédération de la mécanique, au sujet de la libération des échanges, Archives du CNPF.

de libérer sans dommages jusqu'à 35 ou 36 %, au lieu des 30 % initiaux de la solution Louvel. Il apparaît d'autre part que la solution Faure ne devrait pas permettre une libération supérieure à 45 %. Ainsi, l'écart entre les deux résultats ne serait plus que de l'ordre de 8 à 10 points, au lieu de 20, ce qui, selon le CNPF, renforce les chances de la solution Louvel.

Ce différend entre Jean-Marie Louvel et Edgar Faure aboutit à bloquer complètement le processus de libération des échanges. Chacun campe sur ses positions et aucun texte n'est promulgué. M. Laniel est chargé de proposer un arbitrage, sans succès. Cet épisode révèle aux observateurs de l'époque un aspect assez dangereux de la faiblesse du gouvernement.

Finalement, Jean-Marie Louvel a abandonné le plan de quatre ans qu'il avait élaboré, le Quai d'Orsay lui ayant fait comprendre que ce plan n'avait aucune chance d'être accepté par l'OECE. L'intention du gouvernement est de libérer immédiatement à concurrence d'environ 60 % en instituant des taxes intérieures. Ces dernières auraient un caractère provisoire et devraient disparaître à l'expiration d'une période de l'ordre de vingt à vingt-quatre mois. M. Viala, du ministère de l'Industrie, considère qu'une libération à 60 % n'aurait pas de conséquences sérieuses pour l'industrie française. Il a précisé que la totalité des produits de la mécanique et de la chimie resterait en dehors de cette libération[28].

Les taux de la taxe de compensation, de 10 à 15 % selon les produits, initialement prélevée sur un tiers des importations totales françaises, ont été abaissés en novembre 1954, suite aux protestations des membres de l'OECE, et ont été portés respectivement à 11 et 7 %. Au même moment, le taux de remboursement des charges fiscales était abaissé et le nombre des bénéficiaires accru. Aucun plan méthodique uniforme n'a été suivi pour l'abaissement progressif de la taxe, ni en ce qui concerne la périodicité des mesures prises, ni en ce qui concerne l'ampleur des abaissements intervenus.

---

[28] 14 mars 1954, Note de Claude Poughon à Emmanuel Mayolle, représentant des intérêts chimiques, Archives du CNPF.

Pourcentages libérés par la France au 23 juin 1955 et ventilation de ces pourcentages selon les différents taux de la taxe temporaire

	CAT I	CAT II	CAT III	TOTAL
Libération	61,6	93,5	61,1	75
Sans taxe	26,9	80,6	16,5	45,2
Taxe de 7 %	21,9	2	10,7	8,7
Taxe de 10 %	–	2,1	0,7	1,2
Taxe de 11 %	12,6	5,1	14,5	10,1
Taxe de 15 %	0,1	1,2	12,7	5,5

3. Les effets de cette taxe sur les échanges commerciaux

Il est difficile de se faire une idée précise des effets de la taxe de compensation sur les échanges commerciaux.

Le Comité de Direction des échanges de l'OECE est arrivé à la conclusion selon laquelle les importations en provenance d'un certain nombre de pays avaient diminué par suite des effets de la taxe. Cette dernière aurait donc eu des effets plus restrictifs que ce qui avait été annoncé par le gouvernement français. Quelques éléments viennent étayer cette position. En mai 1954, le volume des licences délivrées tend à confirmer le fait que les importations sont freinées par la taxe spéciale temporaire. La Chambre de Commerce et d'Industrie de Paris se plaint du fait que la taxe a complètement bloqué l'entrée en France de certains produits libérés. Cela a posé problème car les produits libérés et taxés étaient choisis parmi les plus compétitifs. De plus, une amélioration très sensible de la balance commerciale a été constatée au cours du second semestre 1954 et toute l'année 1955.

C'est également l'avis des industriels de la mécanique pour lesquels « paradoxalement, ce sont les seuls produits libérés – moyennant l'institution d'une taxe de transfert – qui vont se trouver protégés », et celui du ministre de l'Industrie.

> Si nous pensions pouvoir maintenir l'état de choses actuel pendant l'année 1955, il serait certes contre-indiqué de libérer ces produits même avec une taxe de compensation. Mais si le barrage contingentaire devait s'effriter prochainement, il n'est pas impossible qu'une libération progressive assortie d'une taxe de 15 % ne constitue pour certains producteurs une protection plus efficace que le maintien du contingentement. Cette solution présenterait l'avantage de laisser le gouvernement maître d'aménager le niveau de la

protection en fonction des mesures qui pourront être prises sur le plan intérieur.[29]

L'effet de la taxe de compensation, dont le rôle est de renchérir l'acquisition d'un produit nouvellement libéré des contingents afin de décourager les importations et donc de favoriser l'achat de la production intérieure, serait donc atteint. Nous pouvons donc en conclure que l'accroissement de libération que la France a réalisé signifie bien plutôt un accroissement de la protection globale.

En fait, même si le secteur contingenté est partiellement entamé dans sa protection et si les industriels en viennent à demander une libération assortie de taxe, censée mieux les protéger que le contingentement, cela reste une boutade. Quand le syndicat professionnel de la mécanique interroge les industries les plus menacées pour savoir si elles préfèrent le maintien du *statu quo* ou la libération accompagnée de taxe, elles préfèrent la première solution[30].

Les rapports gouvernementaux jugent les effets restrictifs de la taxe peu importants. Selon Edgar Faure, la libération des échanges s'est traduite par un accroissement sensible des importations. Si l'on compare les importations effectuées sur les postes libérés pour les mois de juillet, août et septembre 1954 par rapport aux mois correspondants de 1953, il apparaît que les importations de produits libérés frappés de la taxe ont augmenté de près de 40 % d'une année sur l'autre. La hausse est variable selon que la taxe est de 10 ou de 15 %. Mais de toute façon, la taxe n'a pas ralenti les importations.

Valeurs des importations effectuées en provenance des pays OECE
en juillet, août et septembre 1954 pour l'ensemble des produits assujettis à la taxe spéciale temporaire comparées aux chiffres d'importations réalisés pour les mêmes produits pendant les mois correspondants de 1953

	10 %	15 %	TOTAL
Juillet 1953	463 000	1 310 000	1 773 000
Juillet 1954	1 056 223	1 634 258	2 690 481
Août 1953	541 000	1 032 000	1 573 000
Août 1954	917 360	1 495 249	2 412 609
Septembre 1953	696 900	1 070 428	2 125 740
Septembre 1954	1 070 428	1 444 935	2 515 363

[29] 23 mars 1955, Lettre du ministre de l'Industrie au ministre des Finances, SAEF, 1A396.

[30] Fin mai 1954, Reconduction de la procédure 10 % équipement et libération des échanges, MIC, 771520 art. 1.

Pour les produits soumis à la taxe de 10 %, les importations ont presque doublé depuis la libération des échanges. Si l'on peut observer une certaine diminution des importations françaises en provenance des pays de l'Union européenne des paiements, elle s'explique par le rythme des achats de matières premières ou l'évolution de leurs prix. Mais elle ne permet pas de porter un jugement puisqu'une étude attentive des importations réalisées conduit aux conclusions inverses[31].

Les réactions à l'étranger sont très hostiles à cette nouvelle taxe. Un nombre croissant de partenaires commerciaux reproche à la France de pratiquer une politique de protectionnisme administratif incompatible avec le bon fonctionnement des accords signés. Les membres du BDI doutent de la réalité de l'augmentation du taux de libéralisation, quand son effet sur les prix est déjà annulé par les mesures d'augmentation des tarifs douaniers.

4. Le blocage du processus de libération à l'égard de la zone dollar

Lors d'une concertation en 1956 au sein du CNPF, les fédérations membres refusent absolument d'étendre la libération des échanges aux autres pays que leurs partenaires européens. En effet, les États-Unis représentent, pour de nombreuses branches industrielles, les concurrents les plus dangereux[32]. La plupart des industriels ne veulent procéder à cette libération que progressivement, notamment pour les pièces détachées de l'industrie mécanique et les demi-produits de l'industrie chimique, et ce moyennant une réduction correspondante du protectionnisme américain. Ils pensent que l'écart énorme qui existe entre la surcapacité américaine et la capacité de production française est susceptible d'entraîner à tout moment un danger mortel pour l'industrie du pays. Ainsi, Jean Chalopin, le Président de la Chambre syndicale des constructeurs d'automobiles, souhaite qu'une protection raisonnable soit assurée aussi longtemps que nécessaire à l'industrie européenne de l'automobile vis-à-vis des pays tiers, et notamment des États-Unis[33].

De son côté, le ministre de l'Industrie refuse tout abaissement des droits de douane envers les produits américains, comme il le spécifie au ministre des Finances chargé des réductions tarifaires dans le cadre du GATT. Les gains pour la France seraient faibles. En revanche, elle

---

[31] Janvier 1955, Déclaration d'Edgar Faure au Conseil des ministres de l'OECE, Archives Ramadier.

[32] 18 juin 1956, Rapport sur le Marché Commun, Archives du CNPF.

[33] 15 janvier 1957, Lettre de Jean Chalopin à Jacques Donnedieu de Vabres, SGCI, F60/3114.

devrait, en vertu de la clause de la nation la plus favorisée, étendre les avantages consentis à tous les autres pays membres.

II. Une libération des échanges effective en République fédérale

A. Une progression linéaire

En 1953-1954, l'excédent du commerce extérieur est un des principaux problèmes que rencontre l'Allemagne. Il s'explique aisément, d'une part, par les difficultés que connaissent les principaux acheteurs de la République fédérale et, d'autre part, par la faible capacité d'absorption des produits étrangers sur le marché allemand en raison de charges fiscales trop lourdes. Le BDI est favorable à une augmentation des importations par la poursuite de la libération des échanges et à l'adoption de toute mesure qui pourrait augmenter la consommation intérieure. Il prône ainsi une baisse des charges fiscales beaucoup trop élevées. Il est persuadé qu'un renforcement du marché intérieur est dans l'intérêt d'une expansion des exportations. Le développement du commerce extérieur lui a donné raison.

Le développement des importations porte surtout sur des biens industriels, dont la part dans les importations totales passe de 63 % en 1953-54 à presque 70 % en 1955-56. Les augmentations d'importations concernent notamment le charbon, les métaux bruts, les machines-outils et les produits chimiques et électroniques[34]. De 1957 à 1959, les importations de produits finis doublent presque.

Répartition des importations en pourcentage

	1956	1957	1958	1959 (*)
Alimentation	32,8	31,5	30,2	30,8
Produits industriels	66,7	68	68,8	68,3
Matières premières	29,4	29,6	24,7	22,5
Demi-produits	18,7	18,1	16,9	16,1
Produits finis	18,6	20,4	27,3	29,8
Produits finaux	8,2	9,8	14,9	16,4

(*) premier semestre 1959

[34] *Jahresbericht des BDI*, 1er mai 1955-30 avril 1956.

En septembre 1955, la République fédérale a déjà libéré ses échanges à 91,2 % alors que la France n'en est qu'à 77,5 %.

B. La libération des échanges avec la zone dollar

Les discriminations dans le domaine contingentaire des pays de l'OECE par rapport à la zone dollar, qui comprend outre les États-Unis, le Canada, les pays de l'Amérique centrale, le Venezuela, la Bolivie, la Colombie, l'Équateur et les Philippines, sont toutes justifiées par « le dollar gap ». Mais les différences d'intérêts et de stratégies entre les politiques de libération française et allemande sont très marquées.

Les réticences françaises à libérer les échanges avec les pays de l'OECE ne sont rien comparées à celles des échanges avec la zone dollar. En 1956, le pourcentage de libération à l'égard de cette dernière n'est que de 11 % pour la France, contre 24 % pour l'Italie, 56 % pour le Royaume-Uni et 68 % pour la République fédérale[35].

Du côté allemand, ce sont les libérations avec la zone dollar qui représentent le véritable enjeu, car les échanges avec l'OECE sont rapidement libéralisés. Le Directeur du commerce extérieur allemand, von Maltzan, fait savoir à ses partenaires européens que la République fédérale est davantage préoccupée de progresser dans la libération de ses relations commerciales avec les États-Unis que de faire de nouveaux progrès dans la voie de la libération des échanges intra-européens. Le BDI est également favorable à l'extension de la libération des échanges avec la zone dollar car elle mettrait fin à l'isolement européen en termes de politique commerciale au profit d'une coopération à l'échelle mondiale. De plus, elle contribuerait à rapprocher la productivité européenne de celle, bien supérieure, des États-Unis. Mais elle comporte des risques, surtout pour les branches industrielles où la supériorité américaine est écrasante, notamment le secteur chimique[36].

L'extension de la libération aux pays de la zone dollar avait été recommandée par le Conseil des ministres de l'OECE le 18 décembre 1953. La plupart des pays européens s'y sont conformés. Par exemple, l'Allemagne a libéré ses échanges à 75 %. La première liste de libération, appliquée le 17 février 1954, comprend 1 800 des 6 000 positions de la nomenclature statistique du commerce extérieur, et principalement des matières premières et des produits de base. Elle porte le pourcentage global de libération allemande vis-à-vis de la zone dollar à 58,6 % (34 % pour les produits alimentaires, 69 % pour les matières premières et

---

35 Arnaud-Ameller, P., *La France à l'épreuve de la concurrence internationale 1951-1966*, Paris, 1970.

36 *Jahresbericht des BDI*, 1er mai 1954-30 avril 1955.

77,9 % pour les produits manufacturés). La libération allemande est bien supérieure à celle de tous les autres pays européens.

Les industriels allemands ne sont pas toujours favorables à la libération de leur secteur vis-à-vis des États-Unis, qui sont souvent de redoutables concurrents. La Chambre syndicale de l'automobile allemande (VDA) s'oppose en septembre 1953 à la libération des pièces détachées et accessoires. Elle considère que la production américaine en série autorise des prix de vente particulièrement bas. Sa position n'est pas retenue par le ministère fédéral de l'Économie. Les échanges du secteur sont tout de même libérés. Le tableau du commerce extérieur de l'automobile pour la suite des années 50 montre que les craintes du VDA était largement exagérées. Si les importations se sont fortement accrues après la libération de février 1954, la tendance s'est stabilisée et les exportations ont continué une progression régulière.

Chiffres du commerce extérieur en milliers de DM[37]

	1952	1953	1954	1955	1956
Importations	9 853	10 235	12 881	20 167	20 079
Exportations	100 997	131 349	175 839	275 477	344 014

La deuxième liste de libération, mise en vigueur le 9 novembre 1954, porte également sur 1 800 positions et principalement sur des produits semi-finis et finis. La troisième liste, appliquée le 28 mai 1955, couvre 600 positions et porte sur les secteurs agricoles et sur certains produits industriels de base.

Le tableau suivant résume les progrès accomplis au total et dans chacune des catégories[38].

Libération des échanges de la République fédérale avec la zone dollar

	CAT. I	CAT. II	CAT. III	TOTAL
Février 1954	51	51	74	54
Novembre 1954	–	7	5	5
Mai 1955	26	4	–	9
% total	77	62	78	68

[37] 2. Mai 1957, VDA, Fahrzeugbau Liberalisierung, BA, B102/18318.

[38] Rapport de mars 1956, La libération des échanges avec la zone dollar, OECE, AHCE.

L'Allemagne applique depuis le 19 janvier 1956 une quatrième liste de libération et le pourcentage de libération est ainsi passé de 68 % à 90 %.

Les industriels allemands qui craignent la concurrence américaine ont cherché à maintenir un noyau de protectionnisme pour certains produits industriels (phosphore, caoutchouc synthétique, aluminium brut) dans le cadre du GATT en mars 1959. Mais ce dernier ne les y a pas autorisés.

C. Les atouts de l'économie allemande

1. La sous-évaluation du DM

Lors de la réforme monétaire allemande, le 21 juin 1948, le cours du DM est légèrement surévalué par rapport aux monnaies étrangères. En quelques années, la tendance s'inverse, sans pour autant qu'il y ait de volonté expresse en ce sens de la part des autorités de la République fédérale. Cette évolution provient des différences de prix croissantes entre les produits allemands et étrangers. L'inflation est faible en Allemagne, alors qu'elle est forte dans tous les autres pays. Les parités étant fixes, le phénomène de sous-évaluation du DM par rapport aux monnaies étrangères devient vraiment remarquable à partir de 1953.

Les effets sur le commerce extérieur sont évidemment très forts. En premier lieu, la sous-évaluation du DM favorise les exportations allemandes dans des proportions dangereuses pour ses partenaires. Mais l'effet est aussi très net au niveau des importations. La sous-évaluation du DM, qui a l'effet d'une protection douanière générale, annule la libéralisation[39].

Même si elle n'était pas voulue au départ, la sous-évaluation du DM a été volontairement maintenue par les pouvoirs publics à la demande des branches exportatrices allemandes.

2. Des aides à l'exportation efficaces

L'Allemagne bénéficie de toutes les pratiques d'aides à l'exportation, que ce soit celle des comptes EFAC (Exportation Frais Accessoires), celle des doubles prix ou celle des aides directes apportées par les gouvernements : exonération de charges fiscales, réduction de tarifs ferroviaires, subventions proprement dites ou remboursement de charges

---

[39] Ambrosius, G., « Europäische Integration und wirtschaftliche Entwicklung der Bundesrepublik Deutschland in den 1950er Jahren », in H. Berding, *Wirtschaftliche und politische Integration in Europa im 19. und 20. Jahrhundert*, Göttingen, 1984, p. 284.

lorsque l'exportation de certains produits n'est pas purement et simplement monopolisée par l'État.

Le BDI affirme l'importance de la croissance des exportations industrielles. Il désire que la politique économique et fiscale du gouvernement fédéral soit conforme à ces impératifs en réduisant le coût du crédit pour les industries exportatrices, en proposant des facilités fiscales, etc.[40].

Les Allemands ont légalisé entre mai 1950 et décembre 1951 un système, qui était déjà effectif depuis 1949, visant à mettre à niveau les prix allemands avec les prix étrangers. Concrètement, les importateurs de produits alimentaires qui paient plus que le prix du marché intérieur sont remboursés, ceux au contraire qui paient moins doivent restituer une partie des profits réalisés[41].

En 1949, Ludwig Erhard propose de réintroduire un bonus à l'exportation pour les expéditions vers la zone dollar, de l'ordre de 25 %. Cette mesure est saluée par l'industrie chimique allemande.

> Certaines taxes, qui avaient pour but de favoriser les bénéfices provenant des exportations, furent introduites par la loi d'incitation à l'exportation de juillet 1951, qui resta appliquée jusqu'en 1956. Les facilités de crédit accordées aux exportateurs durant les premières années de la reconstruction furent probablement aussi les plus avantageuses de tous les autres pays de l'Europe de l'Ouest. Il faut noter un autre facteur qui avait sans doute aidé l'exportation allemande dans les années qui suivirent la crise des paiements, à savoir l'énorme masse d'argent bloquée à la Banque Centrale (qui fut surnommée la *Tour de Julius*). Ce blocage de la demande interne servit probablement sans le vouloir de stimulant aux hommes d'affaires allemands pour chercher des marchés à l'étranger.[42]

À l'exportation, les producteurs recevaient le bénéfice des *Einfuhranrechte*, l'équivalent des comptes EFAC français, ces allocations en devises leur permettant d'acquérir à l'étranger l'équipement nécessaire au développement de leur appareil de production, une exonération fiscale de la taxe sur le chiffre d'affaires, divers avantages financiers de moindre importance et des facilités de crédit et d'assurance-crédit analogues à celles que connaissent les exportateurs français. À l'importation, la protection du marché intérieur était assurée à la fois par un contingentement étroit et un régime douanier plus vigoureux que la

---

40 *Jahresbericht des BDI*, 1er mai 1952-30 avril 1953.

41 Milward, A., *The Reconstruction of Western Europe 1945-1951*, London, 1987, p. 42.

42 Denton, G., Forsyth, M. et Mac Lennan, M., *Planification et politique économique en France, Allemagne et Grande-Bretagne*, Paris, 1969, p. 342.

moyenne des pays européens[43]. Dans le domaine de la fiscalité, les Allemands ne se sont pas contentés d'accorder aux exportateurs les habituelles exonérations et ristournes de taxes sur le chiffre d'affaires, mais ils y ont ajouté, en matière d'impôts sur le revenu, des exonérations qui se sont avérées particulièrement efficaces.

Corrélativement au succès de ces mesures, le gouvernement allemand retirait la majeure partie de son soutien. Il supprimait, en juin 1953, les *Einfuhranrechte* et, en août 1954, faisait de même pour le fonds de roulement de devises. Il facilitait les importations par un abaissement général des droits de douane, allant dans certains cas jusqu'à 25 % des taux en vigueur et, dans le même temps, entravait l'exportation en augmentant le coût du crédit. L'aide à l'exportation allemande se réduisait alors à l'exonération de la taxe sur le chiffre d'affaires et à un mécanisme classique de crédit.

L'industrie considère avec angoisse la suppression des aides à l'exportation de la fin 1955, alors que la conjoncture s'est retournée depuis la deuxième moitié de l'année, les excédents massifs de commerce extérieur se réduisant de façon alarmante.

Les organisations patronales s'opposent à l'idée selon laquelle, la position concurrentielle des exportations allemandes étant tellement solide, le gouvernement fédéral peut renoncer à toutes les mesures d'aide. Elles estiment que les industriels allemands abordent la concurrence, qui est devenue acérée, avec moins d'atouts que leurs concurrents du fait du manque de capitaux propres, de l'augmentation des taux de crédit et du peu d'avantages fiscaux[44].

Toutefois, le gouvernement ne supprime pas toutes les aides à l'exportation. La politique de faveur à l'égard des investissements de capitaux en Allemagne, instaurée en 1950, n'a pas cessé dans le courant de la décennie et s'est même accrue en 1958. À cette date, le gouvernement propose une nouvelle diminution de l'impôt personnel progressif et une réduction de l'impôt sur les sociétés, pour la fraction distribuée des bénéfices de 30 % à 11 %.

Au total, l'aide à l'exportation pratiquée en Allemagne à partir de 1954 constitue un ensemble de mesures beaucoup moins important que celui en vigueur en France, après avoir été plus massif et efficace au début de la décennie.

---

43 *Statistiques et études financières*, n°58, p. 958.

44 26. Oktober 1955, BDI, Vorschläge zur Herstellung gleicher Wettbewerbsgrundlage für die deutsche Aussenwirtschaft, BAL, 062-023-012.

D. Certaines limites à la libération des échanges

Les organismes internationaux considèrent que le pourcentage de libération allemand de 92 % donne une fausse impression de l'extension de la libération réelle. D'abord, un nombre important de produits, qui n'était pas libéré lors de l'année de référence, ne vient pas faire baisser le pourcentage atteint. Ensuite, les tarifs douaniers forment en Allemagne une barrière considérable aux échanges. Enfin, le commerce d'État est très restrictif, particulièrement sur les produits agricoles.

1. Les réticences de certaines branches industrielles

Il est vrai que l'Allemagne, une fois parvenue aux alentours de 90 %, n'augmente pas sa libération des échanges jusqu'à 99 % comme le font l'Italie ou la Belgique. Elle maintient ce pourcentage jusqu'en 1960. La libération des échanges s'étend alors à la plupart des produits, mais les négociations sont d'autant plus difficiles pour les parties encore contingentées pour lesquelles les pays considèrent qu'une protection est encore nécessaire[45].

> À mesure que le pourcentage de libération des échanges augmente, la résistance des producteurs touchés directement ou indirectement par ces mesures augmente aussi. C'est avec difficulté que cette résistance a pu être combattue. Certains industriels sont restés irréductibles. Dans la plupart des cas, la libération s'est faite sans l'accord des milieux économiques.[46]

Au milieu des années 50, des restrictions quantitatives subsistent en République fédérale sur plus de 1 600 produits, parmi lesquels les textiles et les produits agricoles. Ce sont les mêmes branches qui avaient été les plus réticentes à la libération des échanges au tout début du processus.

L'organisation professionnelle de la chimie allemande, le VCI, a été intimement associée aux travaux de libération des échanges et de négociations tarifaires. Elle s'est efforcée de retarder la libération des produits les plus vulnérables, surtout lors du passage à 75 % de libération en mars 1952 qui a représenté une augmentation sensible de la libération dans le domaine chimique[47]. Lors du passage à 80 %, le 12 août 1952, le VCI n'a pas eu la possibilité de donner son avis. La firme chimique BASF se plaint du fait que la libération des échanges au sein de l'OECE et de la zone dollar a entraîné une augmentation des importations chimiques beaucoup plus importante que celle de leurs exportations. Pendant

---

45 *Jahresbericht des BDI*, 1er mai 1952-30 avril 1953.

46 15. Oktober 1956, « Noch vorhandene aussenwirtschaftliche Restriktionen », Abteilung IV dem Herrn Minister, BA, B102/13781.

47 1952, BAL, *Bericht über die Tätigkeit*.

ce temps, les autres pays augmentent leur tarifs douaniers et accentuent leurs aides à l'exportation. Le VCI s'est prononcé, sur plusieurs produits, contre la libération du secteur. La plupart du temps, il fonde sa position sur la surcapacité américaine, le poids écrasant des cartels étrangers et l'absence de libération à l'étranger. Mais, que ce soit pour les savons et détergents, les antibiotiques, le superphosphate ou les couleurs et laques, le ministère de l'Économie n'a pas tenu compte de ces mises en garde. En 1956, le marché des produits chimiques est entièrement libéré pour les pays de l'OECE, après la libération des goudrons et des engrais azotés.

Même s'il existe des industriels allemands qui demandent une protection renforcée, les négociateurs de politique commerciale, parmi lesquels le BDI, modèrent ces demandes. Ils souhaitent ainsi réaliser un marché ouvert et obtenir en contrepartie des concessions de la part des autres pays membres dans le but de favoriser l'exportation allemande, qui est le fer de lance de l'économie[48].

2. Des attaques contre la politique commerciale allemande

Le Quai d'Orsay critique la mise en œuvre de mesures « sanitaires » qui protègent de fait le marché allemand. Une législation abondante et compliquée encore par le fait que la compétence en matière sanitaire est laissée aux *Länder*, permet d'interdire le franchissement de la frontière à de nombreuses catégories de produits, annulant ainsi par un geste unilatéral les concessions faites au cours des négociations internationales. D'une manière plus générale, les partenaires commerciaux de l'Allemagne critiquent l'existence d'un *dumping* en matière de prix, de crédit et de réalisations sociales.

Le Président du BDI, Fritz Berg, s'élève contre ces accusations et, également, contre la tendance à surévaluer les succès de l'Allemagne dans le domaine du commerce extérieur. Il rappelle que les exportations allemandes ne représentent que 6 % du commerce mondial. La grande activité du commerce extérieur allemand provient moins d'un accroissement du volume des exportations que de leurs prix favorables. Il insiste sur le fait que cette caractéristique présente un certain facteur d'insécurité qui pourra, à l'avenir, se retourner contre l'Allemagne.

E. Les discussions tarifaires en République fédérale

Le 11 décembre 1953, le Conseil de l'OECE demande officiellement à la République fédérale de réduire sa créance croissante dans le cadre de l'Union européenne des paiements. Les milieux officiels allemands

---

48 *Jahresbericht des BDI*, 1er avril 1950-31 mai 1951.

discutent donc de la possibilité de réduire les tarifs douaniers de façon unilatérale.

Une réduction tarifaire devrait permettre d'augmenter les importations, ce qui présente deux avantages : améliorer la consommation et le niveau de vie de la population allemande, et augmenter les ventes de l'étranger, par là même, lui redonner des moyens de paiements, ce qui stimulera les exportations allemandes.

En fait, il n'est pas très facile de distinguer nettement les effets d'une réduction tarifaire sur les importations pour deux raisons. D'abord, le volume d'importations ne dépend que partiellement de la hauteur des tarifs douaniers. Ensuite, les tarifs en vigueur n'avaient pas une action prohibitive sur les importations. Mais, par ce geste unilatéral, le gouvernement fédéral souhaite avant tout faire un pas décisif vers la baisse du niveau général des tarifs douaniers en Europe.

Une campagne de presse, tant en République fédérale qu'à l'étranger, insiste sur le fait que le tarif douanier allemand est trop élevé et qu'il devrait être réduit. En fait, l'Allemagne a un tarif de 16 %, comme les États-Unis, tandis que la Grande-Bretagne et l'Autriche connaissent un tarif de 17 %, la France de 19 % et l'Italie de 24 %. Inversement, le Benelux dispose d'un tarif moyen de 9 %, la Suède de 6 % et le Danemark de 5 %[49].

Le BDI ne se déclare pas officiellement opposé à une réduction tarifaire mais il souhaite qu'elle reste dans des limites raisonnables. Il ne veut pas qu'elle donne aux autres pays des avantages de politique commerciale sans obtenir de contreparties et affaiblisse d'autant la position allemande pour les prochaines négociations. En plus, il n'accepte pas que les produits agricoles soient exclus de cette mesure. Comme 42 % des gains tarifaires au cours de l'année 1952 ont été réalisés par les produits de l'alimentation, le fait d'exclure le secteur agricole de l'opération en affaiblirait la portée. Dans le secteur industriel, 75 % à 80 % des importations portent sur des matières premières ou des demi-produits qui sont faiblement taxés ou exempts de taxe. L'effort de réduction porterait donc sur les produits finis, qui représentent 25 % des importations de produits industriels et seulement 15 % des importations globales. Comme, d'autre part, la part du tarif douanier dans le prix n'est souvent pas assez importante pour qu'une baisse de 10 % du tarif suffise à stimuler l'importation, le BDI estime fort improbable qu'une

[49] *Le Commerce international en 1952*, GATT, cité dans 9. Januar 1954, Deutsche autonome Zollpolitik, Höhe des deutschen Zollniveaus, Bundeswirtschaftsministerium, RWWK.

baisse linéaire des tarifs représente un moyen sûr d'augmenter les importations[50].

Durant l'année 1954, les réunions se succèdent au sein du ministère de l'Économie pour étudier les possibilités d'abaissement tarifaire dans les différents secteurs où la protection élevée ne lui semble plus justifiée, comme l'automobile ou la chimie. Un tiers environ des positions douanières est concerné. L'effort de réduction porte en priorité sur les positions dont le tarif est supérieur à 30 %, car, à ce niveau, la moindre réduction est nettement perceptible sur le tarif général[51]. À la fin des négociations, ces tarifs élevés sont, en effet, abaissés de moitié.

Le gouvernement fédéral souhaite réduire le tarif douanier des automobiles de 30 % à 22 %. L'Allemagne est devenue le troisième exportateur mondial après les États-Unis et le Royaume-Uni. Dans le même temps, la proportion de ses importations de voitures étrangères est pourtant restée identique. En 1953, 4 846 unités sont importées, alors que le pays en exporte 140 935. Le gouvernement fédéral juge donc légitime la baisse des tarifs douaniers dans ce secteur. Des tarifs douaniers allemands aussi élevés sur les automobiles ne se justifient que par la présence de tarifs encore plus protecteurs chez les concurrents.

L'organisation professionnelle automobile s'oppose à une nouvelle réduction tarifaire dans son secteur. Elle estime avoir fait un effort suffisant en acceptant la réduction tarifaire de 30 à 25 % à compter du 1er janvier 1954. Alors que le Royaume-Uni, l'Italie et la France bénéficient d'aides à l'exportation et de restrictions quantitatives à l'importation, l'Allemagne possède les tarifs douaniers les plus bas, les aides à l'exportation les plus faibles et aucune restriction quantitative à l'égard des pays de l'OECE. Elle estime que le gouvernement devrait freiner la tendance au désarmement tarifaire car les concurrents étrangers deviennent beaucoup plus inquiétants.

Après discussion, le gouvernement fédéral reconnaît que la réduction tarifaire devra être limitée et que les tarifs antérieurs pourront être à nouveau appliqués si l'industrie souffre de cette baisse tarifaire.

Il essaie également de réduire les tarifs douaniers dans le domaine chimique, considérant que ce secteur a fait de gros progrès depuis la réforme tarifaire de 1951. Le chiffre d'affaires global est passé de 7,1 milliards de DM en 1950 à 10,9 milliards en 1953. Parallèlement, les exportations ont augmenté de 1,1 à 2,3 milliards de DM. 22 % du chiffre d'affaires global de l'industrie automobile en 1953 était obtenu à

---

50 10. September 1953, BDI an Herrn Eichhorn, BA, B102/7308.

51 April 1954, Die Möglichkeit von Zollsenkungen im gewerblichen Sektor des deutschen Zolltarifs, Hagemann Bericht, BA, B102/7314.

l'exportation. Par conséquent, le ministère de l'Économie trouve que les efforts de protection garantis jusque-là ne se justifient plus. D'après l'organisme fédéral des statistiques, la charge moyenne des produits chimiques allemands est de 8 % environ, mais les tarifs se répartissent entre 0 et 35 %. Certaines positions connaissent même un tarif de 40 %, qui a été institué pour des raisons politiques, les productions concernées étant interdites en République fédérale. Pour ces positions, un accord est rapidement obtenu pour réduire le tarif à 30 %.

L'organisation professionnelle de la branche fait valoir que la part des exportations chimiques dans les exportations globales de la République fédérale est inférieure à celle d'avant-guerre et décroissante au fil des ans. Elle n'est pas opposée à une réduction tarifaire en soi mais elle craint la précipitation, surtout dans ce contexte de libération des échanges où le tarif douanier est désormais le seul régulateur de politique commerciale. Elle est surtout opposée à une baisse tarifaire unilatérale, alors que des négociations dans le cadre du GATT sont à venir. Elle propose souvent d'elle-même des baisses tarifaires pour les produits de base de l'industrie chimique. Mais, pour les autres, elle souhaite maintenir une protection importante. Elle a tenté de résister, sans succès, à la réduction tarifaire du chlore (réduit de 35 % à 25 %), de l'alcool isopropylitique (de 25 % à 15 %), de l'acétone (de 35 % à 25 %), de l'insuline (de 35 % à 30 %) et du linoléum (de 25 % à 20 %). En revanche, elle a eu gain de cause pour la pénicilline (dont le tarif est laissé à 35 %), les engrais azotés (20 %), les engrais phosphorés (20 %) et les engrais mélangés (20 %). De même, le ministère de l'Économie écarte toute proposition de réduction tarifaire pour des secteurs encore fragiles, comme la pétrochimie et les matières synthétiques.

Le ministère fédéral de l'Économie doit obtenir l'accord du Parlement avant de pouvoir adopter ces réduction tarifaires. Le BDI essaie de faire pression sur les parlementaires, au sein desquels la proposition gouvernementale d'abaissement tarifaire suscite bien des remous, pour écarter le projet. Le sujet a fait l'objet de discussions pendant six mois au Parlement. Le ministre de l'Économie a même cherché à réduire les tarifs douaniers sans avoir l'accord du Parlement.

Le gouvernement sort de l'impasse en proposant une réduction linéaire de 10 % sur l'ensemble des positions douanières pour une durée d'environ un an. Le BDI s'élève contre cette proposition, arguant du fait qu'elle ne va pas calmer les craintes des parlementaires et qu'elle va essuyer un refus de la part de l'industrie de l'alimentaire du fait de l'application de cette mesure à l'ensemble du secteur agricole. En effet, Ludwig Erhard a dû battre en retraite et consentir à son collègue de l'agriculture un régime particulier qui exclut notamment toute modification des produits soumis à la réglementation du marché.

III. Conclusion

Les réticences des industriels français à l'égard de la libération des échanges ont été beaucoup plus fortes qu'en Allemagne dans cette première partie de la décennie. Les Allemands en espèrent un meilleur accès aux marchés européens, tandis que les Français l'acceptent finalement comme une évolution inéluctable dans l'espoir de retombées commerciales favorables.

CHAPITRE III

Les industriels français et allemands s'opposent à la poursuite de la libération des échanges (depuis 1955)

I. L'attachement des industriels français à la protection de leur économie

A. Une reprise de libération assortie de nombreuses précautions

1. Des modalités plus souples de libération des échanges

Jusqu'à la tranche de libération de 77,5 % inclusivement, les pays membres de l'OECE devaient remplir aux dates prévues les obligations impératives qu'ils avaient contractées, ces obligations étant exprimées en pourcentage de la référence 1948. Les étapes ultérieures comportent un caractère moins impératif. Ainsi, le nouveau code de libération des échanges de l'OECE rend obligatoire le fait d'atteindre 90 % de libération dans les dix-huit mois qui suivent le 1er janvier 1956. Il est désormais possible d'aménager un échelonnement des libérations conforme aux nécessités économiques, à condition de le justifier auprès de l'OECE. Ainsi, la référence 1948 perd une partie de son importance cependant que la libération mérite d'être subordonnée à un examen approfondi des répercussions qu'elle peut avoir dans les différents domaines économiques.

2. Un début de concertation entre les industriels et les pouvoirs publics

En 1955, une note du secrétariat d'État aux Affaires économiques fait part au ministre d'un nouveau projet pour l'application de la libération des échanges qui laisse place à un début de concertation avec les professionnels et envisage une concertation plus poussée entre les administrations sous la houlette du ministère des Finances et des Affaires économiques. Des réflexions et des actions préventives sont mises sur pied « pour prévenir les dangers que la libération peut faire courir à l'économie »[1].

[1] 30 août 1955, Procédure d'élaboration des étapes ultérieures de libération des échanges, secrétariat d'État aux Affaires économiques, SAEF, 1A396.

Nous sommes bien loin du passage en force qui devait négliger les réticences des industriels au début du processus de libération. En effet, en 1952, le ministère des Finances comptait, en libérant les échanges, assainir les structures industrielles françaises. Ayant conscience des dégâts que pouvait entraîner ce nouveau choix de politique commerciale, il prévoyait la résistance des lobbies économiques.

Les organisations professionnelles peuvent donc désormais faire connaître leurs observations au groupe de travail qui examine les propositions de libération. Mais il est bien précisé que le groupe de travail n'est pas obligé de prendre en compte leurs vues.

3. L'importance des taxes compensatoires et autres moyens de protection

Dans la plupart des secteurs industriels, on estime que la taxe compensatoire de 10 ou 15 % devrait contrebalancer la suppression des contingents et permettre d'amortir le choc de la concurrence étrangère.

> Exception faite des papiers et cartons, aucune branche de production n'est substantiellement libérée et ne semble devoir être gravement gênée par la concurrence étrangère. Au surplus, la quasi-totalité des produits libérés bénéficie d'une taxe de compensation généralement de 15 % et exceptionnellement de 10 %.[2]

D'autres éléments peuvent contribuer à expliquer la sérénité des industriels. Les partenaires commerciaux de la France se plaignent des réticences de la France à distribuer les licences d'importation. Le Président Villiers, auquel ces reproches sont formulés, en reconnaît le bien-fondé. Il pense toutefois que l'administration ne le fait pas de sa propre initiative, mais invitée par les différents secteurs industriels.

4. Les limites du pourcentage réel de libération

Le CNPF reconnaît que le pourcentage français de libération ne doit pas faire illusion.

> Une marge très large nous sépare encore d'une véritable libération des échanges et bon nombre de produits fabriqués qui auraient à pâtir d'une concurrence un peu vive demeurent encore bien protégés contre la pression de cette concurrence.[3]

Il précise que le chiffre de 75 % de libération par rapport à la référence 1948 correspond à environ 60 % de libération par rapport à la

[2] *Bulletin du CNPF*, mars 1955.

[3] 6 avril 1956, Archives du CNPF.

référence 1953[4]. Le responsable de l'organisation professionnelle de la mécanique indique « qu'en ce qui concerne [ses] industries, le contingentement, après les vastes et récentes mesures de libération, intéresse encore une fraction non négligeable du volume des importations en provenance de l'OECE »[5].

Le chiffre de libération atteint par la France en mars 1956 est encore basé sur 1948 et comporte surtout des matières premières (80 % des produits de l'industrie mécanique et transformatrice des métaux, ainsi que quelques biens importants de l'alimentation). Les biens de consommation ne représentent que 40 % des biens libérés, dont seulement 15 % sans taxe de compensation. En tout, près de la moitié des achats français à l'OECE et environ les deux tiers des importations totales sont encore contingentés. Si l'on ajoute aux droits de douane de 15 à 25 % une taxe de compensation de 11 à 15 %, la protection de l'économie française est comprise entre 26 et 40 %. Or, une enquête du ministère de l'Économie montre que la disparité entre les prix français et étrangers ne dépasse pas 17 %.

De plus, au-delà de 75-80 % de libération des échanges, le gouvernement adopte une politique très prudente. Il reconnaît qu'il « arrive de plus en plus à des problèmes très complexes pour trouver de nouveaux produits susceptibles d'être libérés sans provoquer de drames ».

> M. Pfimlin ne veut pas jouer les économistes sans entrailles et, pour la beauté du principe libéral, ouvrir les vannes au chômage dans telles régions ou tels secteurs professionnels actuellement en difficultés. Jusqu'à une certaine limite (75 à 80 % de suppression des contingents), il convient de « libérer pour réformer » ; ensuite, il lui paraît qu'il est plus sage de « réformer pour libérer », d'où le soin pris à mettre en place des dispositifs de conversion, d'adaptation, de reclassement, des décrets pour hâter la mise en valeur des régions sous-développées, etc.[6]

Le Comité d'enquête sur les obstacles à la libération des échanges peut fournir une illustration de cette prudence. Le Président du Conseil, Edgar Faure, a créé le 11 janvier 1955 un comité restreint d'enquête sur les obstacles à la libération des échanges dans sept secteurs industriels (les textiles artificiels et synthétiques, les machines-outils, les engrais, les papiers et cartons, le machinisme agricole, l'industrie automobile et

---

4 Rapport du 20 juin 1955, Commission des relations économiques internationales, Archives du CNPF.

5 Avril 1960, Note de la fédération des industries mécaniques et transformatrices des métaux sur les propositions Hallstein d'accélération du Marché Commun, Archives du CNPF.

6 Drouin, P., « À quelle dose la libération des échanges est-elle nocive pour la France ? », in *Revue économique franco-suisse* n°11, novembre 1955.

l'industrie cotonnière). Le Comité Boissard, du nom de son Président, Adéodat Boissard, ancien Président de la Cour des Comptes, comprend essentiellement des directeurs de grandes entreprises ou de banques nationalisées et des hauts fonctionnaires. Il s'agit du premier effort pour calculer l'incidence de la libération menée par l'OECE sur l'industrie des produits manufacturés. Le rapport, qui est remis en juillet 1955, déçoit fortement à l'étranger. Les Allemands, en particulier, avaient espéré qu'il balayerait le « protectionnisme stérile des cercles économiques »[7]. Or, il propose des libérations assorties soit de délais, soit de conditions préalables, et généralement assujetties à l'établissement d'une taxe de compensation de 15 %.

Le comité a particulièrement insisté sur l'incidence de l'amélioration de la structure de l'industrie française sur les prix de revient. Il préconise des mesures de concentration dans la papeterie, le machinisme agricole, l'industrie cotonnière et celle des superphosphates, et des mesures de spécialisation et d'organisation dans presque toutes les branches, même celles où la concentration est la plus poussée comme les textiles artificiels et l'automobile[8].

Le CNPF reconnaît que les conclusions du comité ont été relativement modérées. La libération des échanges y est considérée comme un objectif indispensable dont il importe d'assurer la réalisation progressive, en l'accompagnant de mesures transitoires lorsque cette opération risque de compromettre la situation des industries en cause[9]. En revanche, les ministères techniques craignent d'y voir un premier pas en direction de la libération de ces secteurs industriels.

B. Une certaine résignation des industriels à l'égard de la reprise du processus de libération

1. La libération à l'égard des pays de l'OECE

Le 11 janvier 1955, le pourcentage français de libération est porté à 72 %. Les matières premières se trouvent pratiquement libérées au sein de l'OECE, les produits agricoles atteignent aisément 62 % de libération. La Commission de libération des échanges du CNPF constate, en février 1955, que les produits libérés ont été choisis, d'une part, en considération de l'importance du montant des importations effectuées en

[7] 6. August 1955, « Frankreichs Protektionismus nimmt nicht ab », in *Deutsche Zeitung*.

[8] 21 juillet 1955, Résultats de l'enquête sur la libération des échanges, in *Moniteur Officiel du Commerce et de l'Industrie,* n°1707.

[9] 31 décembre 1955, Commission de libération des échanges sur la taxe de compensation, Archives du CNPF.

1948 permettant dans tous les cas où leur libération ne soulevait pas de réclamation d'atteindre aisément le pourcentage recherché et, d'autre part, eu égard aux réactions les plus vives de la part des producteurs. Si les libérations de certaines branches de production (mécanique et chimie) se rapprochent du pourcentage imposé, de fortes protections ont été maintenues dans les branches industrielles textiles, à l'exception de la laine.

Les principales industries touchées par les récentes mesures de libération (mécanique, chimie) réagissent de manière diverse. Les craintes d'importations massives les plus vives se manifestent dans le secteur des industries mécaniques et papetières. L'Union des industries chimiques craint surtout pour l'exposition à la concurrence du secteur des matières colorantes organiques, qui comprend les deux tiers des produits encore protégés.

Les organisations professionnelles ne tiennent pas toutes le même discours sur la libération des échanges : le calendrier de libération souhaité et les motivations changent. Mais elles en viennent finalement toutes à la même conclusion : la nécessité pour la France d'aligner sa politique commerciale sur ses partenaires européens et de poursuivre le processus de libération entrepris.

> Rien ne nous oblige contractuellement à suivre avec notre franc les opérations qui aboutiraient à rendre convertibles la livre et d'autres monnaies européennes. Nous pouvons, bien entendu, nous en tenir à notre pourcentage actuel de libération, maintenir nos taxes de compensation et nos avantages à l'exportation. Mais à quoi tout cela nous conduirait-il ? Le GATT autorise les représailles et celles-ci ne manqueraient pas de venir s'abattre sur notre commerce d'exportation. Il nous semble donc vraisemblable qu'avec un retard plus ou moins long, nous serons contraints de suivre les mêmes voies que les autres pays.[10]

Il reste que les organisations professionnelles sont conscientes que l'effort à fournir est considérable pour arriver à 90 % de libération. Edgar Faure a annoncé sa volonté d'atteindre cet objectif à la fin de l'année 1955. L'administration responsable de la politique commerciale a ensuite réussi à faire accepter à l'OECE que ce pourcentage s'entend en références 1948 et non 1953. Mais la libération est ressentie de façon croissante comme une évolution inéluctable par les industriels. De plus, ceux-ci craignent les représailles et sont piqués au vif d'être considérés comme « le pays malade » de l'OECE. Le Président du CNPF, Georges

[10] Lettre d'information de la Fédération nationale des commerces d'importation et d'exportation de France, Libération des échanges, position de la France, Archives du CNPF.

Villiers, abonde dans le sens d'Edgar Faure et fait savoir que les libérations devront atteindre 90 % en octobre 1955, avec les références 1953.

> Les petites ruses qui ont constamment cherché à éviter la dévaluation des échanges sous prétexte de mieux la contrôler vont désormais se retourner contre nous. Nous courrons le danger de devoir très rapidement rattraper le retard réalisé. Pour cela, nous nous sommes engagés à renoncer à la taxe de compensation d'ici la fin de l'année. Si nous ne voulons pas nous retrouver au niveau des Grecs, nous devons tenir nos engagements.[11]

2. *La libération à l'égard de la zone dollar*

Jusqu'en 1955, la libération à l'égard de la zone dollar est pratiquement au point mort. Mais le 8 septembre 1955, le gouvernement des États-Unis demande au gouvernement français d'adopter une attitude plus libérale vis-à-vis des importations en provenance de cette zone du fait de l'accroissement des réserves françaises en or et en dollar. Il signale l'importance qu'aurait vis-à-vis du Congrès et de l'opinion américaine la levée progressive des restrictions françaises. C'est la première fois que les États-Unis ont porté leur demande de libération des échanges sur le plan politique.

La direction des Relations économiques extérieures du ministère des Finances signale qu'il serait dans l'intérêt de la France de procéder à une libération partielle, de l'ordre de 10 %. Le secrétaire d'État aux Affaires économiques, en accord avec le ministre de l'Industrie, propose une liste de produits dont la référence totale est de 37,9 millions de dollars, soit 11 % des importations françaises en provenance des États-Unis et du Canada effectuées en 1953 sous le régime du commerce privé à l'exclusion des produits agricoles sans assortiment de taxes compensatoires. La libération des produits élaborés pourrait être envisagée pour un montant de 20 à 25 % des importations françaises de cette catégorie, car un grand nombre de ces produits ne sont pas fabriqués en France. Un effort important consacré à ce secteur permettrait de maintenir intacte la protection sur des produits particulièrement sensibles à la concurrence américaine, tels que le coton.

Finalement, la France importe, depuis le 1er janvier 1956, 11 % de marchandises libérées (soit 230 produits) en provenance des États-Unis et du Canada. Le 18 décembre 1958, elle porte ce pourcentage à 13 % (référence 1953), et dès la fin du mois à 50 %. Mais les augmentations ne sont pas linéaires, elles ne touchent pas les mêmes produits. Un bon nombre de produits libérés en 1956 sont exclus du pourcentage de libération de 1958.

---

[11] 5 juillet 1955, Intervention de Georges Villiers, Archives du CNPF.

Les ministères français sont toujours indécis, à la fin de l'année 1959, sur les modalités du contingentement résiduel, ce qui confirme l'hypothèse selon laquelle la politique commerciale est menée au coup par coup, sans vision claire du point à atteindre ni des moyens d'y parvenir. Doit-on conserver deux listes de contingents (une pour les pays du Marché Commun, une autre pour les pays du GATT) ou étendre aux pays tiers les contingents attribués aux pays du Marché Commun ?

Seule la direction des Relations économiques extérieures commence à envisager l'extension aux pays tiers des mesures contingentaires du traité de Rome prises au 1er janvier 1960 (contingent unique). Les contingents bilatéraux, ou unilatéraux lorsqu'ils existent, seraient augmentés suivant le coefficient retenu et globalisés. Le problème serait plus complexe dans le cas des produits qui n'ont pas fait l'objet d'une ouverture de contingents, c'est-à-dire les produits « sensibles ». Pour ceux-là, elle souhaite garder une protection importante. À cet égard, elle juge trop libérale l'utilisation de la règle des 3 % de la production nationale inscrite dans le traité de Rome. Dans l'immédiat, elle trouverait une proposition autour de 1 % plus raisonnable[12].

Les industriels se manifestent dans le même sens. Le responsable de la Chambre syndicale des constructeurs d'automobiles, Jean Chalopin, fait remarquer au Secrétaire Général du comité interministériel que le fait de porter le contingent à 3 % de la production nationale dès la fin de la première année d'application du traité, c'est-à-dire avant que des mesures d'harmonisation des éléments des prix de revient aient pu jouer, serait parfaitement suffisant, surtout dans un système de contingents globaux, pour briser certaines cadences de production et mettre en péril les fabrications françaises intéressées.

Finalement, les suggestions de Bernard Clappier, le Directeur des Relations économiques extérieures, ont été partiellement acceptées : pendant le premier semestre 1960, le cadre contingentaire français est maintenu. Des contingents sont fixés pour les États-Unis à hauteur de 25 % de ceux du Marché Commun pour l'essentiel des produits et à hauteur de 5 % de la production nationale pour les produits sensibles.

La réduction des restrictions quantitatives se poursuit sans encombres, malgré les craintes ressenties par les différentes administrations françaises et les industriels.

Le pourcentage de libération des importations françaises en provenance des États-Unis et du Canada, qui était de 50 % en décembre 1958, est porté à 66 % le 23 juillet 1959, et à plus de 80 % (base 1953) à la fin

[12] 17 octobre 1959, Perspectives en matière de réduction des restrictions quantitatives, MAE, DE-CE 51.

septembre. Le 17 octobre 1959, le pourcentage de libération atteint 81 %. Il est question de le porter au 1er janvier 1960 aux environs de 87 %. La libération à cette date permet même d'atteindre 90 % (base 1957), et ramène le nombre des produits contingentés de 1500 à 750 à l'égard des pays de l'OECE, des États-Unis et du Canada. La plupart des produits libérés concernent les textiles de coton et de laine. Ces libérations sont particulièrement importantes pour les exportations allemandes.

Au 1er juillet 1960, la France, qui connaît un pourcentage de 92,3 %, est le pays européen où la discrimination à l'égard des pays de la zone dollar est la moins forte. Seules deux positions douanières de produits industriels, libérées à l'égard des pays de l'OECE, restent contingentées à l'égard de cette zone. Il s'agit de l'éthylène glycol, et des cosmétiques et produits de beauté.

Nous pouvons expliquer la lenteur du processus français par la structure même des échanges. Les produits élaborés représentent, en 1955, 46 % de son commerce privé avec la zone dollar, tandis que cette part n'est que de 12 % pour la République fédérale.

La libération à l'égard du Japon et des autres pays du GATT n'a été réalisée que plus tardivement. Le nombre de postes contingentés a été ramené à 291 en juillet 1962 et à 70 en 1965. La politique française est donc, à cet égard, restée plus protectionniste que celle de ses partenaires (Benelux, Allemagne, et même Italie). Le responsable de la direction des Relations économiques extérieures, Bernard Clappier, essaie d'insuffler une politique plus libérale vis-à-vis du GATT afin de ne pas compromettre la réalisation de la politique commerciale des six pays du Marché Commun.

> Ceci ne signifie pas que le gouvernement néglige pour autant les intérêts légitimes des producteurs français. Les dernières mesures de libération traduisent au contraire, par leur portée restreinte, le souci de procéder avec une grande prudence aux adaptations nécessaires. C'est ainsi que restent contingentés des produits sensibles, tels que postes de transistors et jouets qui feraient l'objet en Grande-Bretagne d'une concurrence anormale de la part du Japon.[13]

Mais les industriels restent craintifs. Le responsable professionnel de la Chambre syndicale des constructeurs automobiles, Jean Chalopin, souhaite qu'une protection raisonnable soit assurée aussi longtemps que nécessaire à l'industrie européenne de l'automobile vis-à-vis des pays tiers et notamment des États-Unis, contrairement à ce qui a été prévu

[13] 24 octobre 1960, Lettre de Bernard Clappier, DREE, au Président de la Commission du commerce extérieur de la FIMTM, SAEF, B 54985.

dans les négociations pour le Marché Commun[14]. Il s'oppose à une politique de libéralisation jugée « trop hâtive à l'égard du GATT dont, indirectement bénéficierait le redoutable concurrent que constitue le Japon ». Il insiste pour que la prochaine tranche soit beaucoup plus limitée, écarte tous les biens de consommation et ne vise que les grands biens d'équipement à l'exclusion des petites machines fabriquées en série. La liste de libération proposée par la direction des Industries mécaniques et électriques du ministère de l'Industrie et du Commerce est pourtant très modérée. Mais elle représente, pour ces industriels, un premier pas inquiétant. Ils préféreraient que des contingents établis au départ soient progressivement accrus.

C. Le déficit commercial, condition de l'expansion française (1956-1957)

1. Un profond déséquilibre de la balance des paiements

Le CNPF considère que la politique suivie à partir de 1956 a consisté à sacrifier délibérément l'équilibre de la balance commerciale atteint en 1955 à l'expansion de la production et au développement simultané de la consommation intérieure. Dans l'esprit de cette politique, l'équilibre des échanges avec l'étranger en 1957 doit résulter de la relance des exportations provoquée par l'expansion. Selon le CNPF, ces prévisions ont été démenties par les faits, l'accroissement excessif de la consommation intérieure ayant absorbé la part de la production qui, dans d'autres circonstances et moyennant une politique économique intérieure et extérieure convenable, aurait pu constituer effectivement ce qu'on a coutume d'appeler « les surplus exportables ». Il indique qu'une telle politique n'a d'ailleurs pu être menée que parce qu'elle a été financée à ses débuts par d'importantes réserves en devises accumulées les précédentes années, puis par des crédits extérieurs obtenus en 1956 et 1957, enfin par les recettes exceptionnelles provenant des fournitures de caractère militaire faites par la France à ses alliés[15].

Le déficit commercial a, effectivement, été la condition de l'expansion française en 1956 et 1957. Considérant les poussées inflationnistes, Paul Ramadier a sacrifié le commerce extérieur à l'indice des prix, épuisant les réserves de devises et compromettant la monnaie pour stabiliser les 213 articles.

---

[14] 15 janvier 1957, Lettre de Jean Chalopin, CSCA, à Jacques Donnedieu de Vabres, SGCI, F60/3114.

[15] Rapport général sur l'année 1958 de la Commission des relations économiques internationales, Archives du CNPF.

La situation de la balance commerciale s'est brusquement aggravée à partir du premier semestre de 1956, au point de susciter des rumeurs autour d'une éventuelle suspension de la libération des échanges. De 100 milliards de francs en 1955, le déficit de la balance commerciale est passé à 400 milliards en 1956. L'augmentation des importations a porté sur tous les postes, mais principalement sur l'énergie (plus de 50 % d'augmentation) et sur les matières premières et produits bruts (34 % de plus). Mais l'augmentation a porté également sur les produits manufacturés (30 % de plus) et sur l'alimentation, les boissons et les tabacs (19 % de plus)[16].

La France a donc traversé une crise de croissance, qui a entraîné un appel plus important aux importations, surtout en matières premières et énergie (charbon des États-Unis et pétrole payables en dollars), d'autant plus forte que l'expansion des années 1953 à 1955 avait été plus lente en France que dans les autres pays.

À cela s'ajoute le fait que l'accroissement constant du déficit budgétaire de la France, qui a encore été accentué par les charges découlant des opérations militaires en Afrique du Nord, a créé un état d'inflation, qui a favorisé un développement considérable des importations. Celles-ci furent également influencées par la politique du gouvernement tendant à maintenir les prix à un niveau raisonnable.

De plus, ces mauvais résultats de l'économie française coïncident avec la réduction des concours financiers américains, aide américaine et contrats *off-shore*.

Les mesures gouvernementales du 15 mars 1957 mettent fin au libéralisme relatif de la politique commerciale française. Les importations doivent désormais s'effectuer sous le couvert des licences d'importation délivrées par l'Office des changes. Même si l'octroi de ces licences est automatique pour les produits libérés, cette mesure donne au gouvernement le moyen de procéder en cas de nécessité à une révision rapide de sa politique d'importation. La période de validité des licences d'importation est réduite de six à trois mois. La taxe spéciale temporaire de compensation, uniformisée à 15 %, s'applique aux importations libérées, à l'exception des produits relevant de la Communauté européenne du charbon et de l'acier, de combustibles, de matières premières et de quelques produits agricoles. Les industriels sont obligés de constituer un dépôt de fonds égal à 25 % de la valeur des importations. Au même moment sont prises des mesures restrictives de crédit et le taux d'escompte de la Banque de France est porté de 3 à 4 % le 11 avril

16 1er juin 1957, Balance des paiements, Archives du CNPF.

1957[17]. Les réactions des industriels sont très vives à l'égard de ces mesures qu'ils considèrent comme des « brimades ». La Fédération des importateurs de la métallurgie et de la mécanique considère que la sélection des importateurs se fait désormais en fonction de leur richesse et non de la nature du produit qu'ils souhaitent importer, de son utilité, etc.[18].

Peu efficaces, les mesures gouvernementales de mars 1957 sont renforcées au début de juin 1957. Les banques sont obligées de verser à la Banque de France une partie du cautionnement déposé par les importateurs (20 %). Le but est de réduire les liquidités des banques et de limiter leurs crédits à l'importation. Un autre décret, daté du 4 juin 1957, porte à 50 % de la valeur du produit à importer l'importance du cautionnement imposé par le décret du 15 mars 1957.

Dans le même temps, René Pleven fait la proposition plus radicale de suspendre la libération des importations. Les importateurs multiplient alors leurs demandes de licences. Selon certains experts, cette annonce a fait sortir du pays une centaine de millions de dollars supplémentaires.

2. *La suspension de la libération des échanges*

Chacun perçoit bien la crise de la balance des échanges en France et propose des solutions. Pierre Drouin s'indigne, dans *Le Monde*, de l'illusion qu'entretient le gouvernement de mettre fin à la crise des paiements en rétablissant les contingents.

> Malgré sa brutalité, une telle opération ne peut avoir en effet que des conséquences très limitées. Il faut bien avoir en tête « l'analyse spectrale » de nos importations en provenance des pays membres de l'OECE. Pour l'année 1956, les importations « libérées » représentent 44 % du total, 10 % figurant au chapitre « commerce d'État » et 46 % faisant l'objet de contingents bilatéraux où nous sommes liés par des accords. C'est donc sur la seule fraction des 44 % qu'une suspension de libération des échanges pourrait jouer. [...] Tout compte fait, on peut évaluer à 75 milliards par an seulement la partie d'importations libérées sur lesquelles pourraient porter des économies, sans inconvénients majeurs. Encore, sur cette « marge physique » très étroite, qui porte sur des biens non essentiels, trouverions nous rapidement des limites d'action dans l'opposition de nos partenaires.[19]

[17] Marcy, G., « Libération progressive des échanges et aide à l'exportation en France depuis 1949 », in *Cahiers de l'ISEA*, série P, n°2(1959)2.

[18] 20 mars 1957, Lettre de Marcel Dreyfus, le Président de la Fédération des importateurs de la métallurgie et de la mécanique, à Paul Ramadier, MIC, 771524 art. 157.

[19] Drouin, P., « Le rétablissement des contingents ne peut être un vrai remède à la crise des devises », in *Le Monde*, 2-3 juin 1957.

Le journal *Correspondance économique* voit dans la suspension de libération une mesure de pis-aller préférable à la dévaluation car elle devrait donner au gouvernement le temps d'élaborer un plan de redressement à long terme sans avoir un effet trop direct sur les prix ni porter atteinte à l'activité économique française. Le journal *Les Échos* est beaucoup plus sceptique, craignant un effet inflationniste dans la mesure où la suspension de libération rendrait plus difficile l'approvisionnement du marché intérieur que la production nationale ne peut satisfaire. En plus, elle ne résoudrait aucun des problèmes fondamentaux. Elle orienterait l'économie vers le repli interne, la détournerait du Marché Commun, pèserait sur l'expansion des échanges intérieurs et extérieurs et risquerait, par une pression salariale renforcée du fait du ralentissement de la production, d'engendrer une grave crise sociale.

Quinze jours avant le rétablissement des contingents, le CNPF rédige une note sur la balance des paiements. C'est le renoncement à la libération des échanges qu'elle préconise ou, du moins, un ralentissement de celle-ci.

> Si l'on veut éviter l'arrêt brutal et total de nos importations faute de moyens de paiements, il faut réduire celles-ci de manière draconienne, ce qui implique nécessairement un ralentissement de l'activité économique générale du pays. Le soin du gouvernement est de veiller à ce que le ralentissement n'atteigne pas les industries exportatrices.[20]

Le CNPF réclame l'assouplissement des entraves administratives, la réduction des charges fiscales, un ralentissement de l'augmentation des salaires, le rétablissement de la liberté des prix et, surtout, la fin de la surévaluation du franc.

Le 18 juin 1957, le gouvernement de Félix Gaillard suspend totalement le processus de libération des échanges. Parallèlement, l'ouverture des crédits à l'importation est bloquée par la direction des Relations économiques extérieures et celle des Finances extérieures. Le remède est disproportionné par rapport au mal car seuls deux secteurs, le pétrole et le blé, sont responsables de la détérioration de la balance des paiements en 1956 et les exportations de produits manufacturés continuent d'augmenter. L'effet bénéfique sur le commerce extérieur n'est pas immédiat.

Le gouvernement décide des mesures complémentaires : le 10 août 1957, il réalise l'opération 20 %. Les importations sont taxées de 20 % supplémentaires et les exportations sont exonérées de 20 % de taxes. Ce pourcentage correspond à peu près à la disparité entre les prix français et étrangers. En octobre de la même année, il étend l'opération aux matières premières, notamment le charbon, le pétrole et les textiles, qui béné-

---

20 1er juin 1957, Note à l'attention de M. Lartisien, Archives du CNPF.

ficiaient jusque-là d'une dérogation. La balance des paiements a connu une amélioration momentanée. Mais parce qu'elle a été effectuée dans une conjoncture inflationniste avec une demande interne encore largement excédentaire, l'opération n'a guère donné de résultats favorables à moyen terme.

Paul Ribeyre, qui succède à Félix Gaillard en novembre 1957, continue la politique de son prédécesseur. Le plan d'importation élaboré pour arrêter l'hémorragie de devises cherche à satisfaire au plus juste les besoins de l'économie française. Dans cette perspective, il a pris des mesures contre les stockages abusifs, interdit les commandes spéculatives et stimulé les achats en devises faibles. L'OECE approuve cette politique qui s'en prend à la cause du déficit de la balance des paiements en tâchant de limiter la demande intérieure, tant celle des dépenses publiques que celle de la consommation privée et des investissements. Cette politique risque de casser la croissance, mais l'OECE pense que le taux d'expansion en France à cette époque est plus fort que ce que le pays peut supporter[21].

Cette politique s'est avérée efficace. Elle a permis, dans une conjoncture de baisse des matières premières et de ralentissement de l'expansion économique, de préserver les réserves françaises de change et de rétablir, au moins provisoirement, l'équilibre de la balance des comptes.

3. Les dangers de cette suspension pour l'économie française

Le service des Statistiques et études financières du ministère des Finances souligne également les dangers d'une limitation générale des importations, dans la mesure où ces dernières profitent plutôt à l'industrie française qu'à la consommation des ménages. Les importations de produits non agricoles sont constituées à concurrence des trois quarts par des produits énergétiques et des biens intermédiaires. Un contingentement général des importations risque donc de compromettre l'expansion de la production.

> La plus grosse partie des produits libérés, sur lesquels pourrait jouer une suspension de la libération des échanges, comprend des biens absolument indispensables pour faire tourner nos usines, qu'il s'agisse de matières premières ou de biens d'équipement.[22]

---

[21] Council Report by the Managing Board of the EPU on the Position of France, Causes of the Balance of Payments Difficulties, AHCE.

[22] Drouin, P., « Le rétablissement des contingents ne peut être un vrai remède à la crise des devises », in *Le Monde*, 2-3 juin 1957.

Il préconise donc des actions sélectives freinant la consommation privée et publique sur les points particuliers où la demande intérieure entraîne de forts courants d'importation ou détourne vers le marché intérieur des productions qui seraient aisément exportatrices. Il conseille également de provoquer les exportations devenues possibles (cas de l'automobile) et de contrôler les courants d'importation. Des accords ont, en effet, été conclus avec plusieurs branches industrielles, parmi lesquelles l'industrie automobile, durant l'année 1957.

Ces prises de position montrent à quel point les industriels ont profité de ces importations massives de biens d'équipement pour améliorer leur position concurrentielle à l'égard de l'étranger. L'augmentation de ces importations provient du matériel destiné aux opérations en Algérie et des achats de certaines branches telles la mécanique (+ 35 %) et la construction électrique (+ 20 %)[23].

D. Une politique restrictive à partir de 1957

1. La prise de conscience de la nécessité de réduire la consommation intérieure

Pendant longtemps, personne n'ose réduire la consommation intérieure française, pourtant une des raisons majeures du déséquilibre commercial des années 50, car « l'expérience l'a prouvé, il serait utopique d'escompter un développement des exportations si la consommation intérieure n'était pas normalement satisfaite »[24].

Pour la Banque de France, ce sont les organisations professionnelles et les groupements d'intérêts qui sont responsables de la tendance à la consommation trop forte en France à cette époque.

> Alors que la collectivité française, prise dans son ensemble, aurait dû, pour faire face à ses dépenses militaires, aux charges de son relèvement démographique et aux investissements tenus pour nécessaires, affecter 30 % du revenu national à des emplois qui ne procurent à la population aucune satisfaction immédiate, l'action des organisations professionnelles, des groupements d'intérêts, encouragés parfois par les pouvoirs publics, a, au contraire, sans cesse tendu à renforcer la pression qui s'exerçait sur le budget de l'État comme sur le système bancaire, pour permettre au pays d'augmenter ses dépenses de consommation. Ce qu'une telle politique avait d'irréel a éclaté au grand jour, au moment où ont été épuisées nos dernières réserves de devises et l'inévitable ajustement entre la consommation et l'épargne auquel nous

23 21 juin 1957, Note du service de Coopération économique du ministère des Affaires étrangères, MAE, DE-CE 752.

24 Décembre 1948, Plan de viabilité pour 1952-1953 destiné à l'OECE, Commissariat au Plan, Archives du CNPF.

avons eu la prétention de nous soustraire a été provisoirement rétabli par la hausse des prix et la dévaluation du franc.[25]

Elle préconise une politique restrictive afin de rétablir durablement les finances du pays. La conscience se répand, tant dans les cercles patronaux que gouvernementaux, que les efforts pour augmenter les exportations et réduire les importations seront insuffisants s'ils ne sont pas combinés avec une politique de restriction de la consommation intérieure et du crédit de façon non seulement à ne pas compromettre mais encore à accélérer le rythme de développement des investissements productifs[26].

Le CNPF est d'accord avec cette nouvelle analyse. Il insiste sur les deux axes de distribution de pouvoir d'achat, qui sont irrationnels s'ils ne sont pas accompagnés par une hausse suffisante de la production : l'accroissement de la consommation et celui des charges imposées à la production. Du 1er janvier 1956 au 1er janvier 1958, le salaire horaire moyen a augmenté de 18 % sans tenir compte d'un relèvement plus que proportionnel des charges sociales ; sa progression s'accélérant encore, a même dépassé le rythme de 1 % par mois.

> Quelle hausse de la production peut fonder économiquement et alimenter une telle distribution de pouvoir d'achat ? L'endettement massif de la France à l'égard de l'étranger ne doit pas même y pourvoir, si bien qu'il a suffi d'une récolte partiellement mauvaise pour que la poussée des prix, longtemps cachée dans les indices, devienne irrésistible.[27]

Avec le recul, nous pouvons affirmer que la consommation interne excessive et l'incidence de la guerre d'Algérie ont, en effet, joué un rôle déterminant dans la dégradation du commerce extérieur français à partir de 1956. Mais on a trop souvent tendance à rendre le rapide développement de la production industrielle responsable du déficit des finances extérieures françaises : une production accrue exigerait des importations toujours plus massives de produits énergétiques et creuserait donc le déficit de la balance des paiements.

Une comparaison avec les principaux voisins européens montre que ce ne sont pas les importations qui ont été portées à un niveau exagérément élevé. Le déficit de la balance commerciale française provient du

---

25 Note pour M. Jacques Rueff, FNSP, AWB, 2BA47.

26 8 août 1956, Note de la DAEF relative aux problèmes posés par la situation de la balance des comptes française.

27 13 mai 1958, Assemblée générale extraordinaire, OECE, Réactions à la Zone de libre-échange, AHCE, Travers Archives, pochette 339.

retard des exportations[28]. La France se trouve en dernière position par rapport aux onze partenaires de l'OECE pour la progression des importations et celle des exportations depuis 1956. Pour tenter d'endiguer le mal, elle s'est orientée vers une politique d'autarcie à l'intérieur de la zone franc[29].

2. *Le renoncement progressif à la taxe à l'importation*

À la fin novembre 1956, le Comité des échanges de l'OECE a admis que la France était fondée à remettre à une date ultérieure l'extension à 90 % du pourcentage de libération de ses échanges, pour le moment fixé à 75 %. En contrepartie, elle doit accepter le principe d'une diminution du taux de la taxe à l'importation sur certains produits.

Le gouvernement se résout à abaisser le taux pour un nombre de produits très divers et à supprimer la taxe pour 46 positions douanières, parmi lesquelles les produits chimiques, les pelleteries, certains papiers, des vêtements, des chaussures, des matériaux de construction, quelques machines et des produits de l'industrie mécanique.

Ces mesures ont provoqué de graves inquiétudes parmi les industriels. Le CNPF prédit un accroissement considérable des importations. Les organisations professionnelles de la mécanique, des métaux, de la construction électrique et des textiles manifestent les mêmes appréhensions. Le CNPF remarque que cette baisse de la taxe intervient à un moment où la conjoncture la rend particulièrement inquiétante. Aussi intervient-il auprès du Président du Conseil, du ministre des Finances et du secrétaire d'État aux Affaires économiques pour appeler leur attention sur le danger que présenteraient de nouvelles diminutions de la taxe, « le taux de 7 % représentant actuellement un minimum au-dessous duquel il serait impossible de descendre ».

Il reçoit l'appui du Directeur des Relations économiques extérieures, Bernard Clappier, qui s'inquiète de voir la France acculée à la libération alors qu'elle n'en a pas les moyens. Cette prise de position est d'autant plus remarquable que la direction des Relations économiques extérieures a toujours été, dans le courant des années 50, parmi les plus ardents partisans d'une libération accrue.

> Il est, en effet, évident que, dans l'état actuel des choses, il est matériellement impossible de procéder en France à des libérations sans taxes ou avec des taxes destinées à être réduites ou supprimées automatiquement dans des délais fixés *a priori*. Proposer de tels délais c'est donc implicitement renon-

---

[28] Arnaud-Ameller, P., *La France à l'épreuve de la concurrence internationale*, Paris, 1970, p. 99.

[29] 5 novembre 1958, Évolution comparée du commerce extérieur de la France et des principaux pays industriels, FNSP, AWB, 2BA47.

cer à voir la France se conformer dans un avenir rapproché aux décisions relatives à la libération des échanges.

On peut se demander, dans ces conditions, s'il n'y a pas en ce moment deux conceptions essentiellement différentes, pour ne pas dire opposées, du rôle que doit jouer l'OECE et de la nature même de son action. S'agit-il de stimuler le développement du commerce intra-européen au mieux des intérêts de tous les pays membres quitte à adapter les règles, les décisions et les recommandations aux circonstances concrètes des temps et des lieux, ou bien faut-il établir des dogmes commerciaux conformes à certains principes en les maintenant envers et contre tout, quitte à voir certains pays y contrevenir, vu l'impossibilité pour eux de les appliquer.[30]

II. Les industriels allemands se désolidarisent de la politique commerciale de leur pays

A. Une nouvelle politique commerciale

La République fédérale s'efforce à partir de 1955 de créer un nouvel ordre commercial dans le monde, basé sur des monnaies convertibles. Dans cette optique, elle renonce au bilatéralisme. Le chiffre des pays avec lesquels l'Allemagne a encore des accords bilatéraux est tombé de dix-sept à dix. Le 1er juillet 1956, la République fédérale décide ainsi d'appliquer le traitement de la nation la plus favorisée à tous les pays.

Elle se défait progressivement des mesures exceptionnelles qu'elle avait adoptées pour revenir à la libération des échanges. Ces mesures ont finalement été comme des béquilles qui ont aidé son économie pendant un temps : le gouvernement fédéral décide de réduire unilatéralement les tarifs douaniers allemands dans la perspective de l'union douanière et de supprimer les aides à l'exportation.

Ces dernières se réduisent alors à l'exonération de la taxe sur le chiffre d'affaires et à un mécanisme classique de crédit. L'industrie considère avec angoisse la loi sur l'aide fiscale à l'exportation de la fin 1955, alors que la conjoncture s'est retournée depuis la deuxième moitié de l'année, les excédents massifs de commerce extérieur se réduisant de façon alarmante[31]. Dans le principe, le BDI est opposé à l'aide à l'exportation et attend de l'OECE une impulsion pour supprimer l'ensemble des mesures d'aide en place. Mais dans l'immédiat, il sou-

[30] 4 avril 1956, Lettre de Bernard Clappier au Baron Snoy et d'Oppuers, AHCE.

[31] Stichworte für das Gespräch mit Professor Erhard am 11. November 1955 in Bonn, BAL 62/22.48.

haite le maintien de l'aide à l'exportation aussi longtemps que les conditions des pays de l'Ouest européen ne seront pas identiques[32].

Le tarif allemand figure encore, à cette date, parmi les plus élevés d'Europe. En fait, près de 90 % des postes industriels ne dépassent pas un tarif douanier de 20 %. C'est également le cas de 66 % des postes agricoles.

Tarifs douaniers allemands au 1er mai 1955

Sans tarif	142	20	604	18,4	746	18,7
jusqu'à 10 %	167	23,5	809	24,6	976	34,5
jusqu'à 20 %	161	22,7	1534	46,8	1695	42,5
jusqu'à 30 %	121	17	302	9,2	423	10,6
au-dessus de 30 %	51	7,2	4	0,1	55	1,4
Tarifs spécifiques	68	9,6	27	0,8	95	2,4
Total	710	100	3280	100	3990	100

Le gouvernement allemand souhaite réaliser ces réductions tarifaires, et donc permettre l'importation de certains produits à un moindre coût, afin d'éviter toute surchauffe de son économie en contrant les hausses de prix et en stabilisant l'expansion économique[33]. Soucieux d'enrayer une inflation jugée menaçante, il cherche en priorité à approvisionner le marché intérieur où la demande est supérieure à l'offre. Dans cette optique, il a même réfléchi au printemps 1954, à la mise en place d'une taxe à l'exportation. Devant l'opposition vigoureuse du BDI, il renonce à ce projet. Il facilite les importations par un abaissement général des droits de douane, allant dans certains cas jusqu'à 25 % des taux en vigueur et, dans le même temps, entrave l'exportation en augmentant le coût du crédit.

Ce nouveau choix de politique tarifaire est en accord avec le désir du GATT de renforcer les obligations des parties contractantes dans le domaine des tarifs, des restrictions quantitatives et des subventions. Lors de la IVe conférence douanière du GATT, en janvier 1956, 26 pays, sur les 35 participants que compte le GATT, souhaitent négocier une réduction tarifaire. La France, au contraire, s'oppose à cette tendance en conseillant la prudence dans les modifications à apporter au texte,

---

32 *Jahresbericht des BDI*, 1er mai 1953-30 avril 1954.

33 Ambrosius, G., « Europäische Integration und wirtschaftliche Entwicklung in der Bundesrepublik Deutschland in den 1950er Jahren », in H. Berding (dir.), *Wirtschaftliche und politische Integration in Europa im 19. und 20. Jahrhundert*, Göttingen, 1984, p. 293.

considérant qu'il serait même désirable d'assouplir certaines dispositions existantes. Elle met en garde ses partenaires contre le danger d'établir des règles trop strictes auxquelles nombre de pays ne seraient pas en mesure de se conformer. Tout comme le Japon, la Turquie et la Grèce, elle ne veut négocier qu'avec les États-Unis.

Ces négociations de janvier 1956 ne sont pour le gouvernement fédéral qu'une première étape. Il souhaite faire porter ces réductions tarifaires sur les produits qui servent la production agricole, les produits de la construction et quelques biens d'alimentation. Un bilan dressé en juin 1956 porte à 102 les positions abaissées de 15 % ou d'un pourcentage inférieur, à 221 les positions abaissées d'un pourcentage compris entre 15 % et 33,3 %, et enfin à 91 les positions abaissées d'un pourcentage supérieur à 33,3 %. Dans le domaine industriel, les produits les plus touchés ont été les machines à l'égard des États-Unis et du Benelux, les voitures automobiles à l'égard des États-Unis et du Royaume-Uni, les produits chimiques à l'égard des États-Unis, les produits synthétiques et les textiles à l'égard de la Grande-Bretagne et de l'Italie.

B. L'industrie manifeste son opposition

1. La critique des abaissements tarifaires unilatéraux

L'industrie allemande regarde avec une inquiétude croissante ce choix de politique commerciale[34]. En 1955, le BDI n'est pas foncièrement opposé à ces réductions tarifaires du moment que les États-Unis y participent et que la France abandonne sa taxe de compensation. À mesure que les mois passent, il a de plus en plus l'impression de participer à un marché de dupes. Il lui semble que les tarifs douaniers allemands, qui revêtent pourtant une importance de plus en plus grande, sont sacrifiés à des buts de politique conjoncturelle. Il n'est pas sûr qu'une nouvelle baisse unilatérale des tarifs conduise les partenaires européens à en faire autant. En plus, la suppression des mesures d'aides fiscales à l'exportation pénalisera les exportations allemandes.

Le Comité directeur du BDI a, dans une déclaration de mars 1957, résumé le point de vue de l'industrie dans son ensemble sur cette question :

Les réductions tarifaires ne vont pas entraîner une réduction des prix, en tout cas en ce qui concerne les prix à la consommation. Durant ces derniers mois, l'industrie a exercé une remarquable discipline sur les prix qu'elle pratique. Si elle a consenti quelques hausses, elles sont dues aux conditions de production et non à un manque de concurrence exté-

---

34 *Jahresbericht des BDI*, 1er mai 1956-30 avril 1957.

rieure. Les réductions tarifaires ne vont donc rien changer à la situation des prix de l'industrie allemande.

De plus, une nouvelle détérioration du niveau de rendement des entreprises porterait préjudice à la rationalisation en cours, ce qui pèserait d'autant plus que le marché financier est de plus en plus fermé.

L'effet politique d'une telle réduction tarifaire va manquer son but. La réduction tarifaire envisagée décevra la population car la réduction prévue du coût de la vie ne se réalisera pas. Elle ne va pas mener non plus à une réduction des excédents de la balance des paiements, qui sont dus à une distorsion des taux de change. De plus, elle est incompatible avec l'objectif du Marché Commun. Elle remettrait en question l'accord sur le tarif extérieur commun, obtenu après d'âpres négociations à Bruxelles, et rendrait encore plus difficile l'adaptation au niveau globalement plus élevé du futur tarif extérieur.

Enfin, une telle mesure augmenterait l'opposition des territoires d'outre-mer au nouveau tarif extérieur et rendrait plus incertain l'accord du GATT. Après l'entrée en vigueur du traité de CEE, il sera impossible de revenir sur les réductions tarifaires consenties à l'égard des pays membres comme de ceux de la future Zone de libre-échange. La protection encore nécessaire de l'économie allemande serait alors d'autant plus réduite qu'un certain nombre des partenaires dévaluera sa monnaie.

Un rapprochement des points de vue divergents de l'industrie et du gouvernement n'a pas pu être réalisé[35].

Malgré l'opposition de l'industrie, la série de réductions tarifaires s'est poursuivie par la baisse des droits de douane de 25 % sur les produits industriels en août 1957, à l'exception d'une cinquantaine de produits. Le BDI a d'ailleurs fortement insisté auprès du ministère de l'Économie pour épargner ces quelques produits de l'abaissement tarifaire. Il a fait valoir le danger qui pourrait naître d'une importation soudaine et massive dans ces secteurs[36]. L'organisation professionnelle de la chimie allemande a produit, en accord avec le ministère de l'Économie, une liste de 42 positions qui devaient être épargnées de la réduction tarifaire. En novembre 1956, elle avait déjà fait une demande semblable. Le Président de cette organisation, Wilhelm-Alexander Menne, consulté par Ludwig Erhard, avait qualifié la baisse tarifaire pour les produits chimiques de « précipitée et non justifiée ». Les firmes chimiques ont demandé l'enregistrement de quatorze positions supplémentaires. Nous pouvons remarquer que cette démarche était controversée au sein même de l'organisation professionnelle car le Président qui a

[35] *Jahresbericht des BDI*, 1er mai 1957-30 avril 1958.

[36] November 1957, Mitteilungen des BDI, Aussenhandel, BA, B102/56298.

succédé à Wilhelm-Alexander Menne, Ulrich Haberland[37], a déclaré en mai 1957 « qu'il n'avait pas de critiques à formuler à l'encontre de l'abaissement tarifaire, que la santé de l'industrie chimique allemande était tellement bonne qu'elle pourrait le supporter sans problème ».

Le ministère n'a pas voulu prendre en compte l'intégralité des vœux de l'industrie chimique. Mais le principe du maintien de la protection tarifaire pour quelques produits chimiques a été conservé. À la fin du mois de juillet, les industriels de ce secteur ont été avertis que la liste, qui au départ ne devait pas dépasser 35 positions, avait été étendue à cinquante. Ensuite, elle a été réduite à sept positions, la liste des produits protégés ayant finalement privilégié l'industrie textile, celle du cuir, quelques positions de l'industrie du fer, de la tôle et des métaux[38].

Les représentants de l'industrie chimique allemande ont également pris directement contact avec les députés pour essayer de repousser d'un an les mesures d'abaissement tarifaire pour une liste de produits, c'est-à-dire de n'appliquer cette mesure qu'en décembre 1958 au lieu de décembre 1957. L'organisation professionnelle de la branche espère y faire entrer les produits de polymérisation, le phosphate, les couleurs et laques, les acides et l'oxyde de zinc. Le ministère fédéral de l'Économie propose de rétablir les tarifs douaniers antérieurs (plus élevés) pour les produits qui ne doivent pas être libérés vis-à-vis de la zone dollar. Mais BASF fait remarquer qu'un tarif douanier de 25 % pour le polyéthylène ne suffirait pas. À son avis, il faudrait un tarif de 45 ou 50 %. L'étude de cette question est remise à plus tard. Le phosphate devrait obtenir une dérogation. Pour les acides, un accord devrait être trouvé entre la firme citrique belge et la firme productrice allemande, les premiers pas de ce rapprochement devant être faits par le député Görs[39].

Pour certaines branches industrielles, cette nouvelle réduction de la protection douanière, accompagnée de mesures de libération des échanges, a soulevé de graves problèmes de concurrence.

Les autres pays ont, justement en prévision de la suppression des restrictions quantitatives, non seulement maintenu, mais même parfois considérablement augmenté, leurs tarifs douaniers, alors qu'en République fédérale, les quatre cinquièmes environ de tous les tarifs douaniers

---

[37] Directeur de la firme chimique Bayer depuis le 1er août 1943. En 1951, il est Président du Conseil d'administration de Bayer. En 1953, il en est Président Directeur Général. Il dirige le Verband der Chemischen Industrie à partir de 1956 après W.A. Menne.

[38] 5. August 1957, Stellungnahme zu den Wünschen des VCI und von Einzelfirmen der chemischen Industrie bei der Befreiung von der 25%iger Zollsenkung, BA, B102/9422.

[39] 11. Januar 1958, Vermerk am Dr. Lenz, Änderung des Zolltarifs, BA, B102/9422.

sur les produits industriels se répartissent entre 0 et 10 % et seulement 2 % de ces tarifs douaniers sont supérieurs à 15 %. Le tarif douanier le plus élevé sur les produits industriels est, d'après le ministère fédéral de l'Économie, de 21 % en Allemagne, alors qu'il est de 30 % dans les pays du Benelux, de 60 % en France, de 50 % au Royaume-Uni, et même de 90 % aux États-Unis.

Le ministère fédéral de l'Économie a toutefois fini par faire une petite concession aux industriels en restreignant, en 1958, le traitement de la nation la plus favorisée aux seuls pays accordant la réciprocité à la République fédérale.

2. *La revendication de noyaux de protectionnisme*

Pour le BDI, la forte activité de la balance des paiements allemande ne doit pas faire oublier que certaines branches industrielles ont encore besoin d'une protection contingentaire tant qu'elles sont en cours de restructuration. Ainsi, il arrive à faire inclure les teintures dans la liste des produits chimiques exclus de la libération des échanges soumise à l'OECE. L'Allemagne n'accepte de libérer ce produit que si le Royaume-Uni et la France le libèrent également et s'ils suppriment les obstacles aux importations que constituent les comités techniques d'importation et certains obstacles administratifs. Mais le Comité de direction des échanges de l'OECE qui examine cette demande doute de la nécessité pour cette branche allemande de maintenir des restrictions quantitatives. Il considère qu'elle est suffisamment forte pour libérer ses échanges sans danger pour sa survie[40].

Pourtant, cette protection est d'autant plus nécessaire pour les chefs d'entreprise allemands qu'ils considèrent que leurs branches industrielles sont fragilisées.

> L'économie mondiale n'est plus celle, idéale, d'avant la Première Guerre mondiale. La priorité est aujourd'hui partout donnée au plein emploi et à la protection de la production nationale. C'est pourquoi l'industrie allemande ne doit pas renoncer à toute protection contre la concurrence étrangère.[41]

Les membres du BDI craignent les revendications ouvrières plus virulentes, en cet automne 1956, sur les salaires et la réduction du temps hebdomadaire de travail de 48 à 45 heures. En termes de crédit, les grandes firmes allemandes travaillant à l'étranger se sont parfois faites banquiers elles-mêmes. Comme le taux du crédit en Allemagne a augmenté de façon très importante, cela pèse fortement dans leurs bilans.

---

[40] 26 February 1955, Examination of Negative Lists by the Chemical Products Committee, Steering Board of Trade, AHCE.

[41] *Jahresbericht des BDI*, 1957.

De plus, les branches industrielles allemandes sont particulièrement à la traîne vis-à-vis des États-Unis en termes de productivité[42].

La République fédérale confirme sa place parmi les grandes nations commerciales, au troisième rang derrière les États-Unis et la Grande-Bretagne. Néanmoins, les industriels mettent l'accent sur des signes inquiétants : les commandes venant de l'étranger baissent, les autres pays font de gros efforts pour exporter, le bloc soviétique devient un concurrent dangereux et la compétitivité allemande est rongée de l'intérieur (hausse des salaires, des prix des matières premières et du matériel). Dans ce contexte, les industriels s'opposent aux hommes politiques allemands qui cherchent toujours à ouvrir plus grandes les frontières[43].

Mais même si la position de certaines branches industrielles se fragilise, rien dans les résultats globaux de l'économie allemande ne vient justifier de telles frayeurs. Les exportations restent très fortes, aidées par la sous-évaluation du DM jusqu'en mars 1961. Si en 1954 et 1955, le taux de croissance des exportations est largement inférieur à celui des importations, la tendance s'inverse dès l'année 1956. À partir de cette date, les termes de l'échange ne cessent de s'améliorer pour la République fédérale.

En décembre 1957, le BDI fait le point de la libération allemande[44] :

Nombre de produits : 6 858
Dont commerce d'État : 197
- agriculture : 176
- industrie : 21

Total des produits sous commerce libre : 6 661
Sont pour le moment exclus de la libération :
Liste négative vis-à-vis de l'OECE : 375
Liste négative vis-à-vis des pays à convertibilité limitée : 791
Liste négative vis-à-vis de la zone dollar : 1 424

Le 1er janvier 1958, 762 positions supplémentaires sont libérées (565 pour le secteur industriel et 197 pour le secteur agricole), d'une valeur d'importation d'environ 1,3 milliard de DM, soit 5,6 % des importations totales de l'année 1956.

En janvier 1960, la libération allemande est étendue de 331 positions (243 pour le secteur industriel et 88 pour le secteur agricole), d'une

42 November 1957, *Mitteilungen des BDI*, Aussenhandel, BA, B102/56298.

43 « EWG erfordert grössere Krisenfestigkeit », in *Nachrichten für Aussenhandel*, 10. Mai 1958.

44 12. Dezember 1957, Zahlenmässige Übersicht über das deutsche Liberalisierungsprogramm, BA, B102/56298.

valeur d'importation de 600 millions de DM environ, soit 2,1 % des importations totales de l'année 1956.

Toutefois, les secteurs très fragiles restent protégés au-delà de 1960. La mise en place du Marché Commun n'y a rien changé. 537 positions, dont 165 pour le secteur industriel et 379 pour le secteur agricole, restent en dehors du processus de libération. Elles représentent une valeur de 5,2 milliards de DM (590 millions de DM pour le secteur industriel et 4,6 milliards de DM pour le secteur agricole), soit 18,4 % des importations totales de l'année 1956[45].

C. La République fédérale critiquée au sein du GATT

Le problème des restrictions résiduelles allemandes a été soulevé pour la première fois dans l'enceinte du GATT en juin 1957. L'excédent allemand auprès de l'Union européenne des paiements est considéré comme trop élevé pour maintenir des restrictions à l'importation, qui représentent 18 % des importations totales du pays. Il s'agit pour 11 % de produits touchés par les lois concernant la réglementation du marché (céréales, beurre, œufs, viande, sucre, etc.), pour 5 % de produits relevant de l'agriculture et de l'industrie alimentaire et pour 2 % de produits industriels, surtout textiles[46]. Pour tous ces produits, le gouvernement allemand juge nécessaire de maintenir les importations sous contrôle, en considérant les conditions particulières dans lesquelles s'effectuent leur production ou leurs échanges.

Or, à partir de mai 1959, le souci primordial du GATT est d'abolir les restrictions d'importation quand elles ne peuvent plus être justifiées par des difficultés de balance des paiements. La République fédérale a été la plus visée à ce titre. Le gouvernement de Bonn hésite beaucoup à renoncer à tout contingentement, non pas pour des raisons financières, qui ne se posent plus pour lui, mais pour des raisons de protection, spécialement dans le domaine agricole et celui du charbon. Il n'entend pas renoncer à l'organisation légale du marché des principaux produits agricoles. Dans le domaine industriel, les secteurs les plus protégés concernent le textile, l'industrie du jouet, certains produits chimiques et l'aluminium brut. Cette réglementation était déjà en place quand la République fédérale a rejoint le GATT. C'est la raison pour laquelle elle pense échapper aux exigences du traité sur la réduction des restrictions quantitatives à l'importation.

---

45 Von der Liberalisierung bleiben somit auch nach dem 1.1.1960 vorerst ausgeschlossen, BA, B102/56298.

46 « Die Liberalisierung der westdeutschen Aussenwirtschaft im europäischen und weltweiten Zusammenhang », in L. Herbst, *Vom Marshallplan zur EWG : die Eingliederung der Bundesrepublik Deutschland in die westliche Welt*, München, 1990, p. 156.

À la 12e session du GATT, l'Allemagne a fait savoir que, tout en diminuant les restrictions quantitatives motivées par l'état de la balance des paiements, elle les maintiendrait sur 20 % de ses importations. Ce faisant, elle se trouve en contradiction avec une interprétation stricte de l'article 12 qui n'autorise le maintien de restrictions quantitatives qu'en raison d'un déficit de la balance des paiements. Or, la situation de la balance des paiements allemande est florissante.

Mais lors des 13e et 14e sessions du GATT, ces limitations à l'importation ont été encore plus critiquées par les pays membres, surtout les pays d'outre-mer exportateurs de produits agricoles qui condamnaient à la fois l'existence des limitations et leur application discriminatoire. La situation commerciale de la République fédérale se compliquait encore du fait de l'existence, dans le secteur industriel, d'un nombre restreint de domaines de production auxquels elle accordait une protection particulière à l'égard des pays à l'extérieur de l'OECE. En fait, seul 2 % des importations globales allemandes dans le secteur industriel était sous contingents globaux, c'est-à-dire non discriminatoires, pour des marchandises menacées par des importations à bas prix ou celles dont le développement avait été gêné par les effets de la guerre, les démontages ou les interdictions de production. Les membres du GATT étaient compréhensifs pour les marchandises de la deuxième catégorie, mais le problème était bien plus sérieux pour celles de la première.

L'Allemagne s'insurge contre une telle obstination du GATT car elle estime que, non contente d'assurer la libération des échanges, elle a réalisé une réduction douanière bien supérieure à ses obligations. La plupart des autres pays refusent la clause de la nation la plus favorisée en utilisant l'article 35, ou protègent leurs importations par des moyens tarifaires ou administratifs pour empêcher des importations trop massives.

La République fédérale s'est réclamée des articles 12 et 25 de l'accord général. L'article 12 autorise des restrictions quantitatives en Europe lorsque la balance des paiements du pays est déficitaire. La République fédérale, n'étant plus dans ce cas, devrait demander une dérogation. Les services du gouvernement fédéral hésitent à présenter à Genève une telle demande car elle ne serait pas sans danger pour l'Allemagne. Seuls les États-Unis ont obtenu une dérogation permanente en matière agricole. En règle générale, les dérogations ne sont accordées que pour un temps limité. Une fois le délai expiré, l'agriculture allemande ne pourrait plus recourir au contingentement.

De plus, la dérogation serait assortie de l'obligation pour l'Allemagne de rendre globaux, c'est-à-dire non discriminatoires, les contingents maintenus. Or comment un contingentement non discriminatoire de la part de la République fédérale serait-il compatible avec le jeu normal ou prévisible de certains mécanismes de la CEE notamment dans le domaine agricole ? Ainsi, au cas où l'examen par le GATT des restrictions quantitatives allemandes se maintiendrait dans le seul cadre des articles 12 et 25, c'est bien le traité de Rome qui risquerait indirectement d'en être affecté. Les pays du Marché Commun ont bien compris ce risque et ont manifesté leur solidarité à l'égard de la République fédérale.

> La hâte insolite mise par certains États, parmi lesquels l'Australie, le Canada et les États-Unis à tenter d'obtenir une condamnation de l'Allemagne dès la 12e session des parties contractantes ne s'explique du reste que dans la perspective [de faire du tort au Marché Commun].[47]

Les Six, et spécialement la France, soutiennent donc l'Allemagne, non seulement à cause de la solidarité entre les membres de l'union douanière, mais aussi parce qu'ils craignent que la suppression du contingentement en Allemagne n'entraîne, par le jeu de la libre pratique, des importations massives sur leur propre territoire. En France, les industriels s'inquiètent pour les produits agricoles et textiles. Les industriels du textile, en particulier, ont attiré l'attention des pouvoirs publics sur le danger que représenterait pour eux l'entrée sans entraves de tissus de coton ou de matières synthétiques provenant du Japon ou de l'Inde. Les Français fondent leur défense sur l'article 24 du GATT qui prévoit pour les unions douanières un régime d'exception. Ce régime, selon l'interprétation donnée par les Six, autoriserait les membres d'une union douanière à s'évader du cadre de l'article 12 et à prendre des mesures de restrictions quantitatives par solidarité avec un autre membre de l'union alors même que leur balance des paiements n'est pas déficitaire.

La délégation allemande est arrivée à la session de mai 1959 avec un plan de compromis destiné à assurer à son pays, pour trois ans encore, le droit de maintenir des restrictions d'importation sur les marchandises qu'il entend protéger particulièrement, en contrepartie de la libération d'un grand nombre de produits agricoles. Un groupe de travail s'est constitué au sein duquel la délégation américaine a joué le rôle de conciliatrice. Finalement, l'Allemagne a dû consentir davantage de libérations qu'elle ne voulait le faire primitivement. Pourtant, les tiers se sont déclarés peu satisfaits du résultat obtenu. L'Angleterre et les États-Unis n'ont voté que par résignation. L'Australie et la Nouvelle-Zélande se sont abstenus et ont annoncé une vigilance extrême dans la surveillance de l'application de la dérogation arrachée par l'Allemagne. En effet, la délégation allemande devra faire un rapport sur les restrictions

---

[47] 14 janvier 1958, DAEF, Service de coopération économique à M. Hartlieb, ministre des Affaires étrangères de Bonn, MAE, DE-CE 669.

que son pays a été autorisé à maintenir et se prêter à des consultations avec les autres délégations.

Le gouvernement de Bonn a également, suite à la session de mai, engagé des négociations bilatérales avec certains des pays qui se plaignaient le plus de sa politique de contingentement. Les plus importantes sont les pourparlers germano-japonais menés à Tokyo. Le BDI y a envoyé le président de sa commission douanière, l'avocat Hartmann, comme représentant de l'économie au sein de la délégation allemande. Les délégués allemands pensent donc que, tant que l'effort japonais à l'exportation se concentrera sur la République fédérale et que les négociations, en cours depuis des années, sur le refus des autres pays à appliquer la clause de la sauvegarde de l'article 35 n'aboutiront pas, les produits considérés ne pourront pas être complètement libérés.

D. Le choix de la convertibilité des monnaies

Dès 1952, le Royaume-Uni a échafaudé des projets pour se débarrasser de l'Union européenne des paiements[48]. Il manifeste à nouveau sa volonté de rendre la livre convertible à partir de 1955. S'il y réussit, il sera immédiatement suivi par les Allemands, les Belges, les Suisses et les Hollandais. La question de la convertibilité se pose de façon de plus en plus pressante, un nombre croissant de pays y devenant favorable. Toutes les discussions du GATT de l'automne 1954 ont eu comme toile de fond des prises de position sur un éventuel retour à la convertibilité. Cette question est en train de mûrir en raison même de l'amélioration générale de la situation du commerce international, et en particulier des progrès réalisés au cours des deux dernières années par l'Europe occidentale.

Les Allemands considèrent depuis le début du processus de libération des échanges que la convertibilité monétaire représente le véritable enjeu pour élargir les marchés nationaux et créer un marché européen. Elle doit mettre fin à la mise à l'écart de la zone dollar dans les règlements commerciaux européens et permettre un accroissement des échanges en octroyant les moyens financiers de régler les importations.

En avril 1954, l'Allemagne a mis en place un système de comptes en DM à convertibilité limitée qui est un premier pas vers la convertibilité. C'est la reconnaissance du DM comme libre valeur monétaire internationale.

Le ministre de l'Économie, Ludwig Erhard, en poussant à la convertibilité des monnaies, travaille à une union douanière moins protection-

---

48 Lynch, F., « Restoring France : the Road to Integration », in A. Milward *et al.*, *The Frontier of National Sovereignty, History and Theory 1945-1992*, London, 1993.

niste. En effet, si les monnaies européennes sont convertibles par rapport au dollar, une fuite de capitaux se produira vers les États-Unis. La parité des monnaies européennes par rapport au dollar baissera, entraînant une baisse du niveau des prix des marchandises européennes. Les Européens et les Français en particulier, dont Ludwig Erhard craint les réflexes protectionnistes, ne seront plus amenés à demander une protection trop forte de l'union douanière car leurs prix seront devenus compétitifs.

Le BDI est entièrement favorable à la convertibilité des monnaies. Mais il pose certains préalables.

> Nous ne voulons pas une brusque introduction de l'échangeabilité des monnaies, mais nous pensons que c'est dans la voie de la convertibilité que l'économie européenne trouvera à coup sûr la santé.[49]

Il souhaite que tous les pays libèrent leur politique commerciale, qu'ils réalisent une étroite interdépendance de leurs capitaux et qu'ils arrêtent de résoudre leurs problèmes de déficit commercial en élevant des restrictions quantitatives[50].

Nombreux sont les industriels qui considèrent l'abandon du bilatéralisme comme précipité s'il n'est pas assorti d'obligations particulières de la part des autres États. Dans l'immédiat, ils voient dans cette mesure un danger pour leurs exportations de biens de consommation. Mais ils se défendent de l'accusation qu'ils ont encourue de vouloir conserver le bilatéralisme par crainte de ne pas pouvoir affronter avec succès la concurrence internationale. Pour l'industrie, une telle attaque est irrecevable.

III. Conclusion

En France, le consensus entre la plupart des administrations et des industriels autour du maintien du contingentement a duré jusqu'en 1959.

En République fédérale, la situation évolue à partir du milieu des années 50. Le BDI réalise qu'il a contribué à exposer les industries allemandes davantage que celles d'autres pays européens. Les volontés gouvernementales d'abaissement tarifaire leur semblent d'autant plus dangereuses qu'elles sont, pour les produits finis, au bénéfice des pays à bas prix et qu'elles ont lieu au moment où le GATT demande à la République fédérale la suppression de ses dernières restrictions quantitatives

---

[49] *Jahresbericht des BDI*, 1er juin 1951-30 avril 1952.

[50] 18. Mai 1955, « Das Wettrennen um Auslandsaufträge, Kritik des BDI an Aussenhandelsmethoden », in *Frankfurter Allgemeine Zeitung*.

à l'importation. Les organisations patronales multiplient alors leurs mises en garde contre un libéralisme excessif et unilatéral.

Par cette attitude les industriels allemands se sont rapprochés des Français. Tous deux se sont opposés à la politique commerciale de leurs pays, quand la volonté de réduction des tarifs douaniers s'est ajoutée à celle de l'élargissement des contingents d'importation.

Conclusion de la deuxième partie

Selon l'avis général, l'OECE a donné son maximum en termes de libération des échanges. Il est temps de lui substituer une autre structure. Pourtant, la libération est loin d'être accomplie. Un certain nombre de produits sensibles y échappe encore.

> La France est un pays traditionnellement protectionniste. Actuellement, nous avons des droits de douane élevés et parfois prohibitifs et des contingents que nous avons la plus grande difficulté à éliminer. Dans certains cas, droits de douane et contingents se combinent pour interdire l'accès du marché français aux produits étrangers. En fait, nos contingents ne sont pas uniquement justifiés, comme l'exigeraient les règles internationales, par des raisons de balance des paiements, mais par une volonté, justifiée ou non, de protection. Qui ne peut le moins peut-il le plus ?[1]

La tâche affectée au Marché Commun va alors consister à rendre effective la libération des échanges dans l'ensemble des secteurs, même si ce but semble difficile à atteindre pour la plupart des acteurs économiques en 1956.

Jusqu'en 1959, toute la politique industrielle française a visé à freiner les importations pour ne pas accentuer le déséquilibre de la balance des paiements. À cet égard, le maintien des contingents corrige la surévaluation du franc. En revanche, l'accent n'a pas été mis sur l'exportation ni sur la prospection des marchés étrangers. La persistance des moyens de protection contingentaire et douanière en France dans les années 50 est le résultat d'une conjonction des intérêts de la plupart des administrations et des industriels français. Pour le secteur de la construction automobile, par exemple, les administrations partageaient largement cette volonté de ne pas libérer le secteur. Les directions de tutelle du ministère de l'Industrie et du Commerce sont souvent plus protectionnistes que les industriels eux-mêmes. Le ministère des Affaires étrangères considère que la libération des échanges désorganise les échanges, et même le ministère des Finances s'inquiète, dans les années 1956-1957, des conséquences de la libération sur l'économie française. Les industriels, les constructeurs automobiles notamment,

---

1 21 avril 1956, DAEF, service de coopération économique, Note sur le Marché Commun, MAE, DE-CE 613.

n'ont donc pas eu à batailler pour maintenir une forte protection jusqu'au début des années 60.

Au-delà des péripéties de la politique commerciale française des années 50, les facteurs d'unité de ces années sont nombreux. Les problèmes de fond sont restés identiques. La clef du comportement français pendant cette période est, pour une grande part, la surévaluation du franc. Le refus de dévaluer, tenace en France, a condamné au protectionnisme. Quand, en 1958, la France réalise sa dévaluation, elle accepte le libre-échange.

La permanence des solutions proposées par les industriels tout au long des années 50 apparaît nettement. Ils accusent le gouvernement d'imposer aux entrepreneurs des charges beaucoup trop lourdes, de les pénaliser par le blocage des prix. Mais les propositions des industriels sont moins radicales que celles de la Banque de France, par exemple. L'idée peut naître selon laquelle les industriels se contentent d'une politique commerciale protectionniste tout au long des années 50. Mais les industriels ont-ils suscité cette politique ? La Banque de France répond par l'affirmative, arguant du fait que les industriels ne veulent pas de la dévaluation, qu'ils ne veulent pas limiter la consommation intérieure et qu'ils sont favorables à la taxe de compensation et à l'aide à l'exportation. Mais n'est-ce pas donner aux industriels une importance qu'ils n'ont pas dans la détermination de la politique commerciale de leur pays ?

Les points de concordance se sont-ils multipliés au cours de ces années entre les industriels français et allemands au détriment des sujets de friction ? Tout au plus, à cette époque, peut-on parler de la libération des échanges comme d'un plus petit commun dénominateur. Les Allemands la souhaitent ardemment pour avoir un meilleur accès aux marchés européens. Les Français l'acceptent comme une évolution inéluctable, dans l'espoir de retombées commerciales favorables.

Mais la situation évolue à partir du milieu de la décennie. Les organisations patronales allemandes se sont rendu compte qu'elles avaient contribué, par leur volonté d'ouverture du commerce extérieur, à exposer davantage leurs industries nationales que d'autres pays européens. Les mises en garde se multiplient alors, auprès des différents ministères responsables du commerce extérieur, contre un libéralisme excessif et, surtout, unilatéral.

Cette attitude des industriels allemands les a rapprochés des industriels français. Tous deux se sont opposés à la politique commerciale menée par leurs pays, en particulier celle d'une trop grande réduction des tarifs douaniers. En se rapprochant des positions françaises, défendues à la fois par les industriels français et par les délégations gouvernementales, les industriels allemands se séparent de leurs propres hommes politiques.

Partie III

L'attitude des industriels dans la petite Europe

Les implications du Marché Commun en termes de politique commerciale

Le Marché Commun représente une extension et un approfondissement des engagements de politique commerciale contractés par les pays membres au sein de l'OECE. Le traité de Rome prévoit une accélération de la libération des échanges (élargissement très rapide puis suppression des contingentements) et la réduction progressive des droits de douane sur les échanges mutuels, jusqu'à leur suppression totale au terme d'une période transitoire qui devait durer entre douze et quinze ans[1].

Au niveau des contingents, le traité de Rome prévoit, un an après l'entrée en vigueur du traité, le remplacement des contingents bilatéraux ouverts aux cinq partenaires par des contingents globaux. Il compte également sur l'augmentation des contingents globaux de manière à réaliser un accroissement d'au moins 20 % de leur valeur totale par rapport à 1958. Enfin, un régime particulier est prévu pour les « petits contingents » qui doivent être au moins égaux à 3 %, 4 % et 5 % de la production nationale respectivement un, deux et trois ans après l'entrée en vigueur du traité. Ce régime particulier concerne les tissus de coton, les fibres synthétiques et artificielles, les automobiles, les savons et bougies, les engrais et les produits chimiques divers.

De plus, le traité de Rome prévoit deux réductions tarifaires successives. La première envisage d'abaisser, le 1er janvier 1959, de 10 % les tarifs en vigueur au 1er janvier 1957. Pour la deuxième réduction tarifaire réalisée le 1er juillet 1960, les pays membres ont le droit de choisir leur mode d'abaissement tarifaire : soit une méthode linéaire qui a l'avantage de la facilité, soit une méthode sélective qui permet de protéger plus longtemps certains produits menacés en les libérant de 5 % puis de 15 % au lieu de deux fois 10 %.

Les fonctionnaires du Quai d'Orsay considèrent que si la réduction des droits de douane entre les États membres au 1er janvier 1959 ne pose pas de problème, « les dispositions du traité concernant l'élimination des restrictions quantitatives peuvent susciter certaines difficultés à l'issue de la première année de fonctionnement ». La France est, en effet, très en retard dans la libération de ses échanges. Au début de l'année 1958,

[1] Asselain, J.C., *Histoire économique de la France*, Paris, 1984.

la politique extérieure française prévoit le maintien des importations au niveau strictement indispensable et l'accroissement progressif des exportations en recourant à des emprunts extérieurs. Son objectif essentiel reste le retour à l'équilibre des paiements dans les délais les plus brefs. En ce qui concerne les importations, le programme établi a été respecté. Cela n'a pas été le cas pour les exportations en raison notamment du ralentissement économique mondial imputable aux répercussions de la récession américaine. Cette situation économique difficile explique les doutes de l'administration française sur les possibilités d'atteindre les objectifs fixés.

Les nouvelles libérations dans le cadre du Marché Commun représentent donc un véritable enjeu commercial. Il s'agit de libérer intégralement les échanges entre les Six sans maintenir de protection douanière.

Or, la libération des échanges dans le cadre de l'OECE a déjà posé, notamment pour les industriels français, un certain nombre de problèmes. Il est donc probable qu'ils rencontrent des difficultés accrues dans le cadre du Marché Commun. Mais, même si les contraintes de libération sont plus fortes, elles sont accompagnées d'une organisation des marchés et conduisent à établir en fait une sorte de préférence européenne.

La tâche de la délégation française est d'obtenir que le traité du Marché Commun oriente l'action des six gouvernements par priorité vers une réduction des droits de douane, la question des contingents étant considérée comme subsidiaire[2]. Cette résolution est d'autant plus difficile à tenir que les partenaires de la France tentent d'acquérir des positions privilégiées sur son marché demeuré jusque-là très protégé[3].

---

2 Note du 23 juin 1956, DAEF, MAE, DE-CE 613.

3 1er septembre 1959, note de M. Ulrich à M. Wormser, MAE, DE-CE 662.

CHAPITRE I

Marché Commun ou Zone de libre-échange ?

I. Les prémices du Marché Commun

A. Le rapport Spaak

Les travaux de la commission intergouvernementale de Bruxelles créée en exécution des résolutions de Messine ont, dès le début, confirmé la divergence de positions séparant le Benelux et l'Allemagne, d'une part, davantage attachés à la réalisation du Marché Commun qu'à celle des autres projets d'intégration envisagés, et la France, d'autre part, favorable à de nouvelles intégrations par secteurs[1].

Rédigé en juin 1956, le rapport Spaak servit de base aux négociations pour la rédaction des traités d'Euratom et de la CEE. Paul-Henri Spaak a précisé que les experts étaient tombés d'accord pour ne pas se limiter à construire une simple Zone de libre-échange mais pour créer un véritable Marché Commun basé sur l'union douanière entre les six pays, qui suppose la suppression progressive des droits de douane et des contingents.

Une première réduction de 10 % serait opérée sur tous les postes douaniers. Ensuite, et ceci constitue une innovation, le taux de réduction s'appliquerait non pas à chaque produit mais à des groupes de produits déterminés par les droits de douane eux-mêmes. Le rythme de réduction pourrait être de 10 % dans le délai d'un an, puis de nouveau deux fois 10 % à dix-huit mois d'intervalle, soit 30 % en quatre ans. La formule serait la même pour la deuxième période, soit 60 % après huit ans. Les 40 % restants devaient être supprimés au cours des quatre dernières années.

En ce qui concerne la fixation des droits de douane à l'égard des pays extérieurs à la communauté, le rapport propose l'établissement d'un tarif unique s'établissant au niveau de la moyenne arithmétique des droits des pays membres.

Dans le domaine des contingentements, Paul-Henri Spaak estime que la libération au sein de l'OECE a donné son maximum. Il considère

1 7 mai 1956, DAEF, Historique de la position française à la Conférence de Messine et à la Commission permanente de Bruxelles, MAE, DE-CE 613.

qu'il faudra effectuer, dans le cadre du Marché Commun, un effort supplémentaire et, au lieu de supprimer les contingents produit par produit comme cela a été fait jusqu'alors, convenir d'un élargissement annuel des contingents sur l'ensemble des produits, de telle sorte que ceux-ci puissent être supprimés avant l'achèvement de la période transitoire.

Le rapport Spaak traite également de l'harmonisation des charges qui pèsent sur la production et, plus généralement, de l'harmonisation des législations et des politiques.

B. Le rôle des organisations professionnelles

Les gouvernements ont souhaité associer étroitement les organisations professionnelles à la préparation du Marché Commun. C'est une nouveauté dans la préparation des négociations européennes. Maurice Faure[2], qui dirige la délégation française de Val-Duchesse, veille à demander l'avis des organisations professionnelles, des centrales patronales et des syndicats. Il en a tenu compte pour élaborer la position de la délégation française défendue devant les partenaires du Marché Commun. Les organisations professionnelles ont répondu en nombre à ce désir du gouvernement de Guy Mollet en s'impliquant dans la préparation du traité de Rome. Comme le texte du traité marque plutôt une orientation qu'il ne contient de règles strictes, il leur est possible de se concerter pour que soit tenu le plus grand compte des vues des industries. La préparation de ce traité ne s'est donc pas transformée en bataille entre le gouvernement et le monde professionnel, comme l'avait été celle du traité de Communauté européenne du charbon et de l'acier[3].

Cette concertation s'est même réalisée au niveau européen. Ainsi, les représentants des industries des six pays se sont réunis le 25 avril 1957 pour discuter du projet de Marché Commun. Après un exposé de chaque délégation sur la position de son industrie à l'égard du traité de Rome et sur les chances de ratification de ce traité, les représentants décident d'agir en commun.

Le rôle des organisations professionnelles dans cette négociation n'est pas de prendre position sur le fond même du Marché Commun, qui

---

2 Secrétaire général du parti radical, député du Lot, élu par l'Assemblée Nationale à l'assemblée du pool charbon-acier, il est sous-secrétaire d'État au Quai d'Orsay en juin 1956, secrétaire d'État en 1957. Ministre d'État dans le gouvernement de Guy Mollet en 1957, il prononce un discours pour la ratification du Traité sur le Marché Commun. Il est membre du Comité d'action pour les États-Unis d'Europe. Il a été nommé Chef de la délégation française aux négociations de Bruxelles.

3 22 janvier 1957, discours de Guy Mollet dans l'enceinte de l'Assemblée Nationale, MAE, DE-CE 627.

est une question essentiellement politique. Ainsi, elles n'ont pas à se demander si l'unification de l'Europe est souhaitable, mais peuvent seulement chercher à apprécier la valeur de l'opération du point de vue économique et à définir les conditions qui devraient être réunies pour que soient sauvegardés, dans le cadre de l'Europe, les intérêts de leur pays et, dans le cadre mondial, ceux des Européens[4].

Pourtant, toutes les organisations professionnelles ne semblent pas avoir été également associées aux travaux. Certaines, comme la Chambre syndicale des constructeurs automobiles, se plaignent de ne connaître le projet de traité que dans ses grandes lignes.

C. La position française

Le Comité économique interministériel, dirigé par Pierre-Alexandre Verret, qui a été président des Houillères du Nord-Pas-de-Calais puis des Charbonnages de France, est chargé de prendre position sur le rapport Spaak pour le mois d'avril 1957. Ce comité dit « du Marché Commun », dont les travaux débutent en mai 1956, assure la liaison entre la délégation française de Bruxelles et les départements ministériels. Il regroupe des représentants du Quai d'Orsay (André François-Poncet, Robert Marjolin, Olivier Wormser et François Valéry), du ministère des Affaires économiques et financières (M. Plescoff), du secrétariat d'État aux Affaires économiques, du secrétariat d'État à l'Industrie et au Commerce (Claude Beaurepaire et Messieurs Gros et Valabrègue), du ministère des Affaires sociales, du Secrétariat Général du comité interministériel (Messieurs Alby et Jacques Donnedieu de Vabres), ainsi que diverses personnalités, comme Étienne Hirsch, Commissaire Général au Plan et Gabriel Ardant, Commissaire Général à la Productivité[5].

Le 7 mai 1956, le CNPF adresse au Président du Conseil une lettre pour lui faire part de son étonnement de voir laissées dans l'ombre par le rapport Spaak la question de l'inclusion des territoires d'outre-mer et celle de l'abaissement des droits de douane[6]. Le 9 août 1956, la commission des relations internationales du CNPF rédige une note plus complète sur les réflexions que le rapport Spaak lui inspire[7]. Elle considère que les mécanismes du traité ne garantissent pas la concordance indispensable entre les mesures d'harmonisation des législations et des

---

4 15 janvier 1957, note sur le projet de Marché Commun européen, lettre de J. Chalopin, responsable de la Chambre syndicale des constructeurs d'automobiles, à J. Donnedieu de Vabres, Secrétaire Général du Comité interministériel, SGCI, F60/3114.

5 Note du 20 juillet 1956, MAE, DE-CE 613.

6 Girault, R., *Être historien des relations internationales*, Paris, 1998, p. 357.

7 Notes du CNPF des 9 et 10 août 1956, MAE, DE-CE 628.

politiques, et la réduction des protections. En attendant, elle insiste sur la nécessité absolue du maintien des taxes de transfert et de l'aide à l'exportation.

> Il est clair que les réductions des disparités dans les conditions de concurrence doivent accompagner ou, mieux, précéder les réductions des protections puisque ce sont ces disparités mêmes qui justifient et rendent nécessaires les protections. [...] L'évidente nécessité de cette liaison absolue entre l'harmonisation des charges et des législations et la réduction des protections exclut la possibilité de fixer de façon définitive, comme le suggère le rapport, toutes les étapes successives devant aboutir au Marché Commun intégral.

Le CNPF craint que la mise en place du rapport Spaak ne conduise les industries françaises à une réduction d'activité. Pour lui, il est clair que la France ne pourra pas atteindre les objectifs fixés. Mais, comme elle n'osera pas dénoncer ses engagements, elle perdra du prestige en adoptant des faux-semblants.

Dans une approche plus technique, il critique la méthode d'abaissement des droits de douane. S'effectuant non uniformément à l'intérieur de grandes catégories de produits, elle pénalise certains secteurs industriels en abolissant pratiquement leur protection douanière, afin de permettre à d'autres secteurs d'en conserver l'essentiel. À mots couverts, il indique sa volonté de ne pas sacrifier l'industrie pour conserver à l'agriculture une protection importante. Le CNPF souhaite donc réintroduire un minimum et un maximum pour le pourcentage d'abaissement de chaque produit.

À l'égard des pays tiers, le rapport du CNPF considère le tarif extérieur projeté comme insuffisant. Il souhaite qu'il soit fixé à un niveau supérieur à la moyenne arithmétique des différents tarifs des pays participants.

> Il existe une contradiction fondamentale entre l'établissement d'une forte économie européenne et la poursuite concomitante d'une politique de libre-échange vis-à-vis des pays extérieurs à la communauté. Celle-ci ne pourra acquérir un certain pouvoir de négociation qu'à la condition de s'être affermie à la faveur d'un certain protectionnisme initial.

Le CNPF voudrait ménager des échappatoires dans la suppression des contingentements en autorisant un pays en difficulté à suspendre temporairement la libération de ses échanges.

Il trouve que le rapport Spaak traite trop brièvement de la libération des échanges dans le domaine des services et des valeurs (libération monétaire) qui constitue un élément important du prix de revient des produits industriels.

Il s'oppose fondamentalement au contrôle des opérations de concentration que le rapport Spaak compte instituer. Il le juge contraire à l'objectif même du Marché Commun. À son avis, l'Europe doit favoriser au maximum le rassemblement d'unités de production individuellement trop petites pour utiliser les derniers développements de la technique.

Enfin, il ne souhaite pas la réalisation du fonds d'investissements. Ce placement dirigé des capitaux entraînerait nécessairement, de son point de vue, la création de nouvelles activités artificielles. Il demande que les industriels gardent une totale liberté en matière d'investissements.

Les observations du CNPF diffèrent donc sensiblement des conclusions du rapport Spaak. L'adhésion de ses membres au Marché Commun, tel qu'il est conçu ici, est loin d'être acquise.

Ses observations rejoignent, en revanche, les préoccupations du Comité Verret pour l'intégration des politiques économiques et monétaires, l'harmonisation des charges sociales et l'inclusion de l'outre-mer dans le Marché Commun. Mais elles s'en écartent pour le fonds d'investissement et la politique à mener vis-à-vis des pays tiers.

Le ministère français des Finances considère la méthode d'abaissement tarifaire du rapport Spaak comme « irrationnelle » car elle ne tient aucun compte de la structure ni de la cohésion des tarifs. Les secteurs constitués regroupent des produits de nature très différente, ce qui conduit à un découpage inégal. Toutefois, ce système peut être avantageux pour la France dans la mesure où il n'oblige pas à réduire tous les droits, et peut donc permettre de conserver des bastions de protectionnisme sur certains produits sensibles[8].

Le Comité Verret s'est penché, en octobre 1956, sur l'aspect tarifaire avec le souci de ménager un peu de souplesse pour ces produits. Un groupe, travaillant sous la direction de Bernard Clappier, a proposé un système comportant une réduction de 10 % l'an, 5 % s'appliquant automatiquement à tous les droits et 5 % devant être réalisés en moyenne sur l'ensemble des produits[9].

Selon la thèse française sur le tarif extérieur commun, le tarif établi pour servir de base à des négociations dans le cadre du GATT devrait avoir une incidence égale à celle des tarifs nationaux des six partenaires du Marché Commun avant la constitution de l'union. Au contraire, les Allemands souhaitent que les droits de douane obtenus en appliquant la

---

[8] 2 octobre 1956, Abaissement progressif des tarifs, SAEF, B 51793.

[9] 6 octobre 1956, Désarmement douanier, Comité Verret, SGCI, F60/3112.

thèse du rapport Spaak soient en outre réduits de 50 %. Mais, dans les grandes lignes, c'est la thèse française qui a prévalu[10].

Le Comité Verret a trouvé que les modalités d'élargissement progressif des contingents proposées dans le rapport Spaak (hausse uniforme de 20 % par an) conduisaient à une augmentation trop lente pour les contingents initialement très faibles. Claude Beaurepaire a étudié un mécanisme qui pallie cet inconvénient en prévoyant des augmentations annuelles plus fortes : il faut qu'en douze ans un contingent égal à 3 % de la production nationale passe à 30 %, ce qui est considéré comme une libération effective.

Le rapport du Comité Verret est d'abord examiné par la conférence des ministres. Sur la base de cet échange de vues, chaque gouvernement procède ensuite à des consultations avec les milieux économiques nationaux intéressés. Le Quai d'Orsay a craint alors que, du fait du libéralisme des cinq partenaires de la France, le niveau de préférence ne satisfasse pas les milieux économiques français. C'est en effet à cette occasion que le comité a reçu les plaintes et les avis des différents groupements de professionnels. Le groupe automobile, en particulier, regrette que la semaine de travail n'ait que quarante heures et en demande la standardisation en Europe autour de quarante-huit heures. Mais, dans l'ensemble, le CNPF se félicite de ce que « le document du gouvernement français [exposant d'une façon très claire les conditions qu'il mettait à l'institution du Marché Commun] s'inspire très largement de ses vues »[11].

Des fonctionnaires du ministère des Affaires étrangères se félicitent à leur tour de cette concordance d'intérêts avec le patronat français.

> Nombre des observations qui se trouvent formulées dans les deux études établies par le CNPF sur le projet de Marché Commun européen rejoignent nos préoccupations. Il en est ainsi, par exemple, des commentaires présentés en ce qui concerne l'uniformisation progressive des législations européennes dans les domaines monétaire, financier, social, fiscal, économique, le droit des gouvernements membres d'apporter sans délai des remèdes d'urgence à des situations particulièrement graves, l'opportunité de faire preuve d'une grande prudence en matière d'unification du tarif extérieur et la réalisation concomitante de l'harmonisation sociale et de l'élimination des obstacles aux échanges. Ce dernier point constitue d'ailleurs l'un des éléments essentiels de la position défendue à Bruxelles par la délégation française. Il est une preuve sans doute déterminante de la nécessité pour l'établissement d'un marché commun véritable d'une certaine convergence des politiques

[10] TEC, Cinq thèses en présence, SAEF, B 51793.

[11] 29 octobre 1956, Rapport de la Commission des relations économiques internationales, Archives du CNPF.

nationales, sur laquelle les études du CNPF mettent à juste titre l'accent et qui doit permettre d'éviter que soit superposée aux réglementations nationales existantes une réglementation internationale ... sans unité des législations européennes.[12]

La France a déposé un mémorandum pour la poursuite des négociations demandant notamment une clause de sauvegarde générale en cas de déficit de la balance des paiements. Mais les dispositions auxquelles elle attachait le plus de prix n'ont pas été retenues dans le rapport définitif.

D. La position allemande

En octobre 1955, le BDI passe trois semaines à examiner les différents points abordés lors de la Conférence de Messine. Si le Secrétaire Général, Wilhelm Beutler, se félicite du travail effectué à Bruxelles, ce n'est pas l'avis des membres de la commission du commerce extérieur du BDI. Ceux-ci craignent que des pays, dont le commerce avec l'Allemagne est important et qui ne vont pas adhérer au Marché Commun, se lient commercialement avec d'autres pays. Surtout, ils ne voient pas comment une politique étrangère commune sera possible du fait des intérêts très divergents des pays membres[13].

Ce désaccord reflète les deux tendances qui s'affrontent au sein du BDI. La commission du commerce extérieur conserve la ligne de conduite adoptée depuis le début de la construction européenne et ne voit pas les raisons de choisir l'union douanière qui contredit les intérêts commerciaux de branches industrielles importantes. À ce point de vue s'opposent les dirigeants du BDI qui désirent désormais suivre la volonté d'intégration européenne du Chancelier Adenauer afin de ne pas faire le jeu de l'opposition sociale-démocrate et de réaliser une Europe unie qui puisse compter comme « troisième force » mondiale[14].

Quand les moyens d'atteindre l'intégration européenne se dessinent, les industriels allemands s'opposent à de nouvelles intégrations partielles à l'image de la Communauté européenne du charbon et de l'acier qui conduisent, selon eux, à un trop grand dirigisme[15]. Mais ils considèrent l'unité européenne comme désirable. En février 1956, le BDI se prononce pour la première fois en faveur du Marché Commun. Deux mois

[12] 30 octobre 1956, DAEF, MAE, DE-CE 628.

[13] 3. November 1955, Vermerk für Herr Ministerialrat Dr. Schmitt, Beschlüsse von Messina, Stellungnahme des BDI, BA, B102/6236.

[14] Rhenisch, T., *Die deutsche Industrie und die Gründung der EWG*, Ph.D., Institut universitaire européen, 1994, p. 123.

[15] 13. Oktober 1956, « Chemie bejaht gemeinsamen Markt », in *Die Welt*.

plus tard, Wilhelm Beutler prend fermement position en faveur de l'intégration européenne, et du Marché Commun en particulier.

> L'industrie allemande supporte maints inconvénients de la Communauté européenne du charbon et de l'acier. Les règles de la haute autorité l'empêchent de faire la politique des prix qu'elle voudrait. Elle consent à ces sacrifices mais voudrait qu'ils ne soient pas vains et que la France se décide à accepter le Marché Commun. [...] Les industriels [allemands] n'ont pas toujours été aussi ardents partisans de l'intégration européenne. S'ils le sont aujourd'hui c'est que, sentant le plein emploi approcher, la concurrence se faire de plus en plus vive à l'exportation, ils voient dans le marché commun l'espace indispensable qui permettra de réaliser d'importantes rationalisations et offrira des débouchés à leurs produits. Le marché commun européen est pour eux le moyen de maintenir l'expansion qui a atteint un tel rythme qu'on se demande comment la soutenir.[16]

Mais les Allemands craignent que les aspirations des Français au sein du Marché Commun soient très différentes des leurs. Il les soupçonnent en particulier d'être surtout intéressés par l'intégration de l'agriculture et de vouloir maintenir leur industrie à l'écart du Marché Commun[17]. De plus, ils regrettent que le traité de Rome ne contienne pas de dispositions obligeant les signataires à harmoniser leurs politiques monétaires avant la fin de la période transitoire. Ils estiment que les gouvernements peuvent facilement, par des manipulations en ce domaine, fausser les conditions générales de concurrence.

II. Les conceptions divergentes entre industriels allemands et français sur le contenu du Marché Commun

A. La question des territoires d'outre-mer

Après réflexion, les services français décident d'inclure les territoires d'outre-mer dans le Marché Commun. Ils commencent à envisager de transférer leurs charges coloniales aux structures européennes.

> Peut-on s'engager dans un Marché Commun sans envisager une certaine péréquation de ces charges ? Cette dernière n'implique-t-elle pas que la France

[16] 3 mai 1956, Propos de Wilhelm Beutler rapportés par Louis Joxe, Ambassadeur de France en RFA à Christian Pineau, ministre des Affaires étrangères, MAE, DE-CE 629.

[17] 19. August 1955, Referat IV A2 an IV/a, Brüsseler Konferenz über die Erweiterung der Europäischen Integration, BA, B102/1694.

« passe la main » à l'Europe en ce qui concerne l'exercice de sa gestion ou de son influence dans les territoires d'outre-mer ?[18]

Ils ne peuvent alors envisager le Marché Commun que dans une « perspective eurafricaine », selon l'expression de l'époque. Le Quai d'Orsay défend l'idée selon laquelle l'association des territoires d'outre-mer au Marché Commun est une bonne affaire tant pour ces territoires, que pour la métropole et les partenaires de la France.

De leur côté, les industriels français n'opposent plus, comme deux projets qui s'excluent, l'existence de la zone franc et leur propre adhésion au Marché Commun. Ce n'est donc pas parce qu'ils se tournent vers ce dernier qu'ils se détournent de l'Empire, considéré comme « un vaste marché de 150 millions de consommateurs, largement aussi intéressant que le Marché Commun »[19].

Ils ont résolu le problème en demandant l'introduction en bloc de la zone franc dans le Marché Commun. Le Comité d'étude et de liaison du patronat de l'Union française y a seulement mis quelques conditions dont le gouvernement a tenu compte. La déclaration de Bruxelles de décembre 1956 reconnaît notamment l'impossibilité de faire adhérer les territoires d'outre-mer aux mêmes conditions que les métropoles et admet que les pays d'outre-mer bénéficient de la protection douanière unique qui doit protéger les pays membres de la concurrence étrangère.

Les territoires d'outre-mer ont la possibilité de s'approvisionner dans l'ensemble de la communauté et peuvent donc le faire à meilleur prix. Le CNPF craint seulement que les taux applicables à l'importation de produits tropicaux d'origine étrangère soient inférieurs à ceux retenus par la France. Les exportations d'outre-mer risqueraient alors de perdre le débouché métropolitain sans pour autant bénéficier des nouvelles possibilités offertes par les pays membres.

À titre exceptionnel, le traité de Rome leur permet de protéger le développement de leurs industries naissantes par des droits de douane. Certains ont prétendu que cette protection serait trop faible pour être efficace. Or, d'après le Quai d'Orsay, cette préférence compense largement l'écart entre les prix des produits coloniaux et mondiaux, d'autant que vient s'y ajouter la marge de 15 % des taxes à l'exportation.

Aux yeux des industriels français, l'entrée des territoires d'outre-mer dans le Marché Commun représente un cadeau pour leurs partenaires. Cela alimente leur stratégie vis-à-vis de la Zone de libre-échange. Il leur

---

[18] 21 avril 1956, Service de coopération économique, Note sur le Marché Commun, MAE, DE-CE 613.

[19] Juin 1958, « Confiance et sacrifice pour un renouveau », Archives du CNPF.

semble inimaginable que leurs partenaires puissent préférer cette dernière si la France refuse d'y participer, car « le marché de la zone franc est trop tentant pour qu'ils s'organisent entre eux sans la France »[20].

Ce faisant, le CNPF surestime l'attrait de la zone franc pour leurs partenaires. Le Quai d'Orsay précise que les partenaires de la France au sein du Marché Commun ne demandaient pas l'association des territoires d'outre-mer. Ils n'ont fini par accéder à la demande de la France que parce que celle-ci en faisait une condition *sine qua non* de son entrée dans le Marché Commun.

Par la suite, les industriels français critiquent la loi-cadre des territoires d'outre-mer qui n'a pas resserré les liens économiques entre les territoires d'outre-mer et la métropole. Bien que l'essentiel des charges reste supporté par la France, les territoires plus ou moins autonomes sont libres de s'adresser aux autres fournisseurs, pendant que les industriels français continuent d'acheter leurs produits à des prix « préférentiels »[21].

Les débats qui se sont déroulés à Bruxelles entre les ministres des Affaires étrangères au sujet de l'association des territoires d'outre-mer ont révélé l'importance de l'écart existant entre les positions françaises et étrangères. Les Français posent le financement collectif des investissements publics outre-mer, voire le remboursement d'une partie des dépenses d'infrastructure réalisées avant l'ouverture du Marché Commun, comme base à l'ouverture réciproque des marchés[22].

Les délégations étrangères traduisent au contraire le souci de ne pas contracter de responsabilités coloniales (Allemagne), le désir de ne pas assumer de charges financières notables (Italie, Hollande) ou une conception économique condamnant le principe de l'intervention de l'État dans le domaine économique[23].

Les industriels allemands voient dans le Marché Commun la possibilité d'étendre leurs exportations avec les partenaires européens et les territoires d'outre-mer[24], mais ils craignent surtout que la création d'une zone préférentielle avec l'Afrique n'affaiblisse les fortes positions alle-

20 18 décembre 1956, Note du CELPUF sur l'inclusion de l'outre-mer français dans le Marché Commun, Archives du CNPF.

21 7 janvier 1958, Adaptation de l'économie française au Marché Commun, FIMTM, SGCI, 910004/2.

22 Claude Beaurepaire, ministre de l'Industrie et du Commerce, « Les TOM et le Marché Commun », SGCI, F60/3112.

23 13 février 1957, « Association des pays d'outre-mer au marché commun européen », Note de la DREE, service de politique commerciale pour le ministre, Archives Ramadier.

24 *Jahresbericht des BDI*, 1er mai 1955-30 avril 1956.

mandes en Amérique latine[25]. Or, jusqu'en 1960 leurs exportations dans les territoires français d'outre-mer sont entravées par des contingents et le contrôle des changes, la libération des échanges n'étant pas encore appliquée dans ces territoires[26].

Le patronat allemand voudrait voir observer deux principes. D'abord, les pays européens devraient renoncer résolument aux méthodes d'un « colonialisme dépassé » et traiter d'égal à égal avec les territoires d'outre-mer. Dans cette perspective, ces derniers devraient casser les liens traditionnels qui les relient à leurs métropoles. Dès que leur adhésion effective au Marché Commun est assurée, la République fédérale s'engage à assurer leur développement économique, culturel et social, afin de ne pas les voir rejoindre le bloc communiste[27]. Le patronat allemand insiste dans le même temps sur la nécessité de ne participer qu'au financement de projets rentables.

Lors des négociations, les divergences entre les positions française et allemande étaient telles qu'il a paru préférable de ne fixer dans le traité que les objectifs à atteindre et de reporter à des conventions particulières portant sur des périodes de quatre à cinq ans le soin de fixer les buts précis de chaque étape. De la sorte, les engagements souscrits par les partenaires étrangers étaient limités[28].

Une première convention conclue pour cinq ans précise les conditions d'application de ces principes et fixe la répartition des États à un important effort d'investissements. Elle établit les modalités selon lesquelles seront progressivement ouverts aux échanges réciproques les marchés des États membres et des territoires d'outre-mer. Ces contingents seront doublés en cinq ans. Le tarif extérieur sera progressivement unifié de façon à aboutir, au terme des trois étapes prévues par le traité, à un tarif commun.

Les Allemands proposent qu'une somme de cent millions de dollars soit attribuée par les Six aux territoires d'outre-mer français, belges et néerlandais pendant dix à quinze ans. Après l'opposition de l'Italie, le plan est revu. Des allocations seront versées pendant cinq ans sans contreparties commerciales. Christian Pineau, le ministre français des Affaires étrangères, juge alors cette proposition inacceptable car les

[25] Rhenisch, T., *Die deutsche Industrie und die Gründung der EWG*, Ph.D., Institut universitaire européen, 1994, p. 166.

[26] 10 mai 1960, Critiques allemandes contre le protectionnisme français en Afrique, MAE, DE/AB.

[27] Die Bundesrepublik Deutschland und der Gemeinsame Markt, HAAA, Reg 401/294/88/175.

[28] Mémorandum sur la participation au Marché Commun des pays et territoires non européens de la zone franc, SGCI, 910004/1.

territoires français seraient subventionnés par la République fédérale. Un compromis est atteint. Les Six investiront 581 millions de dollars pendant quinze ans, la France, la République fédérale y contribuant pour 200 chacune. La France se voit attribuer des contrats à long terme pour les produits agricoles, jusqu'à ce que la politique agricole commune soit effective. Les territoires d'outre-mer ne bénéficient pas de cette clause car ils disposent de tarifs préférentiels. En échange, les concessions tarifaires qu'ils octroieraient aux exportations en provenance des cinq autres pays du Marché Commun à la fin des cinq ans ne seraient pas égales à celles de la France mais à la différence entre les tarifs français et ceux appliqués précédemment aux cinq autres partenaires[29].

Selon la direction des Relations économiques extérieures, cette convention n'avantage pas la France, au moins au cours de la première étape. En effet, les disparités de prix, l'intérêt évident que les autorités locales et le commerce des territoires d'outre-mer attachent à l'élargissement assurent aux produits étrangers l'accès au marché des territoires d'outre-mer. Il est, en revanche, improbable que les produits d'outre-mer se placent mieux en Europe faute d'une préférence suffisante ou d'une réglementation des États permettant d'orienter leurs importations. La direction des Relations économiques extérieures regrette de ne pas avoir préféré un régime d'intégration pure et simple des territoires d'outre-mer dans l'union douanière et organisé une protection vis-à-vis des pays tiers. Selon elle, les principaux mérites que le gouvernement français s'était plu à reconnaître à la formule initiale ont peu à peu perdu leur réalité au cours des négociations. Les règles qui ont été retenues en matière d'échanges commerciaux conduisent pratiquement à appliquer outre-mer le dispositif de l'union douanière européenne sans que l'on ait le privilège de s'en prévaloir vis-à-vis des pays tiers.

De plus, des doutes subsistent sur les chances de faire accepter l'effort de financement. L'Italie est considérée comme incapable d'y prendre une part importante. De son côté, la Hollande, au dire de Paul-Henri Spaak, mériterait d'être épargnée. Or, il est sûr que les Allemands, qui éprouvent déjà de réelles difficultés pour faire accepter par leur opinion publique l'idée même d'un concours financier, seraient vigoureusement hostiles à une formule qui leur en laisserait la charge quasiment intégrale.

---

[29] Lynch, F., « Restoring France : the Road to Integration », in A. Milward, *The Frontier of National Sovereignty, History and Theory 1945-1992*, London, 1993, pp. 84-85.

B. L'harmonisation de la législation sociale

Toutes les fédérations membres du CNPF, invitées en 1956 à discuter du Marché Commun, ont insisté sur le fait que, plutôt que d'une concomitance entre les mesures de réduction de la protection et l'harmonisation des charges, il faudrait parler du double calendrier des réductions des protections douanières et des mesures qui les justifieraient[30]. Cette préoccupation est également celle de la délégation française à Bruxelles.

> La France ne prendra d'engagement relatif à l'abaissement des droits de douane ou à l'élargissement des contingents que si les cinq autres gouvernements s'engagent à prendre les mesures nécessaires à l'harmonisation des conditions de production. Elle ne s'écartera pas de cette position et s'efforcera d'étouffer toute manœuvre qui tendrait à faire croire que nous posons en cette matière des « préalables » ou qui viserait, comme le fait le rapport Spaak, à laisser dans le vague soit le moment, soit le caractère obligatoire de l'harmonisation. Les dispositions du traité concernant les droits de douane et les contingents et celles visant l'harmonisation doivent être des engagements de même nature en ce qui concerne leur précision, leur caractère obligatoire et le calendrier de leur application.[31]

Cela semble d'autant plus important qu'à la même époque s'accrédite l'idée, dans les milieux les plus divers, selon laquelle les éléments des prix de revient français supportent des charges équivalentes à celles des autres pays concurrents[32]. En Allemagne, la couverture sociale se développe en effet, avec une loi sur les retraites et une forte augmentation des salaires dans le courant de l'année 1955. Cela enlève beaucoup de poids aux enquêtes françaises de 1954 qui montraient l'importance des charges sociales en France par rapport aux autres pays européens. Selon une étude de statisticiens français à laquelle l'Association des cadres dirigeants de l'industrie a donné quelque écho, le gain horaire de l'ouvrier moyen français était nettement supérieur à celui de l'ouvrier hollandais ou italien, un peu supérieur à celui de l'ouvrier allemand, un peu inférieur à celui de l'ouvrier belge et notablement inférieur à celui des ouvriers britanniques et suisses. À la même époque, les charges annexes au salaire étaient plus élevées en France que dans les autres pays, sauf en Italie. En ce qui concerne, enfin, le coût moyen de l'heure de travail d'ouvriers de l'industrie, il était plus élevé en France (sauf en comparaison de la Suisse). Mais les

30 18 juin 1956, Rapport sur le Marché Commun, Archives du CNPF.

31 Juillet 1956, Projet de directives pour la délégation française à la Conférence de Bruxelles, SGCI, F60/3112.

32 Juillet 1956, « La fin du prétexte des charges sociales élevées », in *Bulletin d'information économique et financière*.

écarts entre la France, la Belgique, l'Allemagne et la Grande-Bretagne restaient assez faibles[33].

Les Français multiplient donc les travaux établissant les écarts de coût de main d'œuvre et de prix de vente. Mais les différentes études, menées dans le cadre de la Communauté européenne du charbon et de l'acier, de l'INSEE ou encore du ministère de l'Industrie et du Commerce, ont conduit à des résultats divergents. Du coup, la politique française reste indécise ne sachant pas pour quelle ligne de conduite opter afin d'adapter son effort de reconstruction nationale au système économique international en train de se constituer[34].

Le ministère des Finances, dans une enquête demandée par le cabinet Pfimlin, considère que le handicap français en termes de charges sociales n'est « fondé que pour les heures supplémentaires et le taux des salaires féminins ». Il conteste les chiffres proposés par la Chambre syndicale des constructeurs d'automobiles selon lesquels le montant global du salaire horaire et des charges correspondantes est de 310 francs en France contre 280 en Allemagne, 270 en Grande-Bretagne et de 200 à 250 en Italie.

Le conseiller commercial du ministère des Finances en Allemagne communique des chiffres sur le détail des charges allemandes. Il estime à 21,6 % du salaire les charges sociales obligatoires. Il a, d'autre part, cherché à préciser le taux des charges « volontaires » qui ont en grande partie perdu leur caractère facultatif depuis que nombre d'entre elles ont été intégrées dans les règlements d'entreprises, devenant ainsi des charges contractuelles. Il a pu ainsi déterminer que les prestations sociales « volontaires » représentent 170 % des charges sociales légales chez Opel, 105 % chez Daimler-Benz, 123 % chez Ford et 205 % chez Hanomag. Le taux moyen de ces prestations pour les quatre firmes serait ainsi, par rapport aux charges sociales légales, de 150 % et le taux global des charges sociales, légales ou volontaires, de 52,5 % du salaire.

Ainsi, le montant global des salaires et des charges sociales en Allemagne est, dans l'industrie automobile, du même ordre qu'en France[35].

En fait, même au sein du patronat français, les avis sont partagés sur les disparités des charges sociales en Europe. Même si les membres des groupes de travail du CNPF insistent sur le décalage entre les charges françaises et celles des autres pays, il se trouve toujours un membre du

---

33 Mérand, J., « Comparaison des salaires français et étrangers », in *Bulletin de l'ACADI* n°81, juin-juillet 1954, p. 209.

34 Lynch, F., « Restoring France : the Road to Integration », in A. Milward, *The Frontier of National Sovereignty, History and Theory 1945-1992*, London, 1993, p. 82.

35 SAEF, 1A396.

groupe pour rappeler qu'il diffère selon les secteurs industriels et les régions considérés[36]. De plus, cet écart aurait tendance à se réduire : l'économie allemande dans son ensemble se trouve même plus lourdement chargée que l'économie française tant en ce qui concerne le rapport entre les dépenses sociales et le produit national, qu'en ce qui concerne le montant de ces dépenses dans la plupart des entreprises[37].

Les partenaires du Marché Commun ne souhaitent pas enquêter sur les disparités sociales en Europe. Quand Olivier Wormser a voulu faire adopter le principe d'une enquête sur les salaires féminins et masculins, les heures supplémentaires et la durée des congés payés, les délégations italienne, luxembourgeoise et belge n'ont pas fait opposition tout en marquant un certain scepticisme, mais les délégations allemande et hollandaise s'y sont opposées de la façon la plus formelle. Pour les Hollandais, l'enquête qu'elle exigerait est impossible. Pour les Allemands, qui ont laissé entendre qu'ils possédaient des renseignements statistiques nouveaux, elle ne permettrait d'aboutir à aucun résultat satisfaisant puisqu'il serait erroné de distinguer ces trois facteurs[38].

Les négociateurs allemands pour le Marché Commun sont hostiles à toute harmonisation de la législation sociale car cela augmenterait le coût du travail et détériorerait la situation concurrentielle de l'industrie de leur pays. Ces idées sont largement inspirées de celles de l'industrie allemande[39].

Mais, pour des raisons politiques, le Chancelier Adenauer passe outre ces arguments en novembre 1956 lors des discussions secrètes qu'il entretient avec Guy Mollet. Le patronat français a donc eu quelques compensations sur ce point dans le traité de Marché Commun. Dans le protocole concernant la France, il est indiqué que les partenaires doivent aligner, durant la première étape, leur système de rémunération des heures supplémentaires sur le système français, jugé plus avantageux pour les salariés. S'ils ne le font pas, la France peut prendre des mesures à leur encontre. En fait, le Général de Gaulle a déclaré ne pas vouloir se servir de cette arme, le ministère des Affaires étrangères ayant insisté sur l'effet psychologique favorable qu'aurait cette attitude dans les autres pays de la Communauté. En effet, le Chancelier Adenauer lui sait gré de cette prise de position qui contribue à « secouer un peu dans

---

36 2 octobre 1958, Réunion du groupe d'études générales, Archives du CNPF.

37 6 juillet 1959, Intervention de Fritz Hellwig au Centre d'études de politique étrangère, MAE, DE-CE 630.

38 20 juillet 1956, Comité Verret, SGCI, F60/3112.

39 Rhenisch, T., *Die deutsche Industrie und die Gründung der EWG*, Ph.D., Institut universitaire européen, 1994.

chaque pays les industriels et les économies elles-mêmes et amener les producteurs à la réflexion »[40].

C. Le tarif extérieur commun

Les critiques adressées par les Belges, les Allemands et les Hollandais aux dispositions relatives à la détermination du tarif extérieur commun sont sévères et vives. Ils le trouvent trop élevé et de nature, d'une part, à freiner les échanges avec les pays non membres, d'autre part à constituer un facteur d'augmentation des prix de revient. Les négociateurs allemands auraient souhaité que les droits de douane obtenus en appliquant la thèse du rapport Spaak soient, en outre, réduits de 50 %.

En revanche, le Comité français de révision douanière, chargé sous l'égide de la direction des Relations économiques extérieures de procéder aux études préalables à l'établissement du tarif extérieur commun, le CNPF, ainsi que les industriels de la chimie, craignent que le tarif extérieur commun n'aboutisse à une réduction de la protection tarifaire. Il est, en effet, inférieur en règle générale au tarif national français. Le taux moyen des droits français sur les produits industriels, qui était de l'ordre de 18 % au 1er janvier 1957 ne s'élève plus qu'à 14 % en 1965, le taux moyen du tarif extérieur commun étant égal à 12,5 %.

> Actuellement, certaines industries très importantes n'existent que dans un ou deux des six pays, dans les autres, les produits qui en relèvent ne sont donc soumis qu'à des droits d'entrée très minimes ou inexistants : la moyenne arithmétique réduirait alors la protection au point de condamner à mort ces industries mettant ainsi sans aucune contrepartie et sans raison valable la communauté dans une position d'infériorité manifeste à l'égard des pays étrangers au Marché Commun.[41]

L'industrie chimique française, en particulier, redoute que l'abaissement précédant la suppression de toute protection douanière à l'intérieur de la communauté n'entraîne un véritable raz-de-marée d'importations en provenance de République fédérale. Ce dernier viendrait s'ajouter à la pression accrue en provenance des pays tiers, États-Unis et Grande-Bretagne notamment, à la faveur de la mise en place du tarif extérieur commun. L'industrie estime qu'un tarif élevé fournirait, au contraire, une arme non négligeable dans les relations avec certains pays tiers à l'occasion des négociations commerciales à venir.

Ces positions étant franchement antinomiques, les partenaires du Marché Commun redoutent que la France ne s'oppose à tout abaisse-

---

[40] Août-décembre 1958, Zone de libre-échange, Position française, MAE, DE-CE 754.

[41] *Bulletin du CNPF*, août 1956.

ment du tarif extérieur commun résultant du traité de Rome, même s'il est négocié et s'il comporte des contreparties, et si elle se montre intraitable dans la négociation de la liste G. En effet, les Six doivent essayer de trouver un compromis à l'occasion de ces négociations concernant soixante-dix positions tarifaires pour lesquelles les droits du tarif douanier commun ne sont pas fixés selon la règle générale de la moyenne arithmétique mais doivent faire l'objet d'une négociation entre les États membres.

D. La question monétaire

Les différents acteurs économiques français et étrangers s'accordent à penser que les difficultés de politique commerciale française sont liées à la surévaluation du franc. Mais ils divergent en ce sens que certains estiment qu'une modification du taux de change suffirait à rétablir la situation, tandis que d'autres considèrent que cette mesure ne serait pas suffisante en elle-même. Ainsi, les négociateurs allemands du traité de Rome pensent que les difficultés françaises sont monétaires et qu'elles devraient être résolues par une modification du taux de change. En revanche, le ministère des Affaires étrangères juge, en juillet 1957, que l'état de la balance des paiements de la France ne rend pas vraisemblable un retour prochain à la libération des échanges, même si le franc est dévalué.

> [Si le franc était dévalué], nous serions très probablement obligés de supprimer la taxe de compensation de 15 % applicable à un grand nombre de produits importés et, comme la dévaluation serait elle-même de l'ordre de 15 %, la libération serait, sur le plan des importations, une opération blanche. Le coup de fouet initial donné à nos ventes à l'étranger par la dévaluation ne serait probablement pas de très longue durée. Au reste, le problème pour la France consiste plutôt dans les mois à venir à diminuer ses importations qu'à accroître ses exportations.
>
> Si l'on part de l'hypothèse selon laquelle il n'y aura pas de dévaluation, le problème consiste au cours des dix-huit prochains mois tout d'abord à annuler le déficit de la balance courante des paiements puis à le transformer en solde créditeur.[42]

Le CNPF réclame avec force la fin de la surévaluation du franc qui déstabilise complètement le commerce extérieur français. Il estime que la situation du franc force les producteurs à vendre à perte leurs produits sur les marchés extérieurs, incite les importateurs à acheter des denrées et conduit les touristes étrangers à acheter des francs dans leur propre pays où le cours est plus avantageux.

---

[42] 6 juillet 1957, Note du service de coopération économique, MAE, DE-CE 752.

> Pour que l'effort d'exportation puisse être couronné de succès encore faut-il que les conditions faites aux exportateurs par la situation monétaire soient sinon avantageuses, du moins équitables. Or le système des changes actuel accentue les facteurs de déséquilibre. [...] Prime à l'importation, pénalité à l'exportation signifient une double poussée dans le sens d'un déséquilibre des échanges.[43]

Mais, si le CNPF est unanime à déplorer l'effet néfaste de la surévaluation du franc sur les échanges extérieurs, les désaccords se font jour sur les moyens à adopter pour y remédier. Jean Louis, un proche de Georges Villiers, propose de « laisser le cours du change s'établir à sa valeur véritable telle qu'elle serait dégagée par les transactions en devises, sans intervention du fonds de stabilisation des changes ». Comme ce cours serait inférieur à la parité économique, le commerce extérieur finirait par se rétablir. L'établissement d'une nouvelle parité du franc contribuerait peut-être à modifier le comportement des industriels que Jean Louis trouve attentistes.

> [Le nouveau cours du franc] inciterait les importateurs à réduire leurs achats au minimum de leurs besoins et apporterait aux exportateurs l'aide qu'ils n'attendent depuis plusieurs années que des pouvoirs publics.

Cette dévaluation devrait, pour être couronnée de succès, être accompagnée d'autres mesures telles que l'équilibre du budget de l'État, un retour progressif à la libération des échanges et une campagne d'information incitant les entreprises qui améliorent leurs prix de revient grâce à des productions accrues ou à des progrès techniques, à récupérer ces baisses dans leurs prix de vente au lieu de distribuer les marges correspondantes en augmentation de salaires.

Henri Fayol, le Président du groupe d'études générales du CNPF, juge la solution proposée par Jean Louis trop brutale au vu de l'affaiblissement de l'économie française. Il pense que le déséquilibre de la balance commerciale et de la balance des comptes est trop important pour ne pas entraîner immédiatement une baisse considérable de la valeur de la monnaie, qui déclencherait à son tour des hausses de prix et un désordre économique dangereux.

Finalement, le projet de Jean Louis a été écarté. Cette discussion d'avril 1958 nous semble très significative de la difficulté du CNPF à adopter une position claire sur ces questions, même si, dans le principe, il ne peut qu'être favorable à la dévaluation et à la reprise de la libération des échanges.

---

[43] Intervention de Paul Huvelin, Assemblée générale du 13 mai 1958, Archives du CNPF.

Comprenant les difficultés du moment, les partenaires admettent l'adoption par la France de mesures d'exception qui aboutissent pratiquement à une dévaluation du franc. Ils regrettent toutefois que les taux des taxes et des aides ne soient pas uniformisés. Pour les patrons européens réunis au sein du Conseil des fédérations industrielles d'Europe, il eut mieux valu ne pas reconnaître à la France un régime spécial et provisoire, mais lui demander de procéder, avant même l'entrée en vigueur du traité de Rome, aux ajustements nécessaires[44].

[44] Fin avril 1957, Réunions du CIFE sur les réactions provoquées par le traité de Marché Commun, Archives du CNPF.

CHAPITRE II

Le débat sur la Zone de libre-échange

I. Le Comité Maudling

A. La genèse de l'idée

L'idée de créer une Zone de libre-échange remonte au début des années 50. Mais le véritable élan a été donné par les Six lors des conférences de 1955 et 1956. L'OECE a alors ouvert des négociations qui devaient mener à la formation d'une Zone de libre-échange entre les six membres du futur Marché Commun et les onze autres membres de l'OECE. La proposition britannique de projet de Zone de libre-échange date de juillet 1956. Elle correspond à la définition que donne le GATT d'une plus grande association économique en Europe. Elle se présente également comme un projet rival de celui du Marché Commun.

À cette date, le Conseil des ministres de l'OECE demande, sur la base d'une proposition de son Secrétaire Général René Sergent, d'examiner les possibilités de coopération entre les membres d'une union douanière et les autres pays de l'OECE. En octobre 1956, les Britanniques précisent les modalités d'application de la Zone de libre-échange. En janvier 1957, le rapport de l'OECE conclut à la possibilité technique d'aménager une telle zone. En février, le Conseil des ministres de l'OECE charge son Président, Peter Thorneycroft, de mettre à l'étude la question des conditions générales auxquelles devrait répondre la Zone de libre-échange et celle des problèmes soulevés par l'exclusion des produits agricoles et par l'existence de pays européens en voie de développement. Le projet de convention est prévu pour le 31 juillet 1957. En octobre de la même année est créé un comité intergouvernemental présidé par Reginald Maudling, le ministre britannique des Affaires étrangères, qui chercha à accélérer les négociations sur la Zone de libre-échange.

Le projet, soumis aux industriels britanniques, obtient un succès mitigé. Ils n'y sont pas tous favorables. Les constructeurs automobiles et les chimistes penchent en sa faveur, alors que les industriels du papier et du coton y sont opposés. De son côté, la Fédération des industries britanniques s'y est déclarée favorable dans le *Moniteur officiel du commerce et de l'industrie*. Mais elle pose comme condition préalable que la préférence impériale soit préservée, que les produits alimentaires et le tabac soient exclus, que le tarif douanier autonome vis-à-vis des pays tiers et la définition précisée de l'origine soient maintenus, que la législation britannique antidumping soit modifiée et enfin que des mesures similaires soient adoptées par les autres pays participants[1]. Ce grand nombre de conditions préalables peut s'expliquer par la méfiance dont elle entoure un projet qui doit lier le sort du Royaume-Uni à d'autres pays européens.

B. Un accueil plutôt mitigé auprès des industriels

En République fédérale, les milieux gouvernementaux et patronaux, ainsi que l'opinion publique, sont globalement favorables au projet. Le gouvernement allemand a ainsi longtemps joué un rôle de conciliateur entre les intérêts divergents anglais et français. L'industrie allemande a toujours soutenu que la Communauté économique européenne et la Zone de libre-échange ne pouvaient représenter pour la République fédérale une alternative, car seule cette double réalisation garantirait l'unité politique et économique de l'Europe, en même temps qu'elle irait dans le sens des intérêts des exportations industrielles allemandes qui s'étendent au monde entier. Marché Commun et Zone de libre-échange ne sont donc pas deux solutions qui s'excluent ; l'une est le prolongement de l'autre[2].

Toutefois, la position du BDI s'est légèrement modifiée au fil des négociations : alors qu'il pensait appliquer simultanément le Marché Commun et la Zone de libre-échange, il a déclaré en février 1957 que le Marché Commun devrait être un premier pas vers des institutions plus larges[3]. Il veut désormais accéder à la Zone de libre-échange, une fois que la Communauté économique européenne sera solidement ancrée. Les Allemands, tant au gouvernement fédéral que dans les cercles économiques, espèrent que la Zone de libre-échange élargisse le Marché Commun et influence son fonctionnement dans un sens libéral.

Les milieux industriels allemands présentent souvent les pays de la future Zone de libre-échange comme leurs partenaires commerciaux privilégiés. Pourtant, en 1951 comme en 1957, les Six sont des partenaires qui comptent davantage pour l'Allemagne que pour la France tant à l'importation qu'à l'exportation. D'autre part, l'analyse de la structure du commerce extérieur allemand en fonction des zones d'échanges

---

1 « L'industrie britannique et la Zone de libre-échange », in *Moniteur Officiel du Commerce et de l'Industrie*, 24 décembre 1957, MIC, 771520 art. 49.

2 « Der BDI und die wirtschaftliche Integration Europas », in *Industriekurier*, 1959.

3 23 février 1957, Lettre de Maurice Couve de Murville à Christian Pineau, ministre des Affaires étrangères, MAE, DE-CE 629.

conduit à penser que le commerce avec les pays du Marché Commun comptait autant que celui avec les Sept. Il gagne même en importance au fil des années 50.

> Dans la structure régionale du commerce extérieur allemand, les parts respectives des pays de la future Communauté économique européenne et de la future Zone de libre-échange ont très peu oscillé. Pour les deux, elles se situent entre 20 et 30 %. Après la création de la Communauté économique européenne, la part de ces pays a considérablement augmenté. Dans le même temps, la part du commerce avec les pays de la Zone de libre-échange se réduisait progressivement.[4]

Si les parts de produits échangés sont sensiblement identiques à cette époque, l'intérêt des deux zones est pourtant différent pour les industriels allemands.

Comparaison des échanges de produits avec la Communauté économique européenne et l'Association européenne de libre-échange pour les années 1956-1958 en millions de DM

	Total	Alim.	Mat. prem.	Produits mi-finis	Produits manuf.
Importations totales					
Les 7	6019	1 101	1 052	1 520	2 263
Les 7 en %	100	18,3	17,5	25,3	37,6
Part des importations all. totales	19,9	11,6	12,5	28,1	33,7
La CEE	7321	2 249	879	1 274	2 848
La CEE en %	100	30,7	12	17,4	38,9
Part des importations all. totales	24,2	23,6	10,4	23,6	42,4
Exportations totales					
Les 7	9540	280	399	1 098	7 728
Les 7 en %	100	2,9	4,2	11,5	81
Part des exportations all. totales	19,9	33	22,3	27,8	27,7
La CEE	9900	268	1 153	1 584	6 858
La CEE en %	100	3	11,7	16	69,3
Part des exportations all. totales	24,2	31,6	64,5	40,1	24,6

4 Ambrosius, G., « Europäische Integration und wirtschaftliche Entwicklung », in H. Berding (dir.), *Wirtschaftliche und politische Integration im 19. und 20. Jahrhundert*, Göttingen, 1984, p. 274.

La République fédérale achète chez ses partenaires de la Communauté économique européenne nettement plus de produits alimentaires que chez les pays de la petite zone, assez sensiblement plus de produits manufacturés et, en revanche, moins de matières premières et de produits semi-finis. Pour ce qui est des exportations allemandes de marchandises élaborées, l'intérêt que représentent les Sept est plus grand aux yeux des Allemands. En revanche, la Communauté économique européenne importe sensiblement plus de matières premières et de produits semi-finis en provenance d'Allemagne que les sept pays de la petite Zone de libre-échange.

Dans le secteur automobile, par exemple, les exportations allemandes sont dirigées essentiellement vers les pays tiers et les membres de l'OECE qui n'appartiennent pas à la Communauté économique européenne.

Statistiques sur les véhicules automobiles en Europe en 1958

	PRODUCTION	EXPORTATIONS		
		CEE	OECE	Pays tiers
RFA	1 495 256	117 487	240 378	375 527
France	1 127 549	61 574	42 904	177 889
Italie	380 631	57 913	20 684	67 281
R-U	1 364 407	29 669	73 616	46 125

Nous pouvons comprendre, d'après ces chiffres, que le Président de l'association de l'industrie automobile allemande, Max von Thoenissen, considère que la création d'une Zone de libre-échange représente un intérêt vital pour son secteur, alors que ses homologues français et italiens s'y montrent fort peu enclins.

Les positions françaises sont plus nuancées à l'égard de la Zone de libre-échange. L'Assemblée Nationale s'est prononcée en sa faveur le 22 janvier 1957 tout en souhaitant qu'elle comporte pour la France des garanties équivalentes à celles contenues dans le traité de Rome. Bien que le gouvernement français ait également donné son adhésion de principe à l'idée d'une Zone de libre-échange en février 1957, les ministères continuent à s'interroger sur les problèmes particuliers que présente sa mise en place. Les réductions contingentaires devraient poser peu de difficultés. La France a déjà rempli un certain nombre d'obligations dans le cadre de l'OECE et il n'y aurait pas grand inconvénient à étendre aux autres pays membres les avantages qu'elle accorde aux Six. En revanche, deux problèmes paraissent particulièrement épineux, celui de l'origine des produits et celui de l'adhésion des territoires d'outre-mer.

En ce qui concerne le premier point, la difficulté tient à la détermination des produits « zoniers ». Dans le cadre d'une Zone de libre-échange, contrairement à une union douanière, chaque pays conserve son propre tarif douanier à l'importation de produits des pays non membres. Ce système nécessite des règles afin d'empêcher un pays extérieur à la zone de vendre un produit dans un pays à hauts tarifs en pénétrant dans la zone par un pays à bas tarifs.

> Alors, il faut, ou bien mettre sur pied entre les dix-sept pays un système complexe de certificats d'origine ; ou bien établir sur la circulation de ces produits, un système de droits compensateurs pour tenir compte des différences de tarifs ; ou bien harmoniser les tarifs de tous les pays sur certains produits de base. Dans le premier cas, le libre-échange aboutit à un renforcement des contrôles. Dans le second, on ne fait que remplacer les droits de douane traditionnels par de nouveaux droits appelés compensateurs. Dans le troisième, on tend à faire une union douanière et non un Marché Commun et les Anglais n'en veulent pas. Ce problème est jusqu'ici insoluble.[5]

En ce qui concerne le second point, une commission interministérielle, réfléchissant dans le courant de l'année 1957 aux implications de la Zone de libre-échange pour la France, arrive à la conclusion selon laquelle la participation des territoires d'outre-mer compromettrait les avantages dont ils jouissent du fait de leur appartenance à la zone franc et de leur association à la Communauté économique européenne. Elle aggrave, en outre, certaines des conséquences qui résultent pour la métropole du traité de Rome sans apporter de contreparties supplémentaires appréciables. Alors que, dans le cadre du Marché Commun, les contingents d'importation en provenance des cinq autres partenaires doivent être doublés, la liberté des échanges s'appliquerait à un volume d'affaires beaucoup plus important dans le cadre de la Zone de libre-échange puisqu'il représenterait 16 % de la valeur des achats totaux de ces territoires avec, de surcroît, une gamme de fournisseurs européens beaucoup plus complète.

De son côté, la production française n'a pas intérêt à voir la concurrence des pays de l'OECE qui n'appartiennent pas au Marché Commun s'accroître dans les territoires d'outre-mer. Si tel était le cas, la perte de débouchés qu'aurait à supporter l'industrie française ne serait pas compensée par les avantages qu'elle retirerait de l'inclusion des territoires

[5] Zone de libre-échange, Position française, MAE, DE-CE 753.

britanniques et portugais dans la Zone de libre-échange. La participation des territoires d'outre-mer n'apparaît donc ni souhaitable ni nécessaire[6].

Les difficultés d'application de la Zone de libre-échange mises à part, les milieux diplomatiques français craignent de voir les Allemands utiliser le projet comme une arme contre le Marché Commun et restent donc sur leurs gardes.

L'opposition du patronat français à l'égard de la Zone de libre-échange est presque unanime. Seuls les sidérurgistes y sont favorables. Ils considèrent que ce projet présente le triple avantage d'être très souple, de « dépolitiser » ou de « désupranationaliser » le Marché Commun et d'associer les Britanniques[7].

Mais la conjoncture amène de nombreux milieux professionnels à douter de la possibilité de pouvoir prendre de nouveaux engagements et de les tenir honnêtement à un moment où les réserves en devises sont largement épuisées. Ensuite, le problème du cumul des concurrences impressionne en France de nombreux milieux professionnels. Ce problème ne se pose pas dans le cadre du Marché Commun où le supplément d'exportation d'une catégorie de produits par un pays peut, en contrepartie, diminuer ses exportations dans un autre domaine. Il peut en aller différemment dans la Zone de libre-échange où un petit nombre de pays seraient les seuls à fabriquer et exporter dans la zone une production spécialisée. Tel est le cas, par exemple, du bois et de la pâte à papier exportés par la Suède ou de la fabrication suisse d'horlogerie.

> Il est peut-être contestable dans certains cas que les concurrents s'ajoutent effectivement les uns aux autres, mais l'important, avant le débat de ratification, est que les milieux professionnels en soient vivement préoccupés.[8]

Maurice Faure, recevant en novembre 1957 une délégation patronale, lui assure qu'il est conscient des dangers que comporte le projet de Zone de libre-échange et qu'il est décidé à tout mettre en œuvre pour que la négociation en cours ne compromette pas les résultats obtenus par le traité de Rome dans la voie de la coopération européenne. Cependant, le gouvernement reste désireux de ne pas provoquer une rupture des négociations.

À l'origine, le Président Villiers et certains membres du CNPF avaient trouvé le projet intéressant et suivi de près son évolution. Ils

---

[6] 26 avril 1957, groupe de travail des TOM, MIC, 771471 art. 60.

[7] Mioche, P., « L'adaptation du patronat de la sidérurgie française à l'intégration européenne de 1945 à 1967 » in M. Dumoulin *et al.*, *L'Europe du patronat de la guerre froide aux années 60*, Berne, 1993.

[8] 7 octobre 1957, Point sur l'opinion française sur la Zone de libre-échange, Olivier Wormser, MAE, DE-CE 752.

avaient même établi des contacts avec les promoteurs du projet. Mais, assez rapidement, celui-ci leur avait semblé un peu risqué pour l'économie française[9]. À plusieurs reprises, en septembre et novembre 1957, le CNPF a mis l'accent sur « l'incompatibilité évidente entre le Marché Commun et la Zone de libre-échange actuellement envisagée » et « les conséquences désastreuses qu'entraînerait la création de cette Zone de libre-échange pour l'économie française, à supposer qu'elle soit techniquement possible »[10]. En 1957, il demande l'interruption des négociations.

En s'opposant à la Zone de libre-échange, le CNPF s'écarte des prises de position du Conseil des fédérations industrielles d'Europe. Il en conteste non seulement l'idée mais également l'application.

> Accepter ce concept, c'est en effet considérer comme objectif exclusif de la Zone le rétablissement de la liberté des transactions commerciales, sans prévoir l'harmonisation des conditions de production et la politique commerciale commune qui en paraissent pourtant le corollaire indispensable.[11]

L'application lui semble également délicate. En effet, après avoir posé le principe d'un accord général qui s'appliquerait à tous les pays et qui recouvrirait tous les échanges de biens et de services, les experts reconnaissent qu'il convient de prévoir un certain nombre d'exceptions. De plus, la Zone de libre-échange exclut les produits agricoles, ce qui rompt l'équilibre entre avantages et sacrifices au détriment des pays européens à forte agriculture exportatrice. Enfin, il n'est pas prévu que les territoires d'outre-mer entrent dans la Zone de libre-échange[12].

Cette résolution du CNPF traduit l'opinion presque unanime des grandes industries françaises. Le 4 octobre 1957, l'Union des industries chimiques a fait paraître un mémorandum hostile sur le sujet. Parmi les critiques générales à l'encontre du principe de Zone de libre-échange, elle aborde le problème du détournement de trafic, particulièrement aigu dans son secteur.

> Est-il possible, en ce qui concerne les produits chimiques, d'établir et d'appliquer pratiquement une réglementation de l'origine des marchandises avec la certitude que les détournements de trafic de la Zone de libre-échange seraient éliminés ? La réponse est catégorique. C'est non pour la presque totalité de ces produits. De plus, le détournement de trafic a encore plus de chances de se produire au niveau des matières premières incorporées dans le

---

9 *Bulletin du CNPF*, octobre 1959, pp. 22-25.

10 3 janvier 1958, lettre de J. Chalopin à Olivier Wormser, MAE, DE-CE 756.

11 Observations sur le projet de rapport du Comité *ad hoc* du CIFE au sujet de la Zone de libre-échange, Archives du CNPF.

12 17 septembre 1957, Note sur la Zone de libre-échange, SGCI, 910004/2.

produit fini. [...] Ainsi par l'implantation d'usines chimiques dont la situation serait judicieusement choisie et dont les investissements n'exigeraient d'ailleurs souvent que des capitaux peu importants, un pays de la Zone pourrait devenir le canal par lequel les produits des grands pays tiers, tels que les États-Unis, le Japon et même l'URSS, viendraient envahir toute la Zone de libre-échange alors qu'inversement les obstacles douaniers mis à l'entrée des immenses territoires de ces pays tiers y maintiendraient à plein la protection de leurs industries nationales.[13]

L'Union des industries chimiques déplore surtout le fait que la proposition britannique laisse en dehors de la Zone de libre-échange non seulement les colonies de la couronne, à l'inverse des pays et territoires d'outre-mer dans le Marché Commun, mais tous les États du *Commonwealth* ; elle maintient cependant tout le régime complexe de la « préférence impériale » non seulement dans son état actuel mais avec toutes les possibilités d'évolution par accords ultérieurs entre la Grande-Bretagne et ses dominions à l'élaboration desquels les pays de la Zone européenne de libre-échange resteraient entièrement étrangers.

Le précédent du GATT a montré tous les avantages que l'Angleterre serait à même de retirer de cette liberté de manœuvre sur le plan du commerce extérieur mondial. La suppression de toute entrave douanière à l'intérieur de la Zone de libre-échange accroîtrait cette liberté de manœuvre et porterait ces avantages à un niveau absolument inacceptable.

Mais, de surcroît, il lui semble évident que le territoire des Îles britanniques deviendra la terre d'élection des investissements des pays tiers, tout particulièrement des États-Unis, assurés pour les produits des usines ainsi implantées à l'étranger de leur circulation préférentielle dans tout le *Commonwealth* et de leur libre circulation dans tous les pays de la zone y compris ceux du Marché Commun.

La Fédération des industries mécaniques et transformatrices des métaux présente également, le 15 décembre 1957, un mémorandum dans lequel elle indique que le projet britannique de Zone de libre-échange est inadmissible.

On cherche en vain dans ces conditions quel peut être l'avantage d'une association immédiate de la France à cette nouvelle organisation, association qui la conduirait à se cristalliser dans une situation de fournisseur de matières premières et acheteur de produits élaborés ! [...] Il serait hasardeux de courir le danger, à de seules fins diplomatiques et très momentanées, de

[13] 2 octobre 1957, lettre de Maurice Brulfer, Président de l'Union des industries chimiques, à Christian Pineau, ministre des Affaires étrangères, MAE, DE-CE 628.

conduire l'économie de la métropole et de ses prolongements africains dans une impasse.[14]

Une note du 3 janvier 1958 expose en détail le point de vue de l'industrie automobile « qui ne peut pas être autre que celui du patronat français dans son ensemble ». Aux yeux du responsable de la Chambre syndicale des constructeurs d'automobiles, le projet avantage à sens unique le Royaume-Uni, en lui offrant le marché des Six et de leurs territoires d'outre-mer sans lui imposer d'ouvrir le marché du *Commonwealth*, et autorise tous les détournements de trafic[15].

Ce qu'il est intéressant de souligner dans l'attitude des industriels français face à la Zone de libre-échange, c'est que la crainte de la voir se réaliser les conduit à reconsidérer avec plus de sérénité l'élaboration du Marché Commun.

C. Un glissement progressif en faveur du projet

Alors que l'opposition était quasiment monolithique au sein du Conseil des fédérations industrielles d'Europe au printemps 1957, les positions sont plus nuancées et favorables en novembre de la même année[16].

Au printemps, les délégations membres pensent encore que la Zone de libre-échange procède d'une vue de l'esprit. Le délégué allemand précise que les pays qui veulent bénéficier des avantages du Marché Commun doivent en accepter les inconvénients. De leur côté, les fédérations patronales des pays autres que les Six, comme le Danemark, l'Irlande ou le Portugal, sont hostiles à la Zone de libre-échange du fait que les produits agricoles – qui constituent la majeure partie de leurs exportations – en sont exclus, et qu'en revanche, ils devraient accepter des abaissements de droits pour environ 90 % de leurs importations. Les industriels français se félicitent de voir leurs partenaires se rapprocher des positions qu'ils défendent, surtout celle concernant l'harmonisation des politiques. Cette unité de vues laisse espérer des possibilités d'action concertée.

Ces positions étant assez tranchées, nous pouvons nous demander comment un changement des opinions en faveur de la Zone de libre-échange a pu se réaliser en l'espace de quelques mois. Les résolutions

---

[14] « Les industries mécaniques françaises ne peuvent se payer le luxe d'une Zone de libre-échange », François Peugeot, Archives du CNPF.

[15] 29 septembre 1958, déclaration de Pierre Dreyfus, PDG de la Régie Renault à la revue *Occident*, MAE, DE-CE 756.

[16] 25 novembre 1957, Commission des relations économiques internationales, affaires européennes, Archives du CNPF.

du Conseil des ministres de l'OECE du 17 octobre 1957 ont probablement joué un rôle important. Ces deux résolutions décident d'aller de l'avant en matière de Zone de libre-échange et fixent les moyens d'y parvenir par la création d'un comité intergouvernemental. Elles représentent un succès diplomatique très net pour le Royaume-Uni, puisque, au lieu d'être examiné dans le cadre des réunions d'experts, le projet doit être l'objet d'une véritable négociation au sein d'un comité intergouvernemental.

Les représentants patronaux hollandais, qui avaient jusque-là manifesté leur opposition à la Zone de libre-échange, ont révélé que cette attitude n'était pas fondée sur une hostilité de principe, mais sur la crainte de voir l'industrie hollandaise handicapée, par les obligations qu'elle a souscrites au titre du Marché Commun, par rapport aux pays qui entreraient dans la Zone de libre-échange. La Fédération des industries belges déclare que la réalisation de la Zone de libre-échange devrait s'opérer au même rythme que le Marché Commun. Quant à la délégation allemande, elle n'a pas explicité sa position. On peut toutefois penser qu'elle n'est pas hostile non plus à l'édification de la Zone de libre-échange tout en restant décidée à ne pas revenir sur les concessions qu'elle a accordées dans le cadre du Marché Commun. Seuls les Italiens ont exprimé un certain nombre de réserves, de telle sorte que leur position, sans être aussi nette que la position française, est celle qui s'en rapproche le plus.

Les négociations reprennent, une fois que le traité de Marché Commun a été adopté, pour tenter de coordonner les pays de la grande Europe. Le Quai d'Orsay pense qu'un redressement économique, permettant au gouvernement français de faire bonne figure dans les instances à Six, peut entraîner rapidement une diminution des appréhensions françaises que suscite le projet de zone, encore que certaines de ces appréhensions, touchant aux investissements américains en Europe et à la possibilité de conclure des ententes industrielles, risquent de subsister[17].

En effet, l'espoir d'une coopération entre les Six et les Onze grandit durant l'année 1958 car l'attitude des experts allemands et français se rapproche un peu. Les Allemands, et tout particulièrement le BDI, considèrent désormais la réalisation de la Zone de libre-échange comme possible du fait du changement manifeste d'attitude du gouvernement

[17] 2 juin 1958, Note de la direction des Affaires économiques et financières, MIC, 771471 art. 69.

français vis-à-vis du projet qui permet d'éviter la scission de l'Europe en deux blocs[18].

D'une part, le ministre français des Affaires étrangères a déclaré que la France était décidée à poursuivre les négociations sur la zone. D'autre part, la France a abandonné des exigences importantes qui avaient jusqu'alors empêché l'union de se faire au sein des Six. Un compromis a également été obtenu sur la question des règles d'origine, une des questions qui divisaient le plus les délégations. Le conflit opposait ceux qui voulaient l'application des règles d'origine classiques complétées par un « code de bonne conduite », à ceux qui, sous la direction de la France et de l'Italie, voulaient parer au danger des détournements de trafic et éviter les difficultés administratives liées au système des certificats d'origine en rapprochant les tarifs extérieurs de tous les pays de la zone. Ainsi, le plan Carli prévoyait la perception des taxes de compensation pour le pays importateur au cas où l'harmonisation n'aurait pas lieu. La France adopte finalement une position de compromis en combinant les règles d'origine développées par les experts de l'OECE avec des éléments du plan Carli. Ces propositions françaises sont, de l'avis même des membres de la fédération patronale allemande, « largement en accord avec [leurs] prises de positions »[19].

D. L'échec des négociations

Mais l'été 1958 voit le déclenchement d'une nouvelle offensive de l'industrie française contre la Zone de libre-échange. La presse fait état des nombreux entretiens que les industriels français ont eus avec Antoine Pinay et ses proches collaborateurs au sujet de la zone au cours desquels ils ont présenté un certain nombre d'arguments nouveaux. En premier lieu, ils considèrent toutes les garanties concédées à la France, depuis la règle de l'unanimité jusqu'à l'examen de la situation par secteurs en passant par les clauses de sauvegarde, comme insuffisantes. En second lieu, et il s'agit là d'un argument entièrement nouveau, il serait établi à la suite d'expériences répétées que, dans une Zone de libre-échange, ce sont toujours les pays dont la production industrielle est la plus forte par rapport à la production agricole qui s'en tirent le mieux. La France, dont le caractère agricole est très marqué, serait donc fortement défavorisée. C'est la raison pour laquelle l'industrie française rejette tout abaissement des droits de douane qui ne s'accompagne pas de la création d'une véritable communauté. Enfin, elle met l'accent sur

---

18 BDI, Vorstandsitzung vom 3. Oktober 1958, « EWG und Freihandelszone », BAL, 062-023-004.

19 12 août 1958, Rapport confidentiel du BDI sur les négociations relatives à la création d'une Zone de libre-échange, MAE, DE-CE 757.

les arguments européens en assurant que la Zone de libre-échange est incompatible avec le Marché Commun. Elle demande que l'on prenne soin de réaliser le Marché Commun et qu'on ne le laisse pas remettre en question par une « dangereuse Zone de libre-échange »[20].

Le journal *Industriekurier*, examinant les arguments de l'industrie française contre la Zone de libre-échange, les juge logiques mais fondés sur des idées fausses. Le journal souligne le fait que les mesures de rétorsion provoquées par un échec de la négociation auraient de lourdes conséquences pour l'industrie française elle-même, le commerce avec les Sept lui permettant de contribuer à financer le déficit commercial à l'intérieur de la CEE. Les risques de détournements de trafic ne sont pas trop importants, car les tarifs douaniers britanniques sont comparables aux tarifs allemands et peu éloignés du futur tarif extérieur commun des Six. Le journal conclut en espérant que le gouvernement français se décidera à écouter la voix de la raison et à ne pas céder au complexe protectionniste de ses industriels[21].

L'échec des négociations sur la Zone de libre-échange, en décembre 1958, a conduit à la formation de deux groupes en Europe. C'est la situation que l'Allemagne voulait à tout prix éviter car elle craignait, en particulier, que les investissements des entreprises dans une zone ou dans l'autre, ne se révèlent inopportuns en cas de réunification. Dans les années qui suivent, elle essaie de combiner les réalisations du Marché Commun et de la Zone de libre-échange ou, en tout cas, d'éviter qu'elles ne divergent davantage.

Les milieux économiques allemands ont ressenti de fortes inquiétudes à l'annonce de la rupture des négociations du Comité Maudling. Le DIHT insiste sur la nécessité de reprendre rapidement les négociations. Le BDI s'est toujours efforcé de provoquer une prise de position commune de l'industrie européenne à l'égard de ce projet.

> La considération déterminante à cet égard est que la République fédérale se trouve dans l'obligation, d'une part, de consolider encore ses relations politiques et économiques avec la France et de les placer sur une base durable – ce à quoi le traité de Communauté économique européenne ouvre la voie – et, d'autre part, de ne pas mettre en danger ses liens économiques étroits avec l'ensemble de l'Europe.[22]

---

[20] 26 septembre 1958, Lettre de l'Ambassadeur de France au ministre des Affaires étrangères, Maurice Couve de Murville, MAE, DE-CE 757.

[21] 11 novembre 1958, ministère des Affaires étrangères, MIC, 771471 art. 69.

[22] 12 août 1958, Rapport confidentiel du BDI sur les négociations relatives à la création d'une Zone de libre-échange, MAE, DE-CE 757.

La presse allemande rappelle les objections de principe des milieux économiques au sujet du traité de Rome. S'ils l'ont finalement accepté, c'est uniquement parce qu'ils étaient certains que l'étape suivante serait l'institution de la Zone de libre-échange. Mais à présent, il est à craindre que l'OECE et l'Union européenne des paiements ne se désagrègent et que le volume des exportations ne subisse de ce fait une réduction considérable que le Marché Commun sera impuissant à compenser. Les Allemands s'étonnent qu'en raison de la lutte entre l'Est et l'Ouest, l'Europe s'offre le luxe d'une scission économique[23]. Les milieux économiques trouvent que le Chancelier Adenauer s'est trop laissé guider par des considérations d'ordre politique et qu'il a fait preuve de trop d'égards pour la France. Ils pensent que le gouvernement fédéral aurait dû davantage tenir compte de la volonté du *Bundestag* qui s'est nettement prononcé en faveur d'une Zone de libre-échange à plusieurs reprises[24].

Pour des raisons politiques, la France ne veut pas être considérée comme responsable du rejet de la Zone de libre-échange. Les services du Quai d'Orsay insistent sur la nécessité d'expliquer la position française aux Américains « afin de les convaincre qu'il ne s'agit pas d'empêcher une libération des échanges, mais de s'opposer à une construction contradictoire qui léserait gravement nos intérêts légitimes et tuerait dans l'œuf les possibilités d'unification de l'Europe »[25].

II. La tentative de relance patronale

A. Les comités professionnels de Bruxelles

Quand les négociations piétinent, en grande partie du fait de la crise gouvernementale française qui s'est soldée par la démission du ministre français des Finances, Antoine Pinay, le 25 décembre 1958, Ludwig Erhard demande la conclusion d'un accord provisoire tendant à abaisser les droits de douane de 10 % vis-à-vis de tous les membres de l'OECE et à élargir les contingents[26].

---

23 3 décembre 1958, in *Frankfurter Allgemeine Zeitung*.

24 Assemblée parlementaire européenne, Zone de libre-échange et les commentaires de la presse en République fédérale, MIC, 771471, art. 70.

25 Note du 14 novembre 1958, « Comment éviter que la crise de la Zone de libre-échange n'affecte profondément les relations de la France avec ses partenaires de la CEE et des autres pays européens ? », MAE, DE-CE 754.

26 10 octobre 1958, Débats du Bundestag sur le Marché Commun et la Zone de libre-échange, MAE, DE-CE 629.

De leur côté, le ministère des Affaires étrangères et le Secrétariat Général du comité interministériel souhaitent trouver des alliés patronaux pour coopérer dans les négociations sur la Zone de libre-échange en prenant des contacts avec les industries des Onze. Ils essaient d'influencer le CNPF lors d'entrevues avec le Président Villiers et se tournent vers des branches professionnelles moins hostiles au projet qui pourraient même, à leur avis, dissiper leurs réticences si le CNPF revenait sur le veto qu'il a formulé[27].

En novembre 1958, le patronat français propose une solution de rechange à la Zone de libre-échange. Il suggère que la France offre à ses partenaires de l'OECE des contingents tarifaires leur garantissant un accès plus large au marché de la Communauté. Les services de coopération économique du Quai d'Orsay préfèrent écarter cette proposition, car elle est complexe à mettre en œuvre et incompatible avec les principes du GATT qui n'autorisent aucune dérogation à la clause de la nation la plus favorisée. Par conséquent, la mise en œuvre d'une telle proposition pourrait déclencher une réaction d'hostilité de la part des Américains[28].

Pour se conformer à une décision de l'OECE, les six pays du Marché Commun devaient présenter à la fin du mois d'octobre 1958 des propositions concernant l'institution d'une Zone de libre-échange en s'attachant spécialement à résoudre, secteur par secteur, les problèmes posés par le certificat d'origine et la détermination de la valeur ajoutée. L'accord n'ayant pas pu se faire au sein de la communauté, ces conversations se sont traduites par un échec.

Mais pour éviter une rupture totale, la Communauté économique européenne s'est engagée à faire des contre-propositions pour le 12 décembre 1958. Un certain nombre de comités professionnels siégeant à Bruxelles ont été créés à cet effet. Ces comités sont constitués en principe par des fonctionnaires des six pays, éventuellement accompagnés d'experts privés. Des études par secteurs ont été engagées dans les domaines des industries mécaniques et électriques, chimiques, textiles et papetières.

Le gouvernement français y souscrit, pensant que le principe d'un examen par secteur est de nature à donner à l'industrie française des garanties sérieuses. Le patronat français reste pourtant très dubitatif à cet égard. Contrairement au gouvernement français, il est convaincu de la nécessité de modifier les bases mêmes de la négociation. Or, il lui semble évident que les Britanniques, suivis en cela par de nombreux

---

27 3 novembre 1958, Coopération et intégration économique , Note de la DAEF, MAE, DE-CE 785.

28 Novembre 1958, Zone de libre-échange, contingents tarifaires , Note du service de coopération économique, MAE, DE-CE 754.

pays, ne veulent voir dans ces études que le moyen de résoudre des problèmes purement techniques presque exclusivement liés à la définition et au contrôle de l'origine des produits[29]. Le CNPF a recommandé instamment aux professions intéressées de ne pas participer directement aux réunions de Bruxelles, sans interdire pour autant d'informer à Paris les fonctionnaires désignés.

En effet, les discussions ont souvent pris le tour de véritables négociations où les arguments de caractère technique servent à illustrer des thèses plus ou moins libérales ou protectionnistes. Au fur et à mesure que les discussions se développent, les experts cherchent un terrain d'accord. Cette évolution se trouve facilitée chaque fois que la délégation allemande décide, à titre de compromis, tout en réaffirmant sa préférence à l'égard des mesures libérales, de se rapprocher des positions franco-italiennes.

Dans le secteur des produits chimiques, l'idée d'une certaine harmonisation des tarifs se dessine. Dans le secteur mécanique, la mise en œuvre d'un critère d'origine assorti de méthodes de coordination des politiques commerciales a recueilli l'acceptation de principe des délégations. Dans le secteur textile, la mise au point de contingents globaux contre les pays à bas salaires a été retenue par les experts. La délégation allemande a vu son rôle d'arbitre se confirmer au fil des réunions.

B. Le comité Iveroth

Parallèlement, les groupements patronaux européens essaient de trouver un terrain d'entente pour relancer les négociations sur la Zone de libre-échange. Ils sont prêts à tenir compte des positions françaises à l'encontre du projet et mettent en place un groupe de travail sur les autres possibilités d'une coopération économique dans l'ensemble de l'Europe. À cette occasion, la presse allemande considère que les organisations patronales suivent le point de vue français[30].

En effet, la position française est partagée par les industriels des six pays du Marché Commun. Le représentant des Pays-Bas, Colthoff, rappelle que les gouvernements des Six exigent une certaine harmonisation des salaires, des charges sociales et des conditions de travail avant de passer à la deuxième étape de mise en vigueur de la Communauté économique européenne. Les Six ont payé un certain prix en adhérant au Marché Commun. S'ils doivent ouvrir leurs frontières, il est raisonnable

---

[29] 15 octobre 1958, Lettre de Georges Villiers à Maurice Couve de Murville, MIC, 771471 art. 69.

[30] 11. März 1958, Stellungnahme des BDI zur Freihandelszone, HAAA, Reg 401/130/88/140/1.

de demander aux nouveaux partenaires de souscrire des obligations analogues à celles de la Communauté économique européenne en ce qui concerne les congés payés, l'égalité des salaires pour les femmes et le paiement des heures supplémentaires.

En revanche, les fédérations d'Autriche, du Royaume-Uni, de Scandinavie et de Suisse s'opposent à l'inclusion de dispositions visant à l'harmonisation de ces charges.

Les Allemands ont une position intermédiaire : Wilhelm Beutler juge « nécessaire la réalisation d'une Zone de libre-échange par le moyen d'un compromis ». À défaut, l'Europe se trouverait partagée en deux blocs économiques. Sur le plan politique, cette division aurait des effets redoutables. Selon lui, « un pays quel qu'il soit souffrira moins de ce compromis qu'il ne souffrirait de l'absence de ce compromis. Et, dans une question de vie ou de mort pour l'Europe, il ne faut pas s'arrêter aux jugements étroits des experts »[31].

Les organisations patronales considèrent que les plus grosses difficultés pour l'élaboration d'une Zone de libre-échange résident dans l'association du Royaume-Uni et de la zone du *Commonwealth*, des pays de l'OECE moins développés et de certaines branches industrielles comme l'automobile, l'aluminium ou le papier qui doivent bénéficier de conditions exceptionnelles pour tenir tête à la concurrence des industries mieux armées d'autres pays de l'OECE. Mais elles sont prêtes à tout pour élaborer une Zone de libre-échange autour de la Communauté économique européenne. L'industrie allemande en particulier est persuadée que, sans la création d'une Zone de libre-échange, le commerce européen serait considérablement réduit. Elle va faire son possible pour atteindre un compromis entre les positions extrêmes de la Grande-Bretagne et de la France[32].

Les travaux du BDI se dirigent dans deux directions : d'abord, déterminer dans quelle mesure les suppressions tarifaires et contingentaires doivent être complétées par d'autres mesures qui empêchent le détournement de trafic et les limitations de la concurrence, et ensuite, assurer un accès égal aux matières premières pour les branches industrielles qui utilisent des produits agricoles. Pour cela, il est nécessaire de

---

31 Commission générale pour l'étude des problèmes que pose l'association au Marché Commun des autres pays de l'OECE, séance du CIFE des 12 et 13 juin 1958, Archives du CNPF.

32 20. März 1958, Industrieverbände berieten über Freihandelszone, HAAA, Reg 401/130/88/140/1.

rapprocher les systèmes de protection de l'agriculture dans les dix-sept pays de l'OECE[33].

Une concertation patronale sur la Zone de libre-échange est réalisée à la demande du BDI au sein du Comité Iveroth, du nom du Secrétaire Général de l'Association des industries suédoises, à partir de juillet 1958 en vue de préparer une prise de position commune des associations industrielles des dix-sept pays de l'OECE vis-à-vis de ce projet. Ces échanges de vues, qui ont pris pour base de travail les recherches du BDI sur la Zone de libre-échange, ont duré plusieurs années.

Il ne s'agit pas de créer une structure parallèle aux négociations gouvernementales en la matière, mais bien d'aider et d'appuyer les négociations entre les gouvernements. Les membres du Conseil des fédérations industrielles d'Europe se réunissent pour voir s'ils peuvent mettre en place une association économique multilatérale qui aurait pour principal effet de libérer les échanges entre les pays membres. La Zone de libre-échange devrait inclure tous les membres de l'OECE et, si possible, l'Espagne et la Finlande. Le but de leur concertation est ainsi posé :

> Il est clair que la réglementation de l'origine et les exigences techniques pour les certificats d'origine dans la Zone de libre-échange pourraient être d'autant moins strictes que seraient plus réduites les différences entre les droits de douane de chacun vis-à-vis du monde extérieur. Pour autant que la méthode adoptée pourrait être l'harmonisation des tarifs, elle devrait être pratiquée par le moyen d'accords volontaires qui rapprocheraient dans toute la mesure du possible les tarifs extérieurs des États membres. On pourrait d'abord chercher à établir des accords pour les matières premières et, partant de là, pour les produits aux phases subséquentes de transformation. Le but devrait être de rapprocher les tarifs des États membres d'une manière telle qu'il n'y ait plus de tentation de détournement de trafic.[34]

Cette question de l'harmonisation des tarifs est d'autant plus importante qu'elle a été la véritable pierre d'achoppement dans les négociations de l'OECE. Le rapport Iveroth analyse les difficultés des négociations gouvernementales pour essayer de repartir sur des bases plus saines :

> Une partie des difficultés provenait des industries des pays membres qui s'inquiétaient des conséquences de l'inégalité des tarifs extérieurs autour d'une Zone de libre-échange. Ce problème a en réalité deux aspects : le premier est plutôt constitutionnel et soulève la question de savoir si chaque

33 Vorschläge und Anregungen des BDI zur Schaffung einer Freihandelszone in Europa, HAAA, Reg 401/130/88/140/1.

34 22 mai 1959, Rapport soumis au Conseil du CIFE par M. Iveroth, Archives du CNPF.

territoire douanier faisant partie d'une Zone de libre-échange devra conserver ses droits de relever ou d'abaisser ses tarifs à l'égard du monde extérieur. Le second concerne les inégalités des tarifs qui pourraient exister dans une Zone de libre-échange. Nous savons que les taux préférentiels font partie intégrante non seulement des relations du Royaume-Uni avec le *Commonwealth* mais aussi des relations françaises avec les territoires d'outre-mer et des relations de l'Allemagne occidentale avec l'Allemagne orientale. Dans la plupart des cas, le maintien de ces préférences est plutôt une question d'importance politique qu'une question intéressant la politique commerciale. S'il en est ainsi, leur existence devra être traitée par nos gouvernements sur le plan politique. La grande question est naturellement le niveau des tarifs extérieurs. L'idée d'une coordination des tarifs nationaux est en train de gagner du terrain dans l'industrie de tous les pays.

Le groupe de travail du Conseil des fédérations industrielles d'Europe en est arrivé à émettre deux propositions : une réduction générale des droits de douane des pays du Marché Commun et de ceux de l'Association européenne de libre-échange par un abaissement uniforme et des concessions douanières particulières pour les marchandises qui sont essentiellement échangées en Europe.

La mise en application de la première proposition se heurterait à de plus grandes difficultés que la seconde. Cette dernière aurait l'avantage d'être plus souple et pourrait être mise en application par étapes en adaptant les réductions à la situation particulière de chaque branche industrielle. Le groupe de travail la préfère donc. Il lui semble qu'il serait sans doute très difficile de se mettre d'accord sur une liste européenne qui serait uniforme pour tous les pays d'Europe. Mais il ne convient pas d'insister sur l'uniformité de pareilles listes car les mêmes produits n'intéressent pas tous les mêmes pays. Il lui apparaît qu'il vaudrait mieux réaliser un accord entre les Six et les Sept sur quelques principes à observer pour le choix des produits devant faire l'objet des négociations. Pour choisir les droits à réduire, il propose de se concentrer sur les droits les plus élevés, ce qui entraînerait un rapprochement des niveaux des tarifs, souhaitable pour l'avenir. Il précise qu'il souhaiterait s'attaquer spécialement aux produits fabriqués en grandes quantités qui sont les plus sensibles à la différenciation des tarifs[35].

Un large accord de vues entre fédérations a été réalisé. Le rapport Iveroth a été approuvé pour l'essentiel par le BDI après une assez longue discussion. Certes, quelques projets de modification ou d'adjonction ont été présentés, en particulier en ce qui concerne la question d'une politique commune des pays de la Zone vis-à-vis des importations en provenance des pays à bas prix. D'autre part, le BDI

[35] 4 juillet 1960, Comité Iveroth, Archives du CNPF.

avait proposé dans le domaine de l'échange des marchandises, de mettre plus fortement l'accent sur les règles d'origine conventionnelle et de ne prévoir une harmonisation des tarifs extérieurs et la perception de taxes de compensation qu'en vue de mettre fin aux détournements de trafic et aux déplacements d'investissements qui se seraient produits.

Le Conseil des fédérations industrielles d'Europe s'est finalement abstenu de discuter le rapport Iveroth en raison des progrès réalisés dans les négociations gouvernementales. Le but essentiel de son activité, à savoir la remise en marche des négociations gouvernementales, était déjà atteint.

Le rapport a précisé que les informations parues dans certains journaux allemands sur de prétendues divergences d'opinion de nature grave au sein de l'industrie européenne et sur une rupture prématurée de la session du Conseil des fédérations industrielles d'Europe sont dénuées de tout fondement.

Le BDI entretient des conversations avec des industriels et les milieux officiels de Grande-Bretagne. Un large accord de vues a été réalisé sur toutes les questions discutées. Le rapport indique que les Britanniques également se montrent plus optimistes sur les chances de réalisation de la Zone de libre-échange, car ils sont persuadés que la France adoptera à l'avenir une attitude plus positive à leur égard.

C. Les efforts des Chambres de Commerce et d'Industrie

En 1959, l'atmosphère continue à se détendre. La France annonce sa volonté de libérer ses échanges à 90 % par rapport aux pays de l'OECE non seulement pour freiner la hausse de ses prix intérieurs, mais pour être en meilleure position de négociation lors de la réunion du Conseil des ministres de l'OECE. Les journaux allemands soulignent le fait que le retour à la convertibilité devrait faciliter la reprise des négociations sur la création d'une Zone de libre-échange. Enfin, les pays membres de la CEE approuvent les efforts déployés par l'Allemagne sur le plan bilatéral pour maintenir les courants d'échanges commerciaux traditionnels. Cette politique a été mise au point par le triumvirat Erhard-Etzel-Lübke.

Malgré un bon climat, les négociations piétinent. Les Chambres de Commerce et d'Industrie cherchent, en août 1959, à accélérer les discussions sur la grande Zone de libre-échange. L'impulsion est donnée par Alwin Münchmeyer, Président du DIHT de 1958 à 1962 et de la Chambre de Commerce et d'Industrie de Hambourg, avec l'accord de l'ensemble de ses homologues européens[36]. Les milieux officiels de Bonn se sont montrés assez inquiets de certaines dispositions du projet d'Association européenne de libre-échange, trop libérales pour pouvoir être admises par les Six dans le cadre d'un éventuel rapprochement des deux groupes. Quant à Alwin Münchmeyer, il avait déclaré à la presse que, n'ayant aucune confiance dans les hommes politiques et les fonctionnaires pour résoudre les difficultés actuelles de l'intégration économique européenne, il avait suggéré que des contacts soient pris entre les Chambres de Commerce et d'Industrie des pays de la Communauté économique européenne et leurs homologues des Sept. Il est persuadé que si ce travail est fait sérieusement, on ne pourra manquer de s'apercevoir qu'en réalité ces problèmes sont à la fois moins nombreux et même moins graves que « l'on n'a cherché jusqu'à maintenant à nous le faire croire ». Il a ajouté que toutes ces questions étaient « par trop politisées » et qu'il fallait les ramener sur le terrain des réalités économiques. Il n'a pas caché que le seul objectif digne d'être recherché était la grande Zone de libre-échange réunissant les dix-sept pays de l'OECE et a insisté sur l'inquiétude grandissante des milieux économiques allemands devant « l'inertie de Bruxelles » et le risque de scission durable de l'Europe occidentale en deux blocs opposés.

D. La signature de l'Association européenne de libre-échange

La signature du traité de l'Association européenne de libre-échange le 20 novembre 1959 à Stockholm voit l'échec de l'idée de Zone de libre-échange entre les dix-sept pays membres de l'OECE. Les Français analysent cet événement comme une volonté britannique et suédoise de déclencher une réaction allemande, qui serait provoquée par la crainte des pertes que l'exportation allemande pourrait subir sur des marchés où elle réalise à la fois d'importantes affaires et des excédents d'exportation considérables. Dans cette perspective, l'Allemagne devrait faire son possible pour convaincre les partenaires les plus réticents des Six, en particulier la France, de la nécessité d'éviter la scission de l'Europe occidentale en réalisant une Zone de libre-échange englobant tous les pays de l'OECE[37].

---

[36] 3 septembre 1959, Tentative des Chambres de Commerce et d'Industrie de provoquer une reprise des discussions sur la grande Zone de libre-échange, MAE, DE-CE 758.

[37] 26 juillet 1959, Commentaires allemands sur les Accords de Stockholm et la petite Zone de libre-échange , lettre du Conseiller commercial de l'Ambassade de France au ministre des Finances et des Affaires économiques, DREE, MAE, DE-CE 758.

III. De nouvelles bases de discussion

A. Les États-Unis parties prenantes des débats

La conférence économique de Paris des 12 et 13 janvier 1960 amorce une nouvelle phase de la politique européenne d'intégration en faisant entrer les États-Unis dans la discussion. Le voyage en Europe du secrétaire d'État américain Dillon avait déjà montré la volonté américaine d'influencer la forme de la future coopération européenne en matière de politique commerciale, dans la crainte que les exportations américaines n'aient à souffrir de la création d'un système préférentiel européen et que la balance des paiements ne se détériore à nouveau. Les Américains ont cherché à supprimer les discriminations existant encore à l'égard de leurs exportations dans la politique d'importation des pays européens. Ces derniers ont également intérêt, sur le plan économique et politique, à voir s'instituer une collaboration économique plus étroite dans le cadre atlantique, face à la menace politique et économique qui vient de l'Est.

Lors de la conférence de Paris est créé un comité qui traite des questions de politique commerciale, et plus particulièrement des relations entre la Communauté économique européenne et l'Association européenne de libre-échange. Il pose les bases d'une reprise des négociations entre les Six et les Sept.

B. La position allemande

Ludwig Erhard se lance, à la fin de l'année 1959, dans une vigoureuse campagne en faveur d'une reprise rapide des pourparlers entre les pays de la Communauté économique européenne et ceux de l'Association européenne de libre-échange. Il dépeint les dangers d'une séparation définitive des deux groupes d'une façon terrifiante (concurrence impitoyable entre les Six, renouveau du nationalisme, tendance à l'autarcie et à l'isolationnisme). Ces propos agressifs ne sont pas partagés par l'ensemble du gouvernement allemand, où ils ont même provoqué une vive surprise. L'attitude de Ludwig Erhard a également rencontré la désapprobation des responsables américains lors d'un voyage aux États-Unis. Cela l'amène à modérer largement sa position. Il réaffirme alors son attachement au Marché Commun.

En effet, sous le coup de l'amertume causée par la rupture des négociations du Comité Maudling, la Zone de libre-échange semblait au BDI la seule solution souhaitable et l'opposition française était sévèrement jugée. Un an plus tard, en 1960, il est nettement reconnu que cette formule n'aurait pas été viable. Le BDI réalise en effet que, compte tenu du changement d'attitude des États-Unis et de la résistance française toujours vive, le problème de l'intégration européenne ne pouvait pas être résolu, à bref délai, dans la forme envisagée initialement. Si le but du BDI est toujours le même, sa façon d'aborder les questions d'intégration européenne a considérablement changé à partir de 1959.

Il pense désormais qu'une union douanière ou une solution analogue, sans les buts politiques du traité de Rome, pourrait constituer un compromis entre les conceptions des pays de la Communauté économique européenne et celles des membres de l'Association européenne de libre-échange. De plus, l'union douanière est la seule solution considérée comme possible par les règles du GATT à part la Zone de libre-échange. À l'encontre de ce projet d'union douanière, il existe deux objections fondamentales : l'ampleur des différences qui existent entre les tarifs douaniers en Europe et le fait qu'un tarif extérieur commun ou harmonisé soit inconciliable avec l'existence du système du *Commonwealth.*

En ce qui concerne la première objection, le BDI pense que tous les pays européens dans le domaine des matières premières ont, en principe, le même intérêt à être approvisionnés au meilleur compte possible en produits bruts d'outre-mer, si bien qu'il ne devrait pas exister, dans ce domaine, de fortes différences. En revanche, des différences sensibles existent dans le domaine des produits manufacturés. Mais environ 85 % de ces marchandises font l'objet d'échanges intra-européens et ne seraient pas directement touchés par une harmonisation des tarifs.

La deuxième objection est particulièrement forte. Le BDI considère qu'à la longue le tarif extérieur commun et le maintien des préférences impériales sont difficilement conciliables. Mais cela ne doit pas obligatoirement signifier que les intérêts du *Commonwealth* sur le marché britannique et en Europe devraient en souffrir. D'après une étude d'un centre de recherche britannique, le *Political and Economic Planning*, l'importance économique de ces préférences est en général plus faible qu'on ne le suppose très souvent : la marge préférentielle sur l'ensemble des importations provenant du *Commonwealth* ne représente plus que 4 % contre 10 à 12 % en 1937, par suite d'une modification dans la composition des importations. Une autre enquête sur le sujet, effectuée à l'époque par l'*Economist Intelligence Unit* montre que les intérêts commerciaux du *Commonwealth* ne se trouveraient pas forcément lésés par la constitution d'une union douanière.

L'exposé du BDI ne contient aucune attaque contre la position française[38]. Il reste que la constitution de deux ensembles économiques, qui deviendra effective le 1er juillet 1960, avec l'entrée en vigueur de l'Association européenne de libre-échange et l'abaissement des tarifs

38 14 novembre 1960, Opinion du BDI sur le rapprochement entre les Six et les Sept, MAE, DE-CE 630.

douaniers entre ses membres, réalisé parallèlement à celui de la Communauté économique européenne est une menace pour le développement continu des relations commerciales intra-européennes pour plusieurs raisons :

- les préférences accordées à l'intérieur des deux blocs provoquent, notamment pour les produits manufacturés, un déplacement des courants commerciaux traditionnels ;
- les règles de l'Association européenne de libre-échange relatives à l'origine des produits favoriseront l'utilisation de ceux qui proviennent des pays membres (les exportations allemandes de produits chimiques et de textiles sont particulièrement menacées) ;
- les répercussions psychologiques de la propagande menée par l'Association européenne de libre-échange augmenteront l'effet des préférences commerciales ;
- les projets d'investissements – aussi bien à l'intérieur de la Communauté économique européenne que de l'Association européenne de libre-échange – sont rendus plus difficiles par l'incertitude qui plane sur l'avenir des relations commerciales entre les deux groupes.

L'idée de créer une union douanière ou une formule voisine a suscité un vif intérêt dans les discussions internationales et elle trouve de plus en plus de défenseurs. L'assemblée du Conseil de l'Europe a proposé dans le courant de l'année 1960 une formule de ce genre.

CHAPITRE III

Le ralliement au Marché Commun

I. La résignation des industriels allemands

Les industriels allemands, qui manifestaient un réel empressement pour la constitution du Marché Commun, se désintéressent des débats de Bruxelles. Leurs journaux y consacrent peu de place. La plupart font état de certaines inquiétudes, notamment en ce qui concerne le fonctionnement du fonds d'investissements, l'association des territoires d'outre-mer – qui est contraire au GATT si le régime préférentiel institué n'est pas réciproque – et l'état de la balance des paiements entre les nations appelées à faire partie de ce marché[1].

Wilhelm Beutler, le secrétaire général du BDI, confirme le manque d'enthousiasme des milieux industriels devant les perspectives du Marché Commun.

> Je cherche à justifier auprès d'eux certaines demandes françaises, en matière de taxes à l'importation par exemple, et je m'efforce de les persuader de l'utilité politique de l'entreprise, mais je n'y réussis pas toujours.[2]

Les industriels allemands reprochent au Marché Commun d'introduire en Allemagne une dose de dirigisme français mettant fin à l'ère libérale de Ludwig Erhard. Le projet de traité est devenu moins intéressant pour eux dès qu'il a été assorti des garanties exigées par la France, notamment en ce qui concerne les taxes à l'importation, l'harmonisation des charges sociales et les investissements publics dans les territoires d'outre-mer.

Ils sont également préoccupés de la question des contrats agricoles à long terme. Ils ont remarqué qu'ils ne peuvent exporter des biens d'équipement dans certains pays hors d'Europe que s'ils importent en contrepartie des produits agricoles. S'ils s'engagent à acheter par priorité des produits agricoles français, ils risquent de perdre ailleurs leur clientèle d'acheteurs.

---

1 14 mars 1957, Appréciations allemandes sur le Marché Commun, SGCI, F60/3114.

2 8 février 1957, Lettre de l'Ambassadeur de France à Christian Pineau, le ministre des Affaires étrangères, MAE, DE-CE 629.

Bien que les critiques restent assez vives, au sein même du gouvernement et dans les cercles dirigeants de l'industrie, à l'encontre de certains aspects du projet de Marché Commun, les résultats acquis par les négociateurs ne sont pas remis en cause. Ludwig Erhard a insisté sur les « erreurs dirigistes et protectionnistes » qu'il fallait éviter, a exprimé sa crainte de voir le Marché Commun aboutir à une discrimination à l'égard des pays non-membres, a critiqué l'idée d'un système préférentiel eurafricain et s'est finalement prononcé pour l'application du traité « de manière aussi libérale que possible ».

Fritz Berg a fait une déclaration plus positive. Si certaines stipulations du traité de Rome ne conviennent pas, il estime néanmoins nécessaire la réalisation du Marché Commun sans lequel « l'Europe serait écrasée entre les groupes économiques de l'Est et de l'Ouest ».

Au total, la réaction positive l'emporte dans les milieux gouvernementaux et industriels. Quelles que soient les objections au traité de Marché Commun, les avantages sont jugés supérieurs aux inconvénients. Les Allemands espèrent d'ailleurs que ces derniers s'atténueront à l'usage.

Les critiques se font également plus vives à l'égard de la Communauté européenne du charbon et de l'acier. Les milieux sidérurgiques allemands aimeraient y apporter quelques transformations. Ils proposent notamment d'en faire une section du Marché Commun. Cette mesure conférerait à son action un tour plus libéral. Sur un point particulier, le BDI souhaiterait que le fonctionnement des institutions de cet organisme soit amélioré. Il estime que son comité consultatif est mal composé. Ses membres ne sont pas suffisamment experts pour faire valoir leur point de vue auprès de la Haute Autorité. Il y aurait avantage à ce que cet organisme soit constitué de spécialistes de l'OECE. Ces idées ont cours également dans les services du ministère allemand des Affaires étrangères qui comptent proposer certains amendements à son statut.

II. L'adhésion des industriels français

Dans le même temps, le patronat français se rallie à l'intégration européenne. Le fait que le CNPF donne son adhésion au Marché Commun au moment où l'économie du pays est loin d'être florissante (et confrontée de surcroît à une récession mondiale) montre bien que cette décision n'est pas motivée par des raisons strictement économiques.

Ce ralliement ne peut pas être considéré comme particulièrement tardif car, jusqu'en 1956, l'adhésion au Marché Commun n'était prise au sérieux par personne au gouvernement[3]. C'est en 1956 que le ministère des Affaires étrangères a cessé de s'opposer à ce projet, après avoir pris conscience de l'incapacité de la France à atteindre ses objectifs dans le cadre existant de l'OECE ou dans l'alternative offerte par le système de Bretton Woods et du GATT. Trois séries de raisons peuvent l'expliquer[4] : des raisons financières, la France souhaitant bénéficier du crédit facile dans le cadre de l'Union européenne des paiements ; des raisons diplomatiques, la France ne voulant pas laisser le Royaume-Uni prendre le leadership en Europe ; et enfin des raisons commerciales, les arrangements commerciaux et financiers au sein de l'Union française étant de plus en plus remis en question tant en France que dans les pays de l'Union française. On peut également percevoir des raisons politiques à ce ralliement. Les différents milieux professionnels ont analysé à fond le traité de Rome, qui leur paraît une construction d'ensemble dépassant le concept juridique de l'Union douanière, et inscrite dans des perspectives politiques.

> Si l'on a pu y rallier la vieille tradition protectionniste française, c'est parce qu'à côté de l'ouverture des frontières, le traité contenait de nombreuses garanties de compensation.[5]

Les industriels français prennent conscience du fait que, même si le gouvernement revenait à une politique plus sage, abaissant les charges des entreprises et favorisant les investissements, la France dispose d'un marché trop étroit pour prétendre à une économie à haute productivité. En filigrane se dégage l'idée selon laquelle le Marché Commun leur sera peut-être plus profitable que la politique nationale.

> La concurrence internationale directe est la seule chance qui reste de freiner une démagogie fiscale et sociale mortelle (augmentation des charges et des salaires) pour le pays. Quand seront tombées les barrières douanières à l'abri desquelles peut s'exercer, pendant un certain temps, cette démagogie, quand les gouvernements ne pourront décider une charge nouvelle que dans la mesure où les autres contractants l'auront acceptée, il est permis d'espérer que l'économie française, soumise désormais aux mêmes charges que ses concurrents prendra la première place dans le Marché Commun[6].

---

[3] Rhenisch, T., *Die deutsche Industrie und die Gründung der EWG*, Ph.D., Institut universitaire européen, 1994, p. 152.

[4] Lynch, F., « Restoring France : the Road to Integration », in Alan S. Milward, *The Frontier of National Sovereignty, History and Theory 1945-1992*, London, 1993.

[5] 7 octobre 1957, L'opinion française par rapport à la Zone de libre-échange, Olivier Wormser, MAE, DE-CE 752.

[6] 18 janvier 1957, Lettre du Président de la FICA, G. Leroux, au ministre des Affaires étrangères, MAE, DE-CE 628.

La présentation du projet de Zone de libre-échange a fait peur aux industriels et a joué un peu le rôle de repoussoir. Un autre argument, plus mineur, est la promesse que Guy Mollet a obtenue de Konrad Adenauer lors de leur rencontre du 6 novembre 1956 au cours de laquelle le Chancelier a fait des concessions sur l'harmonisation des charges sociales. Or, c'est un point essentiel des revendications du patronat français.

Le gouvernement français a demandé au CNPF de se prononcer sur le Marché Commun en mars 1956. Le premier rapport réalisé par Jean Louis, proche collaborateur du Président Villiers, y était favorable. Mais il a déclenché dans les rangs patronaux une levée de boucliers, spécialement en ce qui concerne le secteur du coton (Pierre de Calan) et celui de l'automobile (François Peugeot). Leur opposition était en particulier sous-tendue par le fait que les représentants de ces deux secteurs ne voulaient pas voir les territoires d'outre-mer entrer dans le Marché Commun.

Lors de la décision définitive intervenue au cours du Comité directeur du CNPF du 7 janvier 1957, les interventions se déroulent dans une atmosphère houleuse. Trois tendances se dessinent : les sidérurgistes radicalement opposés, certains dirigeants foncièrement favorables et un volant qui a finalement fait pencher la balance. C'est là que l'on retrouve Pierre de Calan et François Peugeot qui se sont finalement ralliés à l'idée d'un Marché Commun à l'essai pour quatre ans. Le traité est ratifié au sein du CNPF par 342 voix contre 239[7].

L'expression publique de la minorité patronale hostile à l'ouverture européenne présente un triple avantage pour le CNPF. Cela ne coûte rien car la cause est entendue, cela permet d'éviter les dissidences et peut éventuellement déboucher sur quelques avantages compensatoires[8].

L'acceptation globale du Marché Commun par le CNPF n'exclut pas certaines réserves tactiques. Georges Villiers prédit les plus graves désordres économiques et le chômage si la France adhère au Marché Commun sans modifier les conditions économiques et fiscales qu'elle connaît en 1956.

> De cette attitude des milieux industriels se dégagent essentiellement deux grandes idées. D'abord, grâce à cette argumentation habile, le patronat espère faire coup double. En liant l'adhésion à la CEE à la réforme financière, il a mis en cause les pouvoirs publics afin de ne pas se voir imputer exclusivement les faiblesses de l'économie face à la concurrence de l'extérieur.

---

7 Mioche, P., « La perception de la puissance française par le patronat vers 1958 », in *Travaux et Recherches* n°3, automne 1991.

8 Szokolocsy-Syllaba, J., *Les organisations professionnelles et le Marché Commun*, Paris, 1965, p. 293.

D'autre part, si le Marché Commun réussit, les entreprises bénéficieront simultanément des avantages de la réforme et de ceux de la Communauté économique. S'il rate, la réforme aura au moins permis un certain redressement indispensable à la reprise de l'économie.

Mais, par ailleurs, on a l'impression que l'Europe n'est plus envisagée comme uniquement dangereuse. Elle est devenue en quelque sorte le prétexte au réveil, au renouveau, et le moyen de faire sortir l'économie de son long engourdissement, de la stimuler.[9]

L'adhésion du CNPF au Marché Commun n'est pas représentative de l'ensemble des milieux industriels français. Les représentants de l'industrie au Conseil économique et social se sont prononcés contre le Marché Commun ou se sont abstenus[10].

Ce n'est qu'en 1960 que le secteur automobile se déclare favorable à l'intégration européenne. Jusque-là, la Fédération des industries mécaniques et transformatrices des métaux considère l'adhésion française au Marché Commun comme « une aventure dangereuse, mettant en question rien de moins que la persistance sur le sol français d'une industrie forte et indépendante »[11].

III. Le plan Rueff, un choix politique fort

Le Général de Gaulle arrivé au pouvoir entend mettre en œuvre le Marché Commun dans la continuité des hommes politiques de la IVe République. Le CNPF suit pleinement le chef de l'État dans cette politique. Il cherche à obtenir la cohésion la plus forte possible des milieux industriels avec ces objectifs afin d'assurer la prospérité économique.

Il faut alerter les milieux patronaux, leur faire comprendre que leur prospérité relative est un leurre si l'ensemble de l'économie française ne se redresse pas, leur faire sentir leurs responsabilités vis-à-vis de leurs cadres et de leurs ouvriers et essayer de provoquer chez eux une volonté de contribuer par tous les moyens dont ils disposent à l'effort à accomplir. Il faut pouvoir leur annoncer que le CNPF, profondément décidé à agir, leur demande leur concours.[12]

---

9 Braun, N., « Le patronat français et l'intégration européenne », in *Revue du Marché Commun*, n°121, mars 1969, p. 136.

10 Guillen, P., « Frankreich und der europäische Wiederaufschwung. Vom Scheitern der EVG zur Ratifizierung der Verträge von Rom », in *Vierteljahreshefte für Zeitgeschichte* 28 (1980), p. 5.

11 Roy Willis, F., *France, Germany and the New Europe*, California, 1968, p. 255.

12 27 février 1958, Document destiné à alerter l'opinion, Archives du CNPF.

À la fin septembre 1958, le Général de Gaulle, de façon à stabiliser les finances et assurer l'indépendance nationale, charge Jacques Rueff[13] de mettre au point un plan de réforme financière[14]. C'est l'occasion pour la France d'assainir son économie et de reprendre une place normale dans les échanges internationaux par le biais de la libération des échanges et des prix, d'une forte dévaluation du franc, de la suppression d'un grand nombre de subventions, de l'augmentation des impôts et de l'aménagement des régimes sociaux.

Le Comité Rueff comprend des économistes (Gignoux, Jeanneney), des administratifs (Schweitzer, Directeur du Trésor, Jean Saltes, sous-directeur de la Banque de France, Devaux, Directeur du Budget), et des chefs d'entreprise (Lorain, Administrateur de la Société Générale, Raoul de Vitry, Président de Pechiney).

Le plan Rueff, élaboré en décembre 1958, est une mesure de politique générale considérée par beaucoup comme une condition *sine qua non* du succès du Marché Commun.

> L'inflation chronique, dont les dévaluations successives n'avaient pu corriger les conséquences, avait condamné les tentatives visant à supprimer les obstacles et les aides qui isolaient la production française de la concurrence internationale. Après la dévaluation réussie de décembre 1958, l'évolution économique générale a permis de suivre sans esprit de retour une politique libérale des échanges.[15]

Le Comité Rueff fait état des problèmes français, que ce soit la perte des devises, la hausse des prix, le déséquilibre entre le pouvoir d'achat et la valeur des richesses à acheter ou l'inefficacité des aides à l'exportation. Il étudie ensuite les solutions à apporter. Plusieurs hypothèses ont été envisagées pour la libération des échanges : une à concurrence de 75 % et une autre à concurrence de 90 %. Pour la dévaluation, deux taux ont également été étudiés (15 % et 20 %).

La politique issue du rapport Rueff se veut libérale en matière de prix. Les mesures qui ont été prises par le gouvernement sont conformes aux recommandations de ce rapport.

> Le retour progressif – déjà longuement amorcé – à la liberté des prix intérieurs rétablira le sens de la concurrence qui s'émoussait à l'abri d'une ré-

---

[13] Théoricien du libéralisme et ancien conseiller de Raymond Poincaré, il est Président de la Chambre à la Cour de la Justice de la CECA.

[14] Feiertag, O., *Wilfrid Baumgartner, les finances de l'État et l'économie de la Nation (1902-1978), Un grand commis à la croisée des pouvoirs*, doctorat de troisième cycle, université Paris X, 1994.

[15] 5 novembre 1965, Rapport du ministère des Finances, Inventaire des mesures prises et des résultats obtenus par le ministère depuis 1959 dans le domaine du commerce extérieur, SAEF, B 54983.

glementation conçue pour faire échec à la hausse, mais était regardée souvent par le producteur ou par l'intermédiaire comme une protection contre la baisse.[16]

C'est dans la perspective de peser sur les prix que le taux de libération des échanges a été porté à 90 %. Le Comité Rueff estime cette mesure indispensable au moment où les prix seront affectés, en sens divers, par les autres réformes envisagées dans le rapport. On peut penser que ce taux a été déterminé en fonction de la menace britannique de dissolution de l'Union européenne des paiements. Il est possible que la Grande-Bretagne, contrée dans ses projets de Zone de libre-échange, souhaite reprendre sa pleine liberté en matière de politique économique et monétaire. Dans cette éventualité, elle rétablirait la convertibilité de la livre sterling. Les conséquences économiques de cet acte seraient faibles pour elle, mais particulièrement importantes en Europe. La cessation de l'accord sur l'Union européenne des paiements mettrait, en particulier, la France dans une situation délicate, car elle devrait régler le solde de ses opérations au sein de cette instance alors qu'elle y est fortement débitrice. Dans ce contexte, elle limiterait la libération de ses échanges, afin de ne pas entraîner, dans ce contexte financier difficile, une aggravation du déficit de sa balance des paiements. Dans cette perspective, le risque de libre convertibilité de la livre sterling aurait donc pesé sur le taux français de libération des échanges.

Le Comité Rueff a été suivi par le gouvernement dans une autre de ses préconisations : la dévaluation. Cette dernière n'est pas la conséquence presque fortuite d'une série de dispositions visant à rétablir un équilibre économique et financier fondamental. Au contraire, elle est la clef de voûte de cet équilibre et du système de rationnement de la consommation adopté par le gouvernement.

Le plan Rueff préconise également la suppression des subventions économiques à l'origine d'une augmentation des prix, la réorganisation du secteur nationalisé, la simplification du régime de la taxe sur la valeur ajoutée et l'assouplissement du contrôle des changes.

Le journal *Les Échos* critique le protectionnisme déguisé du plan en développant trois arguments. D'abord, la libération des échanges n'aura pas d'effets à la baisse sur les prix. Ensuite, la dévaluation est l'antidote de la libération des échanges. La libération des échanges est en quelque sorte annihilée, du moins théoriquement, dans son action sur les prix par la dévaluation dont on l'accompagne. Enfin, la protection sera accrue. Les droits de douane sont en moyenne de 20 %. La dévaluation ajoute

---

[16] 8 décembre 1958, Rapport Rueff au ministre des Finances et des Affaires économiques, FNSP, AWB, 2 BA 48.

une protection de 17,5 %. Les droits de douane s'ajoutent à cette protection et la TVA sur les produits importés augmente, car son assiette est évidemment élargie. De ce fait, la protection dépasse effectivement 40 %.

En ajoutant aux droits de douane l'incidence de la dévaluation, on aboutit à une majoration telle des prix des articles importés, que les acheteurs ou importateurs peuvent hésiter à utiliser à plein les facilités qui leur sont données. De leur côté, les vendeurs des produits français sur le marché national se sentent suffisamment à l'abri pour répercuter dans leurs prix les hausses entraînées par la politique gouvernementale. Les produits libérés ne représentent que le tiers environ des importations françaises en provenance de l'étranger, le reste demeurant toujours contingenté. De plus, en amenuisant le pouvoir d'achat, à la fois par la dévaluation et par les mesures fiscales, le gouvernement réduit l'intérêt que pourrait représenter pour les exportateurs étrangers le marché français.

C'est la raison pour laquelle il est possible, en suivant *Les Échos*, de conclure que si la politique du gouvernement est très nettement libérale, les correctifs monétaires qu'il a apportés sont tels que, à l'exception de certains secteurs très particuliers (tracteurs et textile), la concurrence étrangère ne jouera sans doute que d'une façon atténuée.

La Banque de France trouve le plan Rueff trop timide dans la mesure où il autorise un déficit des finances publiques dont le montant est arrêté par le Trésor. Le Comité Rueff donne ainsi aux pouvoirs publics le sentiment que cet élément fondamental de la politique économique française peut être fixé par une sorte de compromis politique entre ce qui serait techniquement souhaitable et ce qui paraîtrait pratiquement possible.

> [Le Trésor] se condamne à entretenir lui-même l'inflation qui lui permet de vivre, il oblige la Banque à maintenir une politique de crédit restrictive sans que les entreprises privées aient en contrepartie la possibilité de recourir au marché financier et il enlève à l'État toute liberté d'action dans le domaine économique et social, toute possibilité de lutter contre une éventuelle récession par une augmentation délibérée des dépenses publiques. [...] À défaut d'une véritable réforme administrative, toujours promise, qui simplifierait et rajeunirait le comportement des services publics, à défaut d'une réforme fiscale, jamais réalisée, qui donnerait enfin à l'État les moyens nécessaires pour mettre en œuvre une véritable politique économique, financière et sociale, nous en sommes réduits à utiliser des méthodes dont la brutalité dissimule mal l'inefficacité.[17]

[17] Note pour M. Rueff, FNSP, AWB, 2BA47.

La Banque de France ne voit pas dans la dévaluation la solution aux problèmes que connaît la France. Elle la juge dangereuse dans tous les cas de figure.

> Si la conjoncture reste un peu déclinante, si le Trésor ne fait pas d'inflation, si le gouvernement ne relance pas la consommation, si la libération des échanges est suffisamment importante, il est à peu près certain que les prix ne monteront pas de 5,5 % et qu'une dévaluation de 17 % est non seulement inutile mais extrêmement dangereuse. En cas d'échec, si l'impasse dépasse largement 500 milliards de francs, si le gouvernement amorce la hausse des prix par des hausses de salaires, si la libération des échanges reste timide, si la consommation intérieure n'est pas réduite mais augmentée, alors il est vraisemblable que la hausse des prix sera de plus de 5,5 % que la dévaluation de 17 %, qui va relancer l'activité intérieure, se révélera insuffisante... Dans cette hypothèse, nous pourrons allègrement dans quelques mois recommencer une comédie dangereuse.[18]

Le CNPF critique un plan brutal, fait à la hâte et insuffisamment expliqué. Pourtant, il considère que ces mesures répondaient aux exigences d'une situation d'urgence et que leurs résultats sont positifs. Il constate en particulier le regain de la confiance qui constitue la condition de toute politique économique d'assainissement et d'expansion[19].

Pour ce qui est du contenu du plan Rueff, les opinions sont partagées au CNPF. Certains mettent l'accent sur les aspects négatifs (augmentation des charges fiscales et sociales, suppression trop rapide et trop radicale des subventions, libération des échanges non compensée simultanément par une égalisation des charges entre la France et ses partenaires du Marché Commun), alors que d'autres saluent la nouvelle politique du gouvernement comme globalement conforme à leurs souhaits. Au terme de la discussion, les membres du groupe expriment l'avis de mettre l'accent sur les effets salutaires du retour au libre accès aux matières premières et de la suppression des indexations.

Malgré ces quelques réserves, une cohésion de la plupart des acteurs sociaux s'est réalisée autour de ce plan, que ce soit la population française (le gouvernement jouit d'un assez large soutien populaire) ou le patronat qui s'associe pleinement à l'œuvre accomplie. Tous ont conscience du caractère irrémédiable de l'entrée en vigueur du Marché Commun et du fait que le plan Rueff correspond à la dernière chance de remettre la France à niveau.

À la suite de la dévaluation de décembre 1958, les partenaires de la France ont demandé que les contingents fixés par référence à la produc-

---

[18] 8 décembre 1958, Note, FNSP, AWB, 2BA48.

[19] Conclusions présentées par le Président Villiers, Supplément au *Bulletin du CNPF*, n°181, Archives du CNPF.

tion nationale soient, au même titre que les contingents de 10 %, réévalués de 17,5 %. La délégation française a manifesté une opposition formelle à une telle prétention, mais a finalement retenu de les corriger d'un coefficient tenant compte de la hausse des prix intervenue depuis le 1er janvier 1958, soit de 6,5 %[20].

IV. Les doutes persistants sur l'entrée de la France dans le Marché Commun

Les services de la Banque de France s'interrogent sur les capacités réelles de la France à intégrer le Marché Commun. La question essentielle qui se pose n'est pas la dévaluation, qui n'est qu'un aspect secondaire d'un problème plus vaste.

> La question est de savoir si nous pouvons à la fois :
> - entrer dans le Marché Commun, ce qui implique pour que les seuls produits français soient compétitifs, non seulement que leurs prix extérieurs soient abaissés par l'effet d'une mesure monétaire mais qu'un effort d'équipement suffisant soit poursuivi en France ;
> - améliorer le niveau de vie de l'ensemble de la population au même rythme qu'au cours de ces dernières années ;
> - prélever sur la production nationale une part ne fût-ce qu'égale à celle de ces dernières années pour l'administration, la défense et l'équipement de l'Afrique.
>
> Bien que là encore, toute estimation précise soit impossible, il semble bien que la réponse à cette question ne puisse pas être positive et qu'en conséquence des choix soient nécessaires. Mais ceux-ci, par nature, sont politiques et non plus techniques.[21]

Le Service de coopération économique du Quai d'Orsay est tenté de rendre les contingents français plus restrictifs tant qu'il en a encore le droit, c'est-à-dire avant le 1er janvier 1959. Il hésite toutefois reconnaissant que « si [cette mesure] n'est pas contraire à la lettre du traité, elle paraîtra en tout état de cause assez contraire à son esprit ».

La direction des Relations économiques extérieures tente d'évaluer les conséquences des mesures du 1er janvier 1959 sur la balance commerciale française en prenant successivement quatre hypothèses différentes. En matière de libération des échanges, unc hypothèse à concurrence de 30 % (référence 1948) a été proposée, ainsi qu'une autre à 40 %, taux au-delà duquel le gouvernement français estime que des importations purement spéculatives sont à craindre. L'accroissement

---

[20] 18 novembre 1959, Note de la DREE au Conseiller commercial auprès des Ambassades, SAEF, B 54972.

[21] 14 novembre 1958, note sur un éventuel ajustement monétaire, FNSP, AWB, 2BA47.

effectif des importations françaises par rapport à 1958 peut être estimé à deux milliards de francs dans la première hypothèse et à dix milliards dans la seconde. Pour l'élargissement des contingents de produits ex-libérés, deux hypothèses ont également été retenues : l'une basée sur une augmentation de 10 %, l'autre sur une augmentation de 20 %. La direction des Relations économiques extérieures a également envisagé une application partielle du traité de Rome, bien qu'elle y soit en principe opposée.

Le ministère de l'Industrie a, pour sa part, concentré son étude sur l'élargissement des petits contingents, auxquels appartiennent les automobiles, les engrais, les produits chimiques divers, les préparations pour lessives, etc. Selon ces calculs, les mesures du 1er janvier 1959 entraîneraient un accroissement de 220 à 270 % des importations en provenance des pays du Marché Commun pour ces contingents.

Calcul provisoire des augmentations d'importations résultant des dispositions prévues par le Marché Commun pour les augmentations de contingents en milliards de francs

	1ère année	3e année
Industries mécaniques (total)	28	54
Automobiles, motocyclettes	15	28
Industries chimiques (total)	3	9,5
Produits minéraux et organiques	1	4
Parachimie		0,5
Verre		1
Corps gras	1	2
Caoutchouc	1	2

Selon le ministère de l'Industrie, il faut donc prévoir une augmentation massive d'importations de produits contingentés, spécialement dans les secteurs de l'automobile et de la construction électrique. Le véritable enjeu de ces libérations contingentaires françaises réside dans ces petits contingents.

> Les chiffres d'ensemble relatifs au cadre contingentaire français traduisent un accroissement de l'ordre de 83 % en faveur des pays de la Communauté, les 9/10 de cet accroissement étant dus à [ces petits contingents].[22]

[22] 26 février 1959, lettre de M. Carbonnel, représentant permanent de la France auprès des Communautés Européennes au ministre des Affaires étrangères MAE, DE-CE 669.

L'effort à fournir est considérable. Tous les acteurs économiques en sont bien conscients. Le CNPF reconnaît que, jusqu'ici, « l'industrie française était à peu près isolée de la concurrence étrangère au sein d'un système économique où les prix et la monnaie étaient artificiellement faussés ». Il met l'accent sur l'aide qu'elle doit obtenir des organisations professionnelles et sur la nécessité de mettre en commun des moyens de fabrication ou de vente insuffisants en eux-mêmes.

Chaque ministère renvoie à l'autre la responsabilité d'un éventuel échec de l'entrée de la France dans le Marché Commun. Le Quai d'Orsay est assez dubitatif sur la possibilité de réussite de la politique européenne de la France à la fin de l'année 1958. La direction des Affaires économiques et financières craint en particulier une forte hausse des importations de produits transformés en cas de libération des échanges sans taxe compensatoire. Elle constate que les importations se sont déjà accrues de plus de 40 % du premier semestre 1954 au premier semestre 1955 alors que les effets de la libération ont été sérieusement atténués par une taxe compensatoire élevée jointe à une protection douanière de plus de 20 %. Or, ces secteurs sont ceux où la concurrence des Six est la plus vive. L'élaboration d'un Marché Commun comporte donc des dangers importants. La direction des Affaires économiques et financières préconise l'harmonisation des charges des entreprises, une dévaluation et le maintien provisoire des restrictions quantitatives.

> Il est évident qu'un Marché Commun dans toutes les industries, réalisé dans un délai de dix années provoquerait, même avec une clause de sauvegarde, une révolution véritable de l'équilibre économique et social français, avec chutes brutales d'activité dans certains secteurs et risques graves de chômage. En tout état de cause, les difficultés d'une libération des échanges dans le cadre de l'OECE, qui comporte pourtant une protection douanière renforcée par une taxe compensatoire, suffisent à démontrer, en admettant que certains des obstacles rencontrés à ce propos auraient pu être rapidement surmontés, la gravité pour l'industrie française des répercussions de l'institution éventuelle d'un Marché Commun à Six.

Le danger est d'autant plus grand aux yeux de cette direction que la France connaît une mauvaise position concurrentielle dont les mentalités et les pratiques des milieux industriels français sont responsables.

> Le fait que l'industrie française ne soit pas concurrentielle dans tous les secteurs résulte d'autres causes [que les disparités dues à l'influence de la législation sociale] : manque d'intérêt des milieux économiques pour l'exportation, mauvaise organisation, coût du système de distribution, etc. Suffira-t-il de la pression exercée par le Marché Commun pour amener les milieux français intéressés à modifier leurs conceptions et leurs méthodes ?

Cette direction voudrait satisfaire aux obligations du Marché Commun sans perdre la face, en essayant de faire passer l'incapacité française à réaliser la libération des échanges pour une spécificité de politique commerciale française.

Même la direction des Relations économiques extérieures, pourtant très favorable au principe de l'intégration européenne, tient le profil bas quant à l'entrée de la France dans le Marché Commun. Elle considère qu'en cas d'échec, le pays perdrait tout prestige et ne pourrait plus compter sur un soutien financier ou diplomatique de la part de ses partenaires. Elle reconnaît que cette situation serait dramatique, mais ses espoirs concrets de réussite sont maigres.

> Les perspectives d'une amélioration de notre balance commerciale pour 1959 permettent d'espérer que notre déficit, compte tenu de l'accroissement des importations résultant des mesures de désarmement contingentaire envisagées tant au titre du Code de libération qu'au titre du traité de Rome, ne sera pas supérieur à celui de 1958.

Le ministère de l'Industrie et du Commerce tente de faire faire aux entreprises un effort d'amélioration de productivité et d'investissement supérieur à celui des principaux concurrents pendant la période transitoire, afin de corriger les handicaps de structure d'une partie de l'industrie française. Cette politique doit permettre aux entreprises de disposer, par l'autofinancement et des crédits à taux convenable, des moyens financiers nécessaires. Cela suppose notamment des restrictions de consommation, des limitations des charges improductives, l'absence de nouvelles charges fiscales pour les investissements productifs et une réforme du régime fiscal.

À cette date, les partenaires de la France doutent également de sa capacité à réussir son entrée dans le Marché Commun. Les milieux économiques allemands craignent que les pays du Marché Commun ne soient atteints, par contagion, des difficultés monétaires françaises. Ils se demandent, comme il apparaît dans la presse, si le gouvernement français compte profiter de ses pouvoirs étendus pour fixer au moins les bases d'une grande réforme économique. Ils s'accordent à reconnaître qu'une dévaluation serait sans effets utiles si toutes les mesures nécessaires n'étaient prises au préalable (une réduction des subventions de l'État, des réformes du système fiscal, des réseaux de distribution, du mécanisme des prix et des salaires, de l'administration et de la législation sociale). Un homme aussi pondéré que Hermann-Josef Abs, banquier influent en Allemagne, n'a pas hésité à affirmer que si la constitution de la Communauté économique européenne devait faire perdre à certains États leur stabilité financière et monétaire, ils pourraient se trouver amenés à renoncer à la communauté. Ses propos sont toujours assurés, dans les milieux économiques allemands, d'une grande résonance.

CHAPITRE IV

La réalisation du Marché Commun (1959-1961)

I. La reprise de la libération des échanges français

A. Une libération acceptée par tous

Le gouvernement français considère que les efforts de redressement économique et financier, et ceux visant à l'exécution des obligations du traité de Rome, sont dans une large mesure communs. Il veut respecter ses engagements au sein du GATT et se rapprocher des libérations des Six afin de pouvoir mettre sur pied une politique commerciale commune.

> Comme on cherche soit à nous rendre responsables de l'échec du projet de la Zone de libre-échange, soit à nous attribuer la paternité d'une certaine politique protectionniste que s'apprêterait à pratiquer la CEE, il y a intérêt pour le gouvernement français à pratiquer une politique libérale et non discriminatoire chaque fois qu'il est possible de le faire sans pour autant porter atteinte à l'originalité du traité de Rome ou à nos intérêts nationaux.[1]

Le 1er janvier 1959, le gouvernement libère 40 % des importations françaises de 1948. Ce pourcentage a été choisi et les produits libérés sélectionnés de façon à réduire au maximum les risques pris, notamment en cas de poussée spéculative. Il a également décidé de prendre le risque d'élargir de 20 % de façon automatique, uniforme et unilatérale les contingents de tous les produits qui avaient été précédemment libérés.

Des mesures de libération, concernant les produits industriels en provenance des pays de l'OECE, des États-Unis et du Canada, se sont échelonnées entre décembre 1958 et janvier 1960. Elles ont abouti à une libération très étendue (97 % sur la base de 1957). Dès la première année du Marché Commun, la France s'était engagée à augmenter dans les douze mois la masse des contingents existants de 15 %, aucun contingent ne pouvant être inférieur à 3 % de la production de la branche correspondante. Cependant, les produits relevant du commerce d'État (énergie, papiers de presse, tabacs, avions, bateaux, armes et

---

1 2 novembre 1959, Lettre du ministre des Affaires étrangères au ministre des Finances et des Affaires économiques, Antoine Pinay, MAE, DE-CE 662.

matériels de guerre) demeurent contingentés, ainsi que la plupart des produits industriels venant des pays de l'Est[2].

En septembre 1959, la libération française sur l'OECE porte sur 80 % des importations privées. Mais le gouvernement trouve ce pourcentage insuffisant dans la mesure où ses partenaires en sont à plus de 92 % de libération. En novembre 1959, le ministre des Finances adresse à Jean-Marcel Jeanneney, ministre de l'Industrie, une lettre lui proposant une mesure immédiate de libération des échanges sur les bases suivantes :

- taux de libération porté sur l'OECE en référence 1957 à 91,5 % et à plus de 90 % pour les seuls produits industriels manufacturés ;
- suppression de la discrimination de la zone dollar pour tous les produits libérés sur l'OECE ;
- réduction de 1 500 à 400 environ du nombre des positions statistiques demeurant contingentées pour les produits industriels.

En réponse, le ministre de l'Industrie dresse une liste de produits qu'il souhaite soustraire au processus de libération. Les directions techniques prennent alors directement contact avec les services de la direction des Relations économiques extérieures pour faire connaître la liste des produits qu'elles souhaitent ajouter à la liste négative proposée par Jean-Marcel Jeanneney. L'acceptation des demandes des directions techniques conduirait à un taux de libération de 86,5 % au lieu de 91,5 % (en références 1957). Le nombre des positions industrielles figurant sur la liste négative passerait de 400 environ à 850. Enfin, le principe de la discrimination de la zone dollar pour les produits libérés sur l'OECE serait maintenu et jouerait en faveur notamment de certains produits chimiques, des disques, des phosphates et des ordinateurs – appelés alors des machines à statistiques – (IBM).

Les plus grandes difficultés concernent la direction des Industries chimiques et celle des Industries mécaniques et électriques. Toutes deux souhaitent « l'éclosion sous cocon », c'est-à-dire le maintien provisoire sous contingent, de nombreuses positions industrielles. La direction des Industries mécaniques et électriques prévoit notamment le maintien sous contingent des tracteurs, de certaines machines-outils, des pièces détachées d'automobiles, des aspirateurs, des pièces détachées de radio, des lampes électriques, etc.[3]

---

[2] 5 novembre 1965, Inventaire des mesures prises et des résultats obtenus par le ministère des Finances depuis 1959 dans le domaine du commerce extérieur, SAEF, B 54983.

[3] 8 décembre 1959, Note de Bernard Clappier à l'attention du ministre des Finances, SAEF, B 54985.

La libération s'est poursuivie dans le courant de l'année 1960 pour les produits relevant de la direction des Industries mécaniques et électriques pour atteindre sur l'OECE à la fin septembre 84 % des produits restant contingentés en fin 1959 et 94,5 % de l'ensemble des produits de la direction, en même temps qu'elle était étendue aux États-Unis et au Canada. Les importations d'automobiles sont progressivement libérées à partir de mars 1961 sans déclencher un véritable tollé de l'organisation professionnelle de la branche. C'est un événement quand on considère que le secteur de l'industrie mécanique est, depuis l'immédiat après-guerre, l'un des plus farouches opposants à la libération des échanges. Les contingents d'importation en provenance des partenaires du Marché Commun doivent passer de trois milliards de francs en 1956 à douze milliards en 1959, vingt milliards en 1961 et quatre-vingts milliards en 1968. Un rapport de l'Ecole nationale d'administration[4] prévoit que ces contingents seront intégralement utilisés du fait du snobisme de la population française à l'égard des voitures étrangères, de la flexibilité du prix de ces voitures et de l'ampleur des délais de livraison des voitures françaises. Toutefois, il estime que la prospérité de l'industrie automobile française est telle que ces importations supplémentaires ne risqueront pas d'avoir d'effets importants.

À partir du début du mois d'avril 1961, il n'existe plus de contingents pour les importations de produits industriels à l'exception de certains secteurs sensibles tels que les appareils photographiques et les réfrigérateurs. Les droits de douane de 5 à 10 % portent sur l'ensemble des importations françaises, à l'exception des produits agricoles. À l'égard des importations en provenance des Pays-Bas et de l'Allemagne, c'est-à-dire du quart des achats français à l'étranger, la mesure adoptée compense simplement la réévaluation du DM et du florin.

Le 1er janvier 1962 constitue la dernière étape de libération des échanges vis-à-vis de l'ensemble des pays de l'ex-OECE. Le gouvernement français paraît résolu à lever les restrictions quantitatives sur les quelques produits qui demeurent contingentés. Bien que cette échéance soit attendue, les secteurs industriels visés estiment que l'initiative du gouvernement est prématurée et qu'elle rendra la concurrence plus redoutable[5].

---

4 L'automobile et le Marché Commun, sans date mais probablement de 1957, SGCI, 910004/1.

5 1er janvier 1962, Dernière étape de la libération des échanges, FNSP, AWB, 3BA52.

B. Le maintien de quelques restrictions

Les pays membres du Marché Commun se plaignent, en 1959, du mode de répartition et d'intervention des comités techniques, d'une part, et de la lenteur mise dans l'acheminement des licences, de l'autre. La direction des Affaires économiques et financières propose d'établir un contrôle des critères adoptés par les directions techniques et les travaux des comités techniques d'importations, jusque-là seuls responsables. Elle impute les retards constatés dans l'acheminement des licences au manque de personnel et de moyens de l'Office des changes[6]. Les services français appliquent des critères qui diffèrent selon les directions techniques et les catégories de marchandises. Ils reconnaissent que les critères utilisés sont destinés à protéger l'industrie française concurrente.

La République fédérale dépose une plainte à propos de la gestion restrictive des contingents d'importations par la France auprès de la Commission européenne, que celle-ci trouve fondée.

La gestion des comptes EFAC (Exportations frais accessoires) fait également l'objet d'importantes critiques. Depuis le 12 mai 1955, le titulaire du compte peut transférer les importations d'un groupe de pays à un autre, sans justifier auprès de l'administration la nécessité du transfert. Les comptes EFAC concernant les pays de la zone de l'Union européenne des paiements ont ainsi pu être transférés à ceux visant la zone dollar. Cette mesure a autorisé de nombreux abus.

C. L'accord des industriels

Les industriels ne s'opposent plus à la libération des échanges vis-à-vis des pays du Marché Commun.

> À l'issue d'une première année d'application, il apparaît que les mesures de libération, si elles ont modifié certaines situations anciennes ne tenant qu'à l'existence d'un protectionnisme artificiel, n'ont pas provoqué de troubles excessifs. Pour un grand nombre de produits libérés, les importations ne sont pas plus importantes qu'avec le régime contingentaire.[7]

Seul le ministère de l'Industrie et du Commerce manifeste encore quelques appréhensions. En février 1961, le directeur des Industries mécaniques et électriques, Bellier, fait savoir à son ministre qu'il aimerait différer la libération de quelques secteurs de sa compétence[8].

---

[6] 8 juin 1959, Note de la DAEF, MAE, DE-CE 666.

[7] 24 décembre 1959, Lettre de Max Fléchet, Secrétaire d'État aux Affaires économiques, au Président de la 6e région économique (Rennes), SAEF, B 54985.

[8] 17 février 1961, Note du directeur des Industries mécaniques et électriques au Cabinet du ministre de l'Industrie et du Commerce, MIC, 771530 art. 27.

Dans l'ensemble, l'affrontement de l'économie française et de ses concurrents du Marché Commun a donc été accepté et assumé à partir de 1959 comme une condition fondamentale du développement économique. Les secteurs professionnels sont peu inquiets à l'égard d'une mesure qui n'aura que des répercussions assez faibles sur le prix des articles importés. Ils associent en général un mécontentement de principe à des craintes très modérées. Nous pouvons expliquer cette tranquillité par le fait que « ces mesures ne sont que la répétition de celles qui ont été appliquées en 1959, leur cadre est tracé et elles ne soulèvent pas de problèmes particuliers »[9].

La facilité et l'absence de critiques des industriels français sur la reprise de la libération des échanges nous amène à réfléchir sur les raisons des difficultés rencontrées tout au long des années 50 pour ouvrir le marché français aux concurrents européens. Nous y voyons trois raisons majeures : la préparation psychologique du gouvernement comme des industriels, un contexte économique plus favorable et l'incidence des mesures monétaires (dévaluation du franc et libre convertibilité des monnaies). Ces éléments ont favorisé la réussite du plan Rueff, lequel a marqué un tournant dans la politique commerciale française des années 50. Pour les industriels, la nécessité de l'ouverture de l'économie est acquise, contrairement au début de la décennie où ils n'y croyaient pas. À partir de la mise en œuvre du Marché Commun, ils découvrent une politique gouvernementale fermement décidée à ouvrir la France à la concurrence internationale et ils n'y opposent plus de résistance.

II. Les réactions des industriels aux ajustements tarifaires

A. La mise en place du tarif extérieur commun en France

On considère généralement que le « point de vue français » dans la négociation du tarif extérieur commun a visé à obtenir un droit de douane élevé. En fait, le ministre des Affaires étrangères et celui des Finances sont d'accord sur l'abaissement du tarif douanier dans le cadre d'un ensemble de dispositions destinées à stabiliser les prix. Suite à la réforme monétaire de décembre 1958, les prix français sont encore légèrement inférieurs aux prix étrangers, mais ils ont tendance à les rejoindre. Une baisse du tarif douanier contribuerait à freiner cette tendance et à limiter les effets sur les prix de la sécheresse exceptionnelle de l'été[10].

---

9 *Bulletin du CNPF*, janvier 1960.

10 2 novembre 1959, Lettre du ministre des Affaires étrangères à Antoine Pinay, MAE, DE-CE 662.

Les industriels français ne se rallient pas à ces raisons. Le CNPF se déclare hostile à l'abaissement tarifaire de 10 % réalisé dans le cadre du Marché Commun le 1er janvier 1959[11]. Il préférerait limiter les réductions tarifaires afin de se ménager une marge de manœuvre dans le cadre des négociations Dillon du GATT. De plus, il considère que l'abaissement supplémentaire de 10 % des droits de douane encouragerait les pays hostiles au relèvement des bas tarifs de leurs pays dans leur résistance à la mise en place du tarif extérieur commun. Elle conduirait la France, pour la grande majorité des produits, largement au-delà des obligations du traité de Rome.

Nous sommes autorisés à penser que la centrale patronale est allée au-delà des aspirations de ses membres sur cette question. Aucune fédération du CNPF ne s'est montrée opposée au principe lors de la consultation interne au CNPF de 1956. Elles demandent seulement quelques aménagements de détail. Certaines souhaitent une baisse initiale de 5 % au lieu de 10 %, mais elles insistent surtout pour que les distorsions aux échanges soient corrigées au même rythme que la réduction des droits de douane. Il est prévu que la première réduction de 10 % soit uniforme et que les réductions suivantes soient globales, de telle sorte que chaque gouvernement ait le droit de les aménager afin que leur moyenne soit de 10 %. De nombreuses fédérations, se souvenant des difficultés qui se sont produites au moment des débuts de la libération des échanges, notamment des oppositions très nettes qui se sont manifestées pour éviter de figurer dans la liste de libération, ont fait prévaloir l'idée selon laquelle la première réduction sera uniforme et, pour les étapes suivantes, un minimum et un maximum seront donnés sur chaque poste de telle sorte qu'aucun n'échappe à cette mesure[12].

Les discussions sont particulièrement difficiles pour les 70 produits de la liste G, pour lesquels les droits ne sont pas fixés suivant la règle générale de la moyenne arithmétique, mais doivent faire l'objet d'une négociation entre les États membres. En 1957, les importations des produits de la liste G représentent 15,2 % des importations totales enregistrées par les Six. Le 2 février 1960, la liste G comprenait 260 positions reconnues comme sensibles par au moins trois États membres. À la fin juillet 1960, cette liste était ramenée à 41 positions. Les négociations ont été à ce point ardues, que ce n'est qu'en mai 1964 qu'un accord a été atteint pour le tarif extérieur commun de l'ensemble des produits y figurant. Au total, les droits négociés sont inférieurs à la moyenne arithmétique. Dans l'ensemble, les produits agricoles de la liste G ont

---

11 3 novembre 1959, Lettre de Georges Villiers à Antoine Pinay, MAE, DE-CE 660.

12 18 juin 1956, Rapport sur le Marché Commun, Archives du CNPF.

des droits nettement supérieurs à la moyenne arithmétique, tandis que les produits industriels connaissent des droits nettement inférieurs.

Les automobiles et pièces détachées d'automobiles font partie des produits les plus sensibles, au même titre que l'aluminium ou les produits pétroliers[13]. Le gouvernement belge, soucieux du maintien des usines de montage de véhicules de marques américaines ou anglaises, demande que les droits des pièces détachées d'automobiles soient inférieurs à ceux des véhicules montés. Il souhaite donc un droit de 13 %. Les Français craignent que, en cas de différentiel assez fort entre les droits sur les pièces détachées et ceux sur les véhicules, les constructeurs des pays tiers ne soient tentés d'installer des chaînes de montage dans les États membres du Marché Commun. La France et l'Italie réclament donc un droit de 28 % sur les pièces détachées. L'Allemagne et les Pays-Bas défendent une position intermédiaire, proche de la moyenne arithmétique qui serait de 19 %. C'est finalement cette dernière position qui l'a emportée au grand dam des constructeurs français qui considèrent qu'une différence de dix points entre les droits sur les pièces détachées et ceux sur les véhicules avantage trop fortement l'industrie du montage. Ils parlent à ce propos d'une « prime au montage ».

Les industriels ont insisté pour que les droits de la liste G soient exemptés d'une mesure d'abaissement de 20 % du tarif extérieur commun. Ils arguent du fait que les droits ont été négociés dans un climat non protectionniste et sont, en général, plus bas que la moyenne arithmétique.

Les services ministériels n'acceptent pas l'idée d'exempter l'ensemble des produits de la liste G, mais autorisent le ministre de l'Industrie à présenter une liste de produits. La direction des Relations économiques extérieures trouve néanmoins la liste soumise, qui présente dix-huit produits, trop importante et demande de lui faire parvenir une liste réduite. Une liste de sept produits est établie qui comprend les pâtes à papier, les ferro-alliages, l'aluminium brut et les déchets d'aluminium, le plomb brut, le zinc brut, les moteurs pour automobiles ainsi que les organes de transmission et les pièces détachées de véhicules automobiles, enfin les machines-outils pour le travail des métaux[14]. Cette démarche, qui a rallié les pouvoirs publics français à la cause patronale, a finalement échoué et les produits de la liste G ont subi, comme les autres, la réduction tarifaire.

---

13 28 décembre 1959, Lettre du représentant permanent de la France auprès des Communautés européennes au ministre des Affaires étrangères, service de coopération économique au sujet de la liste G, MAE, DE-CE 665.

14 Lettre de Claude Beaurepaire à Corson, DREE, au sujet des produits sensibles de la liste G, SAEF, B 54955.

Alors que les partenaires de la France ont bénéficié de la liste G2 (une possibilité offerte par le traité de Rome à un pays membre d'ajouter d'autres produits à la liste G dans la limite de 2 % de la valeur de ses importations en provenance de pays tiers au cours de l'année 1956), la France ne souhaite pas y recourir afin de ne pas retarder le déroulement des négociations tarifaires et de tenir ses engagements au sein du GATT. Le Quai d'Orsay se targue ainsi de ne pas avoir subi la pression des milieux économiques.

B. La mise en place du tarif extérieur commun en République fédérale

Les Allemands ne doivent pas modifier les tarifs douaniers de la plupart de leurs produits industriels dans le cadre de la baisse de 10 % des tarifs prévue par le traité de Rome le 1er janvier 1959. En effet, ils ont déjà réalisé une baisse de 25 % de façon unilatérale et anticipée en août 1957, à l'exception d'une cinquantaine de positions douanières. Les industriels allemands ne ressentent donc aucune crainte à l'égard de cette première réduction tarifaire. Ils espèrent même en tirer partie pour améliorer leurs exportations.

Pour la deuxième réduction tarifaire prévue pour le 1er juillet 1960, les pays membres ont le droit de choisir entre une méthode linéaire et une méthode sélective d'abaissement tarifaire. Cette dernière présente l'avantage de protéger plus longtemps certains produits menacés en les libérant de 5 % puis de 15 % au lieu d'une double opération à hauteur de 10 %. Il existe des partisans et des détracteurs pour les deux solutions. Le BDI préfère continuer à appliquer un traitement préférentiel aux produits exempts de la baisse tarifaire d'août 1957. Ainsi, le représentant du BDI, M. Goksch, présente une liste d'industries, pour lesquelles la concurrence au sein de la Communauté économique européenne est vive, qui demandent à n'opérer, pour une première étape, qu'une réduction sélective de 5 %.

Le ministre des Finances et celui de l'Économie préfèrent la solution linéaire. Ils jugent relatif l'avantage qu'offre la solution sélective puisque la réduction tarifaire doit être d'autant plus forte dans un deuxième temps.

Au total, près de 80 % des positions du tarif allemand devront être majorées lors du rapprochement avec le tarif extérieur commun, 68 % subissant un relèvement supérieur à 50 %. Par exemple, le droit de douane allemand sur les automobiles était de 21 %. La réduction conjoncturelle d'août 1957 l'a ramené à 16 %. Le jour où le tarif allemand devra être rapproché du tarif extérieur commun, il sera de 24 %.

Les industriels allemands craignent que le tarif extérieur commun ne renchérisse leurs importations par l'obligation qu'il leur impose de relever leur tarif douanier. Les chimistes dans les secteurs de la cosmétique, des savons et des produits d'entretien redoutent l'augmentation du coût de leurs matières premières. La firme Hoechst, en revanche, ne souffrira pas d'une augmentation du prix de ses importations (principalement silice, soufre et phosphate brut) car ces dernières restent exemptes de droits de douane.

Produits minéraux et produits chimiques pour lesquels s'accentue le décalage entre le tarif allemand et le tarif extérieur commun[15]

	Nombre de positions	% du total
Total	639	
Sans changement	83	13
Majoration de + 100 %	209	32,7
Majoration de 50 à 100 %	185	29
Majoration de 25 à 49 %	61	9,5
Majoration de moins de 25 %	33	5,3
Réduction de 50 à 100 %	39	6,1
Réduction de 25 à 49 %	15	2,4
Réduction de moins de 25 %	14	2

Néanmoins, le BDI a préconisé, « dans l'intérêt de quelques branches industrielles, l'introduction de tarifs douaniers spéciaux, en particulier dans les cas où les barrières douanières ne jouent pas leur rôle de protection contre les importations aux plus bas prix »[16].

Dans certains secteurs, comme la chimie, des craintes se manifestent à l'égard d'une réduction trop importante du tarif extérieur commun. Le Dr Karl Winnacker, qui dirige la firme Hoechst, insiste pour conserver des protections tant que l'Allemagne ne dispose pas de matières premières comparables aux autres pays (cas du phosphore) ou que les coûts d'énergie pèsent fortement sur la production (cas de l'azote où l'énergie représente 60 % des coûts de production) ou encore pour les domaines où elle est en retard par rapport à ses concurrents (cas de la pétrochimie). Il craint, de plus, que les différences de tarifs douaniers ne favorisent les États-Unis dans leurs exportations vers l'Europe. Or, la produc-

15 Note au sujet du problème posé par l'alignement du tarif douanier allemand sur le tarif douanier commun, MAE, DE-CE 662.

16 *Jahresbericht des BDI*, 1958-1959, p. 65.

tivité américaine est bien supérieure à celle de l'Europe dans le secteur chimique. Avec le même nombre d'employés, les Américains produisent 2,5 fois plus[17]. L'organisation professionnelle de la chimie propose au ministère fédéral de l'Économie une première liste de positions douanières pour lesquelles une liberté totale peut être réalisée et une seconde liste de positions, tout aussi fournie, pour lesquelles il n'est pas question de descendre en dessous du tarif allemand[18]. La volonté protectionniste de certains industriels allemands joue cependant assez peu sur le cours des négociations, car elle reste bien inférieure à celle d'industriels français ou italiens. L'obtention d'un tarif commun au niveau de la moyenne arithmétique les satisfait entièrement[19].

Les industriels allemands souhaitent conserver un tarif douanier mesuré. Les négociations portant sur les listes G et G2 ont conduit à des résultats favorables puisque le tarif extérieur commun est souvent fixé au-dessous de la moyenne arithmétique. De plus, elles ont permis de discuter des demandes tarifaires allemandes tout en annulant les demandes d'augmentation tarifaire de certains pays.

L'entrée en vigueur du traité de Marché Commun correspond pratiquement à la fin de la politique tarifaire nationale allemande. Avec l'introduction progressive du tarif extérieur commun, la politique douanière est prise en charge de manière croissante par la Commission européenne qui réalise les négociations tarifaires avec les pays tiers. Le gouvernement fédéral se met alors à manier un nouvel instrument de politique commerciale : les modifications du cours de la monnaie. Les industriels allemands, soutenus par leur Président, Fritz Berg, réagissent violemment dans le courant de l'année 1960 à la volonté affichée par Ludwig Erhard de réévaluer le DM. Une réévaluation de 4,75 % a pourtant lieu en mars 1961. Elle a porté gravement atteinte à la situation concurrentielle des branches fortement exportatrices, comme l'industrie chimique. En réduisant le prix des importations, elle a également aiguisé la concurrence en Allemagne.

Parallèlement, la République fédérale continue à vouloir réduire fortement les tarifs douaniers à partir du 1er janvier 1961, tout en comptant sur une forte résistance française.

---

17 22 Mai 1957, Gemeinsamer Markt, Dr. Winnacker, Farbwerke Hoechst.

18 VCI am BWM, BA, B102/9427-1.

19 Rhenisch, T., *Die deutsche Industrie und die Gründung der EWG*, Ph.D., Institut universitaire européen, 1994, p. 233.

III. L'accélération du Marché Commun

A. Les raisons

La décision d'accélération de la mise en place du Marché Commun a été envisagée pour la première fois durant l'automne 1959, mais elle n'a été adoptée que le 13 mai 1960. Presque simultanément, le gouvernement belge (plan Wigny), le gouvernement français (plan Wormser) et le gouvernement néerlandais ont saisi leurs partenaires de propositions différentes mais ayant toutes pour objectif d'accélérer la mise en place du Marché Commun.

Trois facteurs peuvent expliquer cette évolution. D'une part, les premières mesures d'application du Marché Commun, loin de bouleverser les économies des pays membres, ont favorisé le développement de la production et des échanges. Dans ces conditions, il a paru opportun de profiter d'une conjoncture favorable pour hâter la réalisation du Marché Commun. D'autre part, les pressions économiques et politiques exercées à l'égard des Six par les tiers spécialement en Europe ont fait naître la crainte qu'un système souple mais fragile de libre-échange ne vienne se substituer dans les faits à la construction du traité de Rome et, partant, ont rendu souhaitable un renforcement de la communauté européenne par une accélération de sa mise en œuvre. Enfin, la réduction tarifaire anticipée permet de peser sur le niveau des prix, ce qui est particulièrement recherché par le gouvernement français.

La Commission européenne, à la tête de laquelle siège Walter Hallstein, est chargée d'étudier les trois propositions gouvernementales. Elle conclut qu'une accélération est à la fois possible et souhaitable. Elle écarte le plan du ministre belge des Affaires étrangères, au profit du plan français.

Ce plan consiste en la suppression de tous les contingents encore en place avant la fin de l'année 1961, une réduction de 30 % des tarifs douaniers pour les produits industriels et l'ajustement des différents tarifs nationaux sur le tarif extérieur commun dès le 1er juillet 1960. Ainsi, vis-à-vis de la CEE, la libération est complète depuis le 31 décembre 1961, en application des décisions d'accélération prises le 12 mai 1960.

B. La réaction des industriels en République fédérale

Le ministère fédéral de l'Économie et le BDI sont opposés à l'accélération qui rendrait plus difficile un rapprochement avec les sept pays de l'Association européenne de libre-échange et obligerait l'Allemagne à relever son tarif de 30 % à l'égard des pays tiers dès le 1er juillet 1960, dans une période de haute conjoncture où toute augmentation des droits de douane risque de relancer l'inflation. L'Allemagne devrait également revenir sur les baisses unilatérales qu'elle avait opérées en août 1957.

Les chefs d'entreprise ne sont pas libéraux au point de redouter une protection accrue mais ils ne craignent pas les importations en provenance de leurs partenaires commerciaux du Marché Commun, contrairement aux représailles que les Sept pays de l'Association européenne de libre-échange, qui figurent parmi leurs meilleurs clients, pourraient leur faire encourir. Ils redoutent que l'accélération proposée par Walter Hallstein creuse encore le fossé psychologique qui sépare les pays du Marché Commun de ceux de l'Association européenne de libre-échange. Ils ne sont pas, en fait, contre le principe de la poursuite du processus de libéralisation, mais ils sont contre les conséquences politiques de ce geste.

Le ministère fédéral de l'Économie partage ces inquiétudes. Il est surtout violemment opposé à tout relèvement des droits du tarif allemand, ainsi qu'à la suppression des réductions conjoncturelles appliquées le 1er janvier 1957 pour peser sur les prix et calmer les tendances inflationnistes.

La position négative soutenue par le BDI n'est pas appuyée par l'ensemble des industriels allemands, ni par l'ensemble de la presse du pays.

Le journal *Handelsblatt* observe que la moyenne pondérée du tarif extérieur commun atteint, sur la base des importations effectuées par la communauté en 1958, le chiffre de 7,4 % alors que la moyenne pondérée des tarifs des sept pays de l'Association européenne de libre-échange est, sur la base de 1958, de 9,3 %, celle du tarif britannique de 8,8 % et celle des États-Unis de 7,9 %. Le journal ajoute que l'ajustement des tarifs de la France et de l'Italie au tarif extérieur commun obligerait ces deux pays à procéder dans certains cas à des réductions tarifaires de l'ordre de 50 %. La publication de ces chiffres a produit un certain effet dans les milieux parlementaires.

De son côté, le comité directeur du DIHT considère comme souhaitable l'accélération du Marché Commun[20]. Cette prise de position est d'autant plus importante qu'elle intervient quelques jours après la réaffirmation par le BDI de son hostilité au projet Hallstein. Elle a eu l'avantage de démontrer que, dans les milieux économiques, le principe de l'accélération comptait d'assez nombreux partisans.

---

[20] 8 avril 1960, Déclaration de l'Union allemande des Chambres de Commerce et d'Industrie sur l'accélération du Marché Commun, MAE, DE-CE 630.

Devant les réactions provoquées en Allemagne et à l'étranger par ses prises de position hostiles au projet Hallstein, le BDI semble battre quelque peu en retraite. Son Président, Fritz Berg, a déclaré que l'industrie allemande soutenait toujours loyalement le Marché Commun, fondement du mouvement d'intégration européenne, et qu'en subordonnant son accord au projet Hallstein à un règlement satisfaisant des relations commerciales avec les Sept, elle ne s'écartait nullement de cette ligne de conduite. Selon Fritz Berg, l'offre faite par les Sept d'étendre aux pays du Marché Commun et du GATT sur une base de réciprocité les abaissements tarifaires qu'ils se consentiraient entre eux, pourrait servir de point de départ à des négociations ultérieures[21]. Surpris par une offensive dont ils avaient sous-estimé l'ampleur, les adversaires de l'accélération ont cherché surtout à gagner du temps, en ajournant l'adoption de la décision au 1er janvier 1961.

C. La réaction des industriels en France

L'accélération du désarmement douanier suscite de sérieuses appréhensions dans d'importants secteurs de l'industrie française. C'est la raison pour laquelle le CNPF insiste pour l'accompagner d'une accélération des mesures d'harmonisation des politiques économiques : coordination des politiques commerciales à l'égard des pays tiers, au sujet de laquelle des réticences se sont manifestées de la part de l'Allemagne et des Pays-Bas, harmonisation des charges salariales et sociales et suppression des restrictions du droit d'établissement. Les industriels font entièrement confiance au ministre des Finances, Wilfrid Baumgartner, pour obtenir l'adoption des mesures d'harmonisation. Ils sont d'autant plus confiants que le gouvernement français partage leur point de vue[22].

Mais comme rien n'a été fait en ce sens un an plus tard, le CNPF estime qu'il est nécessaire de s'en tenir à une réduction globale de 40 % en fin d'année, sans procéder à la réduction supplémentaire de 10 % envisagée par la décision d'accélération du 12 mai 1960[23].

Le CNPF craint un trop fort abaissement du tarif français s'il se rapproche du tarif extérieur commun. Accompagné du ministère de l'Industrie, il essaie de faire pression pour ne pas abaisser ce dernier de 20 %, car il craint de devoir encore le réduire à la suite des négociations du GATT. Bernard Clappier, le responsable de la direction des Relations économiques extérieures, s'est laissé convaincre et essaie de mener une

---

21 25 mars 1960, Lettre de l'Ambassadeur de France en Allemagne à Maurice Couve de Murville, MAE, DE-CE 630.

22 24 mai 1960, Lettre de Georges Villiers à Wilfrid Baumgartner, FNSP, AWB, 3BA48.

23 20 mai 1961, Lettre de Georges Villiers au Premier ministre, FNSP, AWB 3BA48.

action auprès de la Commission européenne afin d'éviter à la France cet abattement de 20 %.

Les Chambres de Commerce et d'Industrie françaises manifestent une opposition moins marquée au principe de l'accélération du Marché Commun. En juin 1960, la Chambre de Commerce et d'Industrie de Paris, appuyée par ses consœurs, a simplement exprimé son désir de voir se mettre en place, parallèlement à l'accélération du Marché Commun, des politiques économiques communes pour harmoniser les charges sociales, la législation du travail, etc.

Des représentants des grandes entreprises, en particulier du secteur automobile, ont critiqué la position du CNPF qui ne leur a pas semblé une image fidèle des aspirations du secteur industriel dans son ensemble. Il leur apparaît que les grandes entreprises seraient favorables à l'accélération du Marché Commun. En fait, les positions sont loin d'être unanimes, même si l'on considère uniquement les grandes entreprises du secteur automobile.

La régie Renault y est, pour sa part, « extrêmement favorable ». Elle s'efforce de faire adopter par la Chambre syndicale des constructeurs automobiles en avril 1960 une décision en ce sens[24]. Elle y parvient pour l'essentiel. Le texte adopté par la Chambre syndicale reprend mot pour mot la proposition de la régie Renault, favorable au principe de l'accélération, au désarmement douanier interne et à la mise en place du tarif extérieur commun, où l'abattement de 20 % est accepté sur tous les produits à l'exception de ceux de la liste G. En revanche, la position sur les restrictions quantitatives diverge : le texte final est beaucoup plus réservé que ne le souhaitait la régie Renault. Alors que cette dernière « approuvait la politique de suppression des restrictions quantitatives à l'égard des pays tiers sous réserve de réciprocité », la Chambre syndicale ne souhaite poursuivre le désarmement contingentaire « qu'avec une certaine prudence, compte tenu de la réduction des droits de douane envisagée par ailleurs ». Elle précise même qu'il « n'est pas possible d'envisager la libération des importations de véhicules industriels à une date aussi rapprochée que le 31 décembre 1961 »[25].

Dans le même temps, François Peugeot, qui dirige la Fédération des industries mécaniques et transformatrices des métaux, s'adresse à Maurice Couve de Murville pour que le gouvernement repousse ces propositions d'accélération du Marché Commun et s'en tienne au respect des termes et du calendrier du traité. Après un examen approfondi,

---

[24] 6 avril 1960, Lettre de J. Lorenceau à Jean-Pierre Brunet, DAEF, MAE, DE-CE 666.

[25] 11 avril 1960, Lettre de Pierre Lemaigre, CSCA, à Jean-Pierre Brunet, DAEF, MAE, DE-CE 628.

la fédération a conclu que l'application de ces propositions d'accélération présenterait de graves menaces pour les industries mécaniques.

> Nos entreprises passeraient, sans les transitions jugées dès l'origine nécessaires, d'un régime de protection relative à la liberté totale des échanges. Mais elles ne disposeraient plus alors des délais prévus pour mener à bien leur important effort d'adaptation et de développement préalable. Elles ne pourraient, en temps utile, tirer partie des harmonisations inscrites dans le traité et qui sont bien loin d'être réalisées. Le poids de l'accélération pèserait essentiellement sur les pays de la Communauté ayant les plus hauts tarifs sans efforts corrélatifs des pays à bas tarifs. En fait, cette politique de concessions sans contreparties nous ramènerait au libre-échange intégral préconisé par les pays qui y sont de longue date préparés et qui y trouvent leur intérêt immédiat.[26]

Dès novembre 1959, la Fédération des industries mécaniques et transformatrices des métaux avait émis des doutes sur les possibilités d'accélération des harmonisations nécessaires pour équilibrer les conditions de concurrence entre les entreprises au sein du Marché Commun. Ses doutes se sont vus confirmés par la faiblesse des suggestions de la Commission européenne sur ce point. Une concurrence trop rapide des pays tiers serait également nuisible aux mesures d'adaptation en cours au sein des entreprises (rationalisation des productions, spécialisation, accords, etc.) qui n'ont pas encore eu le temps de porter tous leurs fruits. La perte de la sécurité relative sur le marché intérieur compromettrait, d'autre part, l'effort d'exportation, en particulier sur le marché allemand. François Peugeot décèle dans cette volonté d'accélération une manœuvre des Allemands qui seraient fort avantagés par cette mesure car elle simplifierait l'effort d'alignement demandé aux pays à bas tarifs.

IV. Conclusion

Le succès économique du Marché Commun conforte le ralliement massif des industriels à l'intégration européenne. Durant cette phase d'euphorie, les suspicions nourries à l'égard du Marché Commun diminuent notablement[27].

L'indice de la production industrielle française, atteignant 183 en décembre 1959, a dépassé toutes les prévisions. L'écart par rapport à l'année précédente est de 15 %. Toutefois, ce résultat recouvre une

---

[26] 27 avril 1960, Lettre de François Peugeot à Maurice Couve de Murville, MAE, DE-CE 628.

[27] Braun, N., « Le patronat français et l'intégration européenne », in *Revue du Marché Commun* n°121, mars 1969.

diversité de situations suivant les secteurs : développement soutenu de la production des matières premières, fermeté de la reprise dans les industries de consommation, poussée des commandes de biens d'équipement en fin d'année, mais activité toujours réduite chez les fournisseurs des secteurs public et nationalisé et stagnation encore critique de certaines branches importantes.

Au cours du premier semestre de l'année 1960, les échanges intracommunautaires ont dépassé de 34 % en valeur ceux du premier semestre 1959. C'est la France qui, avec l'Italie, a le plus contribué à cette augmentation : le pourcentage d'accroissement de ses échanges avec les cinq autres pays membres entre les deux périodes considérées est de 45,7 % pour les exportations et de 49,7 % pour les importations. La libération progressive des échanges, le désarmement tarifaire et contingentaire, notamment dans le cadre de l'OECE et du Marché Commun, n'ont cependant pas entraîné un accroissement sensible des entrées de marchandises étrangères en France. Il y a eu une progression des importations de diverses denrées alimentaires, de laine, de caoutchouc, de produits chimiques et de biens d'équipement. En revanche, on a noté un recul des achats de charbon, de pâte à papier, de produits sidérurgiques, de coton, de cuivre et de matériel de transport.

En novembre 1959, les chefs d'entreprise consultés comme chaque semestre sur les perspectives qu'ils entrevoyaient exprimaient en majorité leur conviction de la reprise de l'expansion économique[28].

> Le Marché Commun a été un stimulant immédiat à la croissance économique des deux pays et au développement de la coopération économique franco-allemande. Les hommes d'affaires sont devenus de tels supporters de la CEE que la Commission attribua une grande partie du succès du Marché Commun à l'attitude dynamique de l'industrie.[29]

Cette réussite de la mise en vigueur du Marché Commun déclenche un nouveau discours de la part du CNPF. Il conseille aux industriels de se lancer résolument dans les échanges extérieurs en important davantage de denrées qui aideront à mieux exporter, de freiner la hausse de leurs prix et d'investir au maximum, même si cela empiète momentanément sur la consommation des Français. Enfin, il les incite à bousculer la structure industrielle en se regroupant pour la fabrication et la vente[30].

---

[28] 18 février 1960, « Le rapport Mayolle du CNPF », in *Les Échos*, FNSP, AWB, 3BA2.

[29] Roy Willis, F., *France, Germany and the New Europe, 1945-1967*, California, 1968.

[30] Février 1959, Conclusions du Président Villiers, Supplément au *Bulletin du CNPF*, Archives du CNPF.

Un livre de Pierre Wack, intitulé *Les charges et les chances d'une entreprise dans le Marché Commun*, a représenté une prise de conscience nouvelle chez certains industriels. Les cinquante pages qui le composent démontent une série de mythes sur le Marché Commun qui avaient cours au sein du patronat français. Ce livre reflète l'opinion des milieux les plus attachés à la défense de la libre entreprise.

Le CNPF, désormais favorable au Marché Commun, partage les inquiétudes des industriels relatives à deux tendances : celle de la Commission qui accentue son libéralisme au risque de faire éclater la Communauté, et celle des gouvernements qui cherchent à ne pas exécuter toutes les dispositions du traité. Georges Villiers regrette que l'unification économique ne se développe pas parallèlement au désarmement douanier. Ainsi, la participation à une politique commerciale commune vis-à-vis des pays tiers est souvent posée par les milieux d'affaires comme préalable à l'élargissement des échanges avec le monde extérieur.

Les industriels allemands déplorent de plus fortes difficultés à l'exportation. Les pays de l'Association européenne de libre-échange ont réduit leurs tarifs douaniers internes de 10 % en même temps que ceux de la Communauté économique européenne. Le danger d'une coupure encore plus grande entre les deux zones incite le patronat allemand à rechercher de nouvelles idées d'intégration. Après de longues discussions, la Grande-Bretagne se décide à engager des négociations pour un rapprochement avec la Communauté économique européenne. Elle se dit prête à accepter toutes les obligations du traité de Rome. Le Danemark a la même attitude. Les trois pays « neutres » de l'Association européenne de libre-échange (Suède, Suisse et Autriche) acceptent l'idée d'une association avec la Communauté économique européenne.

Conclusion de la troisième partie

Jusqu'aux négociations sur le Marché Commun, le CNPF a été favorable à une intégration partielle (du type de celle de la Communauté européenne du charbon et de l'acier) dans le cadre de la petite Europe, plutôt qu'aux plans déposés dans le cadre de l'OECE qui ne sont pas inspirés par l'idée d'intégration, mais par celle d'une simple coordination à l'échelle européenne. La Communauté européenne du charbon et de l'acier, intégrant deux secteurs, s'insère dans la lignée de ce que la Conférence de Westminster de 1949 avait imaginé. Seulement, le CNPF considère que le traité d'avril 1951 trahit l'esprit de Westminster par son dirigisme outrancier et l'absence totale d'harmonisation préalable des conditions fiscales, sociales et monétaires.

Le BDI a favorisé une simple coordination des politiques économiques et sociales, sans l'assortir nécessairement de l'harmonisation des conditions de production. Il a donc préféré mettre l'accent sur la libération des échanges plutôt que sur les intégrations partielles, souvent proposées par la France dans le domaine agricole, celui des produits pharmaceutiques, etc. Il met même le gouvernement fédéral en garde, dans une déclaration de mars 1952, contre la tentative de calquer la Communauté européenne du charbon et de l'acier sur d'autres secteurs de l'économie qui pourrait porter gravement atteinte à la situation commerciale de la République fédérale[1].

La libération des échanges, en faveur de laquelle il s'est déclaré très tôt et l'augmentation des échanges qui s'ensuit, sont, pour lui, les conditions les plus importantes pour mettre sur pied un marché commun européen. Les industriels allemands préfèrent donc poursuivre l'intégration européenne dans le cadre de l'OECE plutôt que d'adopter une intégration par secteurs. C'est la raison pour laquelle le Président du BDI, Fritz Berg, est encore compté parmi les opposants aux projets de Bruxelles au début des négociations qui mènent au Marché Commun[2].

1 *Jahresbericht des BDI*, 1er juin 1951-30 avril 1952.

2 Rhenisch, T., *Die deutsche Industrie und die Gründung der EWG*, Ph.D., Institut universitaire européen, 1994, p. 123.

Il est d'autant plus éclairant de faire état de ces positions que les associations professionnelles sont associées plus étroitement qu'auparavant aux négociations menant au traité de Rome.

Une divergence assez marquée se manifeste à nouveau lors de la concurrence entre le projet de Communauté économique européenne et celui de Zone de libre-échange. Les industriels français consentiraient au premier, qui leur offre des garanties assez nombreuses, tandis que les industriels allemands sont largement en faveur du second. Le choix du traité de Rome n'est fait qu'avec résignation par les Allemands. Les conceptions sont largement différentes entre les industriels français et allemands, tant en ce qui concerne la question des territoires d'outre-mer, celles de la législation sociale, la hauteur du tarif extérieur commun ou la dévaluation du franc. Les Allemands tentent leur possible pour faire évoluer ce projet européen vers une Zone de libre-échange, suivis en cela par la plupart des industriels européens.

Il est intéressant de souligner que des convergences ont vu le jour, à cette occasion, entre les différents patronats européens, qui ont permis de dépasser cette opposition entre Français et Allemands. Les organisations patronales tâchent de relancer le projet d'une coopération économique dans l'Europe des dix-sept, sans retomber dans les pièges de la Zone de libre-échange qui avaient déclenché l'hostilité unanime du patronat français, à travers le Comité Iveroth puis le réseau des Chambres de Commerce et d'Industrie à travers l'Europe.

Finalement, le succès économique du Marché Commun rallie les industriels des deux pays. Mais des dissensions ressurgissent au moment où se profile l'idée d'une accélération de mise en place du traité de Rome. Les Français veulent rendre la structure plus solide et profiter de la conjoncture favorable. Les Allemands, au contraire, craignent que ce projet n'approfondisse encore le fossé entre les Six et les Sept et n'oblige leur pays à relever ses tarifs à l'égard des pays tiers, ce qui renchérirait les importations.

Conclusion générale

Au terme de cette étude, nous pouvons distinguer trois séries de résultats sur le rôle des industriels français et allemands dans le processus de l'ouverture des frontières.

Dans une première partie, nous avons montré que la réponse que les industriels avaient imaginée à la libération des échanges, à savoir la spécialisation des productions et la réalisation d'ententes industrielles, s'est vite trouvée en porte-à-faux. L'augmentation des échanges entre les pays de l'Europe de l'Ouest consiste principalement en l'échange de produits similaires. Il ne s'agit donc pas de diversifier leur production, comme les industriels le pensaient au début du processus de libération des échanges, mais bien d'améliorer leur productivité. La concurrence est rude pour les industriels.

L'adaptation des industriels à l'intégration européenne telle qu'elle se construit ne signifie pas l'abandon total de leurs principes de départ exprimés lors de la conférence économique de Westminster. Ils continuent d'élaborer une Europe des cartels, en marge de l'intégration européenne voulue par les politiques, et s'unissent autour de cet impératif quand les cartels sont sérieusement mis à mal.

Le début du démantèlement de la protection des économies européennes a donc heurté de plein fouet les industriels qui ont dû s'adapter aux nouvelles données de politique commerciale. Ils ont souvent essayé de faire pression, dans un premier temps, sur leurs gouvernements afin de conserver des tarifs douaniers élevés. Ces pressions ont atteint leur but dans les deux pays.

Mais, parler des industriels européens comme s'ils prenaient des positions semblables serait négliger la diversité des patronats en Europe.

Tandis que les industriels de part et d'autre du Rhin ont œuvré dès la fin des années 40 pour mettre en place des réseaux d'influence auprès des ministères nationaux, les Allemands ont bien mieux atteint leur but que les Français. Alors que les Allemands participent à toutes les négociations commerciales de leur pays, les Français sont longtemps exclus du processus de décision qui reste du ressort des seuls ministères, principalement celui des Finances et des Affaires économiques, et celui des Affaires étrangères. La forte connivence des industriels français avec les fonctionnaires des directions techniques du ministère de l'Industrie et du Commerce ne leur est pas d'un très grand secours pour peser sur les choix de politique commerciale, car ce ministère a, dans ce domaine, un rôle assez secondaire. Le relèvement des tarifs douaniers réalisé en janvier 1948 n'est donc qu'incidemment conforme aux intérêts des industriels français. Il sert avant tout les desseins de la politique commerciale du gouvernement.

Dans une deuxième partie, nous avons mis en exergue le fait que les industriels français et allemands diffèrent fondamentalement sur un point dans ce contexte d'ouverture des frontières. Les Français cherchent constamment à intégrer les marchés européens (et pas seulement à les libérer) pour avoir des conditions de production harmonisées (charges sociales et fiscales équivalentes, heures supplémentaires, égalité des salaires masculins et féminins...). Cette priorité française est affirmée tout au long de la décennie par les responsables patronaux. Les industriels allemands veulent avant tout le libre accès aux marchés. Ils préfèrent la libération des échanges aux intégrations partielles. Le Marché Commun n'est d'ailleurs pour eux qu'une étape vers la réalisation de la Zone de libre-échange.

Le processus de libération des échanges suivi au sein de l'OECE, chaotique dans le cas français, linéaire dans le cas allemand, et les motivations des industriels de part et d'autre du Rhin montrent bien à quel point les mentalités et les intérêts sont divergents.

Nous pouvons observer un certain décalage entre une politique extérieure ambitieuse, voulant faire de la France un moteur de la construction européenne, et une politique commerciale de plus en plus frileuse, encouragée par les industriels. Il existe une convergence d'intérêts tout au long de la IVe République pour un maintien de la protection de l'économie entre la plupart des industriels français qui ne souhaitent pas voir de concurrence exacerbée sur leur sol national, et la majorité des administrations pour lesquelles une réelle libération des échanges conduirait à un profond déséquilibre de la balance des paiements et éventuellement à une nouvelle dévaluation.

Du côté allemand, c'est l'inverse qui se produit. À la fin des années 40 et au début des années 50, les industriels et le gouvernement fédéral étaient éminemment favorables au processus d'intégration européenne, en mettant l'accent sur les avantages politiques. Leurs points de vue et leurs intérêts divergent à partir du milieu des années 50, quand le gouvernement cherche à libérer effectivement les échanges en accentuant unilatéralement la réduction des tarifs douaniers en plus de l'élargissement des contingents d'importation. Les organisations patronales allemandes ont alors cessé d'appeler à une ouverture toujours plus grande de leur marché national à la concurrence européenne.

Enfin, nous avons mis en lumière, dans une troisième partie, la rupture de politique commerciale autour de 1958. Le cadre du Marché Commun est plus contraignant que celui de l'OECE pour libérer effectivement les échanges et l'évolution vers l'intégration européenne semble inéluctable.

Alors que la France et la République fédérale avaient maintenu des protections importantes sur certains produits sensibles (les protections allemandes sont moins importantes et moins spectaculaires, mais tout aussi réelles), les deux pays se trouvent contraints à les lever. Jusqu'en 1957, la France n'avait libéré que les produits qui étaient nécessaires à sa production (matières premières, certains biens d'équipement et des produits de santé publique). Des quotas sont restés inchangés jusqu'à la fin des années 50, quand les intérêts en jeu étaient puissamment représentés (cas de l'automobile). Mais cela change avec l'application du traité de Rome. Ce n'est donc qu'après 1959 que les produits manufacturés commencent véritablement à être libérés.

> En France, comme dans tous les pays, des réductions avaient été appliquées aux importations nécessaires à la production intérieure. Les abattements les plus importants avaient d'abord bénéficié aux matières premières, certains biens d'équipement et des produits de santé publique avaient ensuite été exonérés. Les réductions tarifaires auraient sans doute été limitées à ce genre de produits sans l'application du traité de Rome et de l'Association européenne de libre-échange qui ont permis leur généralisation aux produits manufacturés.[1]

Même si certains industriels continuent à regretter ces libérations, il ne s'agit souvent que de critiques de pure forme. Les organisations patronales et professionnelles ont bien compris que l'intégration européenne était en marche, et leur comportement change du tout au tout. Du rôle de frein à l'intégration européenne, elles deviennent des partenaires actifs, voulant faire connaître leurs vues. Cette tendance des organisations patronales coïncide avec la volonté des ministères de les associer davantage aux débats. Le responsable de la délégation française à Val-Duchesse, Maurice Faure, n'a pas voulu renouveler pour les phases préparatoires de la CEE les rivalités entre l'administration et le monde des affaires qui avaient vu le jour lors des discussions sur la Communauté européenne du charbon et de l'acier.

Il nous semble que cette implication dans le processus d'intégration européenne est néanmoins davantage le fait des dirigeants de l'organisation patronale que de leurs mandants. Le Comité directeur du CNPF s'est officiellement déclaré favorable à l'Europe au début de l'année 1957. La stratégie du CNPF change donc à partir du moment où il sent que son intérêt réside dans une expansion au sein d'une économie ouverte. Il réalise que le Marché Commun offre les garanties sur l'harmo-

---

1 Arnaud-Ameller, P., *La France à l'épreuve de la concurrence internationale 1951-1966*, Paris, 1970.

nisation des conditions de production qu'il recherchait, sans les obtenir, depuis le début du processus de libération des échanges en 1949. La Zone de libre-échange, qui ne garantissaient pas des conditions aussi avantageuses, a d'ailleurs été refusée par la presque totalité des industriels français.

> [La stratégie du CNPF] se situe exactement à l'opposé de l'ancienne tendance au repli.[2]

Nous pouvons signaler à ce propos que les industriels allemands sont moins heureux dans l'application de leurs vues dans la « petite Europe » que dans le cadre de l'OECE. Le Marché Commun, où les exigences françaises ont eu la part belle, ne leur semble pas assez libéral. Et ils n'ont pas réussi à faire évoluer le Marché Commun vers une Zone de libre-échange, qu'ils appelaient de leurs vœux.

Ainsi, pendant plusieurs années, de 1957 à 1959, il existe un décalage entre les dirigeants patronaux français favorables à l'intégration européenne et leurs mandants qui sont plus hésitants, voire franchement hostiles. Ce n'est qu'en 1959 que le succès de la mise en place du traité de Rome rallie l'adhésion du plus grand nombre d'industriels français au processus d'intégration européenne. En fait, le terme de « ralliement » ne rend compte qu'imparfaitement du processus en laissant croire que les industriels ont modifié leur position à l'égard d'un projet resté immuable. En réalité, le commerce extérieur se trouve dans un contexte entièrement nouveau en 1959, et ceci pour plusieurs raisons. Le franc a connu une forte dévaluation. La monnaie est désormais convertible. Enfin, les industriels se sont évertués à améliorer leur productivité, ce à quoi ils sont parvenus. Ainsi, les obstacles qui s'étaient dressés jusqu'à la fin des années 50 à l'encontre de l'ouverture des frontières en France tombent d'eux-mêmes en 1959.

Cette étude confirme-t-elle l'idée de l'attentisme du patronat face à l'intégration européenne[3] ? Plutôt que d'un patronat attentiste, qui temporise, ne peut-on pas parler d'un patronat opportuniste, qui, d'après la définition du Robert, « règle sa conduite selon les circonstances et subordonne ses principes à son intérêt momentané » ?

Peut-on parler dans les milieux d'affaires en Europe d'un sentiment d'appartenance à un groupe ayant les mêmes problèmes, les mêmes besoins, les mêmes aspirations ? Il y a eu dans le courant des années 50 des moments forts de connivence patronale : autour des idéaux de la

---

[2] Braun, N., « Le patronat français et l'intégration européenne », in *Revue du Marché Commun*, n°121, mars 1969.

[3] Cette question fait écho à la conclusion de l'ouvrage dirigé par M. Dumoulin, *L'Europe du patronat de la guerre froide aux années 60*, Berne, 1993.

conférence de Westminster en 1949, de la lutte contre les lois anti-cartel qui se répandent partout en Europe. De plus, les travaux du Conseil des fédérations industrielles d'Europe et de l'Union des industriels des Communautés européennes ont permis une meilleure connaissance des positions des autres patronats européens, et, à l'occasion, un accord de vues. Cela a été le cas notamment lors de la mise en place du Comité Iveroth en juillet 1958 qui a relancé les négociations entre organisations patronales européennes sur la Zone de libre-échange alors que les discussions gouvernementales étaient complètement arrêtées. Mais surtout, nous avons pu mettre en lumière des convergences entre industriels français et allemands d'un même secteur industriel, qui permettent de dépasser l'opposition communément établie qui nous semble trop caricaturale entre des industriels français protectionnistes et des industriels allemands libéraux.

Bibliographie

I. Ouvrages

A. Le contexte économique d'après-guerre

Arnaud-Ameller, P., *La France à l'épreuve de la concurrence internationale (1951-66)*, Paris, 1970.

Bairoch, P., *Mythes et paradoxes de l'histoire économique*, Paris, 1994.

Barjot, D. (dir), *International Cartel Revisited – Vues nouvelles sur les cartels internationaux (1880-1980)*, Caen, 1994.

Berger, F., *1949-1955, Les relations économiques de la République française avec la République fédérale d'Allemagne*, mémoire de maîtrise, Université Paris I, 1991.

Bloch-Laîné, F. et Bouvier, J., *La France restaurée (1944-1954). Dialogues sur les choix d'une modernisation*, Paris, 1986.

Bossuat, G., « La politique française de libération des échanges en Europe et le plan Schuman (1950-1951) », in K. Schwabe (dir.), *Die Anfänge des Schuman-Plans 1950-1951*, Baden-Baden, 1988, p. 319.

Bossuat, G., *La France, l'aide américaine et la construction européenne 1944-1954*, Paris, 1992.

Bourdillat, F., *La France et le GATT, de ses origines à la fin des années 50*, thèse de doctorat, Université Paris I, 1997.

Bussière, É., « La SDN, les cartels et l'organisation économique de l'Europe durant l'entre-deux-guerre », in D. Barjot (dir.), *International Cartels Revisited – Vues nouvelles sur les cartels internationaux (1880-1980)*, Caen, 1994, pp. 273-283.

Denison, E. F., *Why Growth Rates Differ : Postwar Experience in Nine Western Countries*, Washington D.C., 1967.

Denton, G. ; Forsyth, M. ; Mac Lennan, M., *Planification et politiques économiques en France, Allemagne et Grande-Bretagne*, Paris, 1969.

Faure, E., *Mémoires*, Paris, 1982.

Feiertag, O., *Wilfrid Baumgartner, Les finances de l'État et l'économie de la Nation (1902-1978), Un grand commis à la croisée des pouvoirs*, thèse de doctorat, Université Paris X, 1994.

Guillen, P., « Paul Ramadier et l'Europe » in S. Bernstein (ed.), *Paul Ramadier, la République et le socialisme*, Paris, 1990.

Kaplan, J. et Schleminger, G., *The European Payments Union : Financial Diplomacy in the 1950s*, Oxford, 1989.

Kudo, A. et Hara, T., *International Cartels in Business History*, Proceeding of the 18th Fuji Conference, Tokyo, 1992.

Kuisel, R., *Le Capitalisme et l'État en France (modernisation et dirigisme au XXe siècle)*, Paris, 1984.

Lattre, A. de, *La politique économique de la France depuis 1945*, Paris, 1961.

Lefeuvre, D., « La politique économique du gouvernement de Front Républicain » in S. Bernstein (ed.), *Paul Ramadier, la République et le socialisme*, Paris, 1990.

Lefeuvre, D., *L'industrialisation de l'Algérie (1930-1962), Échec d'une politique*, thèse de Doctorat, Université Paris I, 1994.

Mioche, P., *La sidérurgie et l'État en France des années 40 aux années 60*, thèse d'État, Université Paris IV, 1992.

Patterson, G., *Discrimination in International Trade. The Policy Issues, 1945-1965*, Princeton, 1966.

Pitman, P., « Le programme de réforme financière français et le rétablissement de la convertibilité en Europe occidentale », in *Du France Poincaré à l'ECU*, Paris, 1993, pp. 449-470.

Poidevin, R. et Bariéty, J., *Les relations franco-allemandes (1815-1975)*, Paris, 1979.

Schirmann, S., *Les relations économiques et financières franco-allemandes 1932-1939*, Paris, 1995.

Sheahan, J., *Promotion and Control of Industry in Postwar France*, Harvard, 1963.

Winckler, H.A. (dir), *Politische Weichenstellungen im Nachkriegsdeutschland (1945-1953)*, Göttingen, 1979.

B. Le calcul de la protection de l'économie

Baldwin, R. ; Stern, R. ; Kierzkowski, H., *Evaluating the Effects of Trade Liberalization*, Leiden, 1979.

Corden, M., *The Theory of Protection*, Oxford, 1971.

Corden, M., *Trade Policy and Economic Welfare*, Oxford, 1974.

Maizels, A., *Industrial Growth and World Trade*, Cambridge, 1963.

Milward, A.S. et Brennan, G., *Britain's Place in the World, A Historical Enquiry into Import Controls 1945-1960*, London, 1996.

Neary, J. P. et Leahy, D., « Learning by doing, Precommitment and Infant-Industry Protection », Working Paper, avril 1994.

Phlips, L., *De l'intégration des marchés*, Louvain, 1962.

Tariffs, Quotas and Trade : the Politics of Protectionism, Institute for Contemporary Studies, San Francisco, 1979.

C. Les groupes de pression

Alemann, U. von, *Neokorporatismus*, Frankfurt-am-Main, 1981.

Berghahn, V., *Unternehmer und Politik in der Bundesrepublik Deutschland*, Frankfurt-am-Main, 1985.

Besson, J. F., *Les groupes industriels et l'Europe : l'expérience de la Communauté Européenne du Charbon et de l'Acier*, Paris, 1962.

Bounié, J. P., *Le Conseil national du patronat français et l'Europe*, thèse de doctorat publiée, Université Paris I, 1969.

Braunthal, G., *The Federation of German Industry in Politics*, New York, 1965.

Brizay, B., *Le patronat (Histoire, structure, stratégie du CNPF)*, Paris, 1975.

Buchholz, E., *Die Wirtschaftsverbände in der Wirtschaftsgesellschaft, eine Analyse ihres Ordnungs- und Selbsthilfesystems als Beitrag zu einer Theorie der Wirtschaftsverbände*, Tübingen, 1969.

Bunel, J. et Sagio, J., « Employers' Association in France », in J. P. Windmuller et A. Gladstone, *Employers' Associations and Industrial Relations : A Comparative Study*, Oxford, 1984.

Bunn, R. F., « Employers' Association in the Federal Republic of Germany », in J. P. Windmuller et A. Gladstone, *Employers' Associations and Industrial Relations : A Comparative Study*, Oxford, 1984.

Cohen, E., « L'expérience Mendès-France et le patronat » in F. Bédarida et J.-P. Rioux (eds.), *Pierre Mendès-France et le mendésisme*, pp. 397-405, Paris, 1985.

Hartmann, J., *Verbände in der westlichen Industriegesellschaft, ein international vergleichendes Handbuch*, Frankfurt-am-Main, 1985.

Jacobi, A., *La genèse du CNPF*, mémoire de DEA, Université Paris I, 1981.

Kunz, P.A., *L'expérience néo-libérale allemande dans le contexte international des idées*, Lausanne, 1962.

Lefranc, G., *Les organisations patronales en France, du passé au présent*, Paris, 1976.

Lévy-Leboyer, M., « Le patronat français a-t-il été malthusien ? », in *Le mouvement social*, n°88, juillet 1974, pp. 3-49.

Mac Glade, J., « American Technical Assistance and the Education of European Managers, 1948-1958 », Working Paper, juin 1995.

Meynaud, J. et Sidjanski, D., *Les groupes de pression dans la Communauté européenne (1958-1968)*, Bruxelles, 1971.

Mioche, P., « Le patronat de la sidérurgie française et le plan Schuman en 1950-1952 : les apparences d'un combat et la réalité d'une mutation », in K. Schwabe (dir.), *Die Anfänge des Schuman-Plans 1950-1951*, Baden-Baden, 1988.

Sadowski, D., *Employers' Associations in Europe : Policy and Organization*, Baden-Baden, 1991.

Schain, M., « Corporatism and Industrial relations in France » in P. Cerny and M. Schain (eds.), *French Politics and Public Policy*, New York, 1980, pp. 243-266.

Schmitter, P.C., « Neo-Corporatism and the State », Working Paper n°106, Institut universitaire européen, Florence, 1984.

Schmitter, P.C. et Streeck, W., « Community, Market, State – and Associations ? The Prospective Contribution of Interest Governance to Social Order », Working Paper n°94, Institut universitaire européen, 1984.

Simon, W., *Macht und Herrschaft der Unternehmerverbände BDI, BDA und DIHT*, Köln, 1976.

Szokoloczy-Syllaba, J., *Les organisations professionnelles françaises et le Marché Commun*, Paris, 1965.

Uthmann, K.J. et Wolff-Metternich, H. Frh. von, *Der Bundesverband der Deutschen Industrie*, Düsseldorf, 1974.

Varain, H.J., *Interessenverbände in Deutschland*, Köln, 1973.

Voss, R. von, « Arbeitgeberverbände und europäische Integration, Zur Vertretung wirtschaftlicher Interessen in Europa » in K.M. Meessen (ed.), *Verbände und europäische Integration*, Baden-Baden, 1980.

Weber, H., *Le parti des patrons : le CNPF, 1946-1984*, Paris, 1986.

Winckler, H. A., *Der organisierter Kapitalismus. Voraussetzungen und Anfänge*, Göttingen, 1974.

D. L'intégration économique européenne

Abelshauser, W., « Der Kleine Marshallplan. Handelsintegration durch innereuropäische Wirtschaftshilfe 1948-1950 » in H. Berding (ed.), *Wirtschaftliche und politische Integration in Europa im 19. und 20. Jahrhundert*, Göttingen, 1984, pp. 213-224.

Ambrosius, G., « Europäische Integration und wirtschaftliche Entwicklung der Bundesrepublik Deutschland in den 1950er Jahren », in H. Berding (ed.), *Wirtschaftliche und politische Integration in Europa im 19. und 20. Jahrhundert*, Göttingen, 1984, pp. 271-294.

Andres, W., *Der Liberalisierungskodex der OECE für den Warenhandel*, Zürich, 1964.

Asbeek Brusse, W., *West European Tariff Plans. From Study Groups to Common Market*, Ph.D., Institut universitaire européen, mai 1991.

Asbeek Brusse, W., « The Failure of European Tariff Plans in GATT (1951-1954) », in G. Trausch (ed.), *Die europäische Integration vom Marshall-Plan bis zu den Verträgen von Rom. Pläne und Initiativen, Enttäuschungen und Misserfolge, Baden-Baden, 1993*, pp. 99-115.

Balfour, C., *Industrial Relations in the Common Market*, London, 1972.

Berding, H., *Wirtschaftliche und politische Integration in Europa im 19. und 20. Jahrhundert*, Göttingen, 1984.

Bossuat, G., « La vraie nature de la politique européenne de la France (1950-1957) », in G. Trausch (ed.), *Die europäische Integration vom Marshall-Plan bis zu den Verträgen von Rom. Pläne und Initiativen, Enttäuschungen und Misserfolge, Baden-Baden, 1993*, pp. 191-230.

Buchheim, C., *Die Wiedereingliederung Westdeutschlands in die Weltwirtschaft, 1945-1958*, München, 1990.

Bührer, W., « Erzwungene oder freiwillige Liberalisierung ? Die USA, die OEEC und die westdeutsche Aussenhandelspolitik 1949-1952 », in L. Herbst *et al.* (ed.), *Vom Marshallplan zur EWG : die Eingliederung der Bundesrepublik Deutschland in die westliche Welt, München, 1990*, p. 139.

Bührer, W., « The Federation of German Industry and European Integration 1949-1960 », in M. Dumoulin *et al.*, *L'Europe du Patronat de la guerre froide aux années 60*, Berne, 1993, pp. 17-28.

Chambon, M., *Les fonctionnaires du ministère des Finances face à la construction européenne, 1950-1960*, thèse de Doctorat, Université Paris I, 1990.

Diebold, W., *Trade and Payments in Western Europe. A Study in Economic Cooperation 1947-1951*, New-York, 1952.

Dumoulin, M. *et al.*, *L'Europe du Patronat de la guerre froide aux années 60*, Berne, 1993.

Dumoulin, M. et Bussière, É., *Milieux économiques et intégration européenne en Europe occidentale au XXe siècle*, Arras, 1998.

Gillingham, J., *Coal, Steel and the Rebirth of Europe (1945-1955), the Germans and French from Ruhr Conflict to Economic Community*, Cambridge, 1991.

Girault, R., « Europe du patronat ou patrons européens ? », in M. Dumoulin *et al.*, *L'Europe du Patronat de la guerre froide aux années 60*, Berne, 1993, pp. 11-15.

Girault, R., *Être historien des relations internationales*, Paris, 1998.

Haar, S., *Französische und deutsche Unternehmerspitzenverbände (mit besonderer Berücksichtigung der Industrie) und die Entstehung der Europäische Wirtschaftsgemeinschaft*, thèse de doctorat, Freie Universität Berlin, 1994.

Herbst, L. ; Bührer, W. ; Sowade, H., *Vom Marshallplan zur EWG : die Eingliederung der Bundesrepublik Deutschland in die westliche Welt*, München, 1990.

Jerchow, F., « Aussenhandel im Widerstreit. Die Bundesrepublik auf dem Weg in das GATT, 1949-1951 », in H.A. Winckler, *Politische Weichenstellungen im Nachkriegsdeutschland (1945-1953)*, Göttingen, 1979.

Küsters, H. J., « Der Streit um Kompetenzen und Konzeptionen deutscher Europapolitik 1949-58 », in L. Herbst ; W. Bührer ; H. Sowade (eds.), *Vom Marshallplan zur EWG : die Eingliederung der Bundesrepublik Deutschland in die westliche Welt, München, 1990*, p. 35.

Küsters, H. J., « Zollunion oder Freihandelszone ? Zur Kontroverse über die Handelspolitik Westeuropas in den fünfziger Jahren », in H. Berding (ed.), *Wirtschaftliche und politische Integration in Europa im 19. und 20. Jahrhundert*, Göttingen, 1984, p. 295.

Lynch, F., « Restoring France : the Road to Integration » in A. S. Milward *et al.*, *The Frontier of National Sovereignty, History and Theory 1945-1992*, London, 1993.

Lynch, F., *France and the International Economy : From Vichy to the Treaty of Rome*, London, 1997.

Massigli, R., *Une comédie des erreurs 1943-1956, souvenirs et réflexions sur une étape de la construction européenne*, Paris, 1978.

Marjolin, R., *Le travail d'une vie ; Mémoires 1911-1986*, Paris, 1986.

Mioche, P., « Le patronat français et les projets d'intégration économique européenne dans les années 50 », in G. Trausch, *Die europäische Integration vom Marshall-Plan bis zu den Verträgen von Rom. Pläne und Initiativen, Enttäuschungen und Misserfolge, Baden-Baden, 1993*, pp. 241-259.

Mioche, P., « L'adaptation du patronat de la sidérurgie française à l'intégration européenne de 1945 à 1967 », in M. Dumoulin *et al.*, *L'Europe du Patronat de la guerre froide aux années 60, Berne, 1993*, pp. 63-75.

Mioche, P., « Le patronat de la sidérurgie française et le Plan Schuman en 1950-1952 : les apparences d'un combat et la réalité d'une mutation », in K. Schwabe (dir.), *Die Anfänge des Schuman-Plans 1950-1951*, Baden-Baden, 1988.

Milward, A. S., *The Reconstruction of Western Europe 1945-1951*, London, 1987.

Milward, A. S., *The European Rescue of the Nation-State*, London, 1992.

Neebe, R., « Optionen westdeutscher Aussenwirtschaftspolitik 1949-1953 », in L. Herbst ; W. Bührer ; H. Sowade (eds.), *Vom Marshallplan zur EWG : die Eingliederung der Bundesrepublik Deutschland in die westliche Welt, München, 1990*, p. 163.

Owen, N., *Economies of Scale, Competitiveness and Trade Patterns Within the EC*, Oxford, 1983.

Rhenisch, T., *Die deutsche Industrie und die Gründung der EWG*, Ph.D., Institut universitaire européen, 1994.

Roy Willis, F., *France, Germany and the New Europe, 1945-1967*, California, 1968.

Schwabe, K., « Die Vereinigten Staaten und die Europäische Integration : Alternativen der amerikanischen Aussenpolitik (1950-1955) », in G. Trausch (ed.), *Die europäische Integration vom Marshall-Plan bis zu den Verträgen von Rom. Pläne und Initiativen, Enttäuschungen und Misserfolge, Baden-Baden, 1993*, pp. 41-57.

Schwabe, K. (dir.), *Die Anfänge des Schuman-Plans 1950-1951*, Baden-Baden, 1988.

Trausch, G. (dir.), *Die Europäische Integration vom Marshall-Plan bis zu den Verträgen von Rom. Pläne und Initiativen, Enttäuschungen und Misserfolge*, Baden-Baden, 1993.

Walter, I., *The European Common Market, Growths and Patterns of Trade and Production*, New York, 1967.

II. Articles

A. Articles en langue française (par ordre chronologique)

« Des réactions de l'industrie mécanique devant la libération des échanges aux projets de loi « anti-trust » », in *Le Bulletin économique*, 25 novembre 1949.

Gignoux, C. J., « L'idée européenne et les problèmes économiques », supplément au n°373 de *Notes et Informations*, 14 janvier 1950.

« Histoire de fous : Pouvons-nous acheter beaucoup aux USA, leur vendre peu, ne pas commercer ailleurs et retrouver la prospérité ? », in *Libération*, 27 janvier 1950.

« Le Conseil économique se prononce pour la libération des échanges », in *L'Aurore-France Libre*, 27 janvier 1950.

« Proposition française et contre-proposition belge sur la libération des échanges s'affrontent à l'OECE », in *Le Figaro*, 27 janvier 1950.

« L'OECE aborde le dilemme : du pain ou des canons », in *Franc-Tireur*, 7 octobre 1950.

« Le mémorandum Marjolin devant l'OECE », in *Le Populaire*, 9 octobre 1950.

« Le conseil des ministres de l'OECE face aux incidences économiques du réarmement européen, Ajournement sans doute « sine die » de la nouvelle étape de libération des échanges », in *L'Information*, 10 octobre 1950.

Morizot, R., « Les ententes économiques », in *Bulletin de l'ACADI* n°45, février 1951, pp. 41-53.

« Un cri d'alarme : la suspension de la libération des échanges », in *L'Économie*, 7 février 1952, pp. 7-8.

Desbrière, J., « À propos des rapports entre fonctionnaires et industriels », in *Bulletin de l'ACADI* n°58, mai 1952, pp. 168-173.

Perrin, R., « À propos du décret sur les ententes », in *Bulletin de l'ACADI* n°72, septembre 1952, pp. 273-275.

« Préoccupations de l'industrie chimique allemande », in *L'Information*, 5 novembre 1953.

Turot, P., « Les accords de contingentement », in *Banque*, février 1954, pp. 79-87.

« La France et la libération des échanges », in *Perspectives*, 6 mars 1954, pp. 1-6.

Rapports de la commission d'études économiques et contributions de Closon, Lévy Bruhl, Méraud, in *Bulletin de l'ACADI* n°81, juin-juillet 1954.

« La libération des échanges inquiète le CNPF », in *Entreprise*, 15 août 1954, p. 7.

« Le rapprochement économique franco-allemand inquiète les Belges », in *Le Bulletin de la Fédération des industries belges*, 27 novembre 1954.

Prises de position de différentes organisations professionnelles françaises sur l'extension de la libération des échanges du 11 janvier 1955, in *L'Usine Nouvelle*, 20 janvier 1955.

« Vers une nouvelle étape de la libération des échanges ? », in *Bulletin d'informations économiques et financières*, n°292, 16 février 1955.

« Ne tuons pas nos industries ! », in *Les Echos*, 27-29 août 1955.

« La libération française des importations », in *Revue économique franco-suisse*, n°11, novembre 1955, pp. 308-320.

« Des mesures de représailles s'amorcent contre l'aide à l'exportation », in *Le Figaro*, 20 janvier 1956.

« Où en est la France dans la libération des échanges ? », in *L'Économie*, 22 mars 1956, p. 23.

« M. Paul-Henri Spaak relance l'idée européenne », in *L'Économie*, 22 mars 1956.

« Le coût de la main d'œuvre dans la production européenne », in *Bulletin d'informations économiques et financières*, n° 361, 2 juillet 1956.

« L'expansion étranglée », in *Les Échos*, 15 mars 1957.

Turot, P., « Vers une nouvelle politique des accords commerciaux », in *Banque*, mai 1957, pp. 277-282.

Drouin, P., « Le rétablissement des contingents ne peut être un vrai remède à la crise des devises », in *Le Monde*, 2-3 juin 1957.

« Du déficit du commerce extérieur français et de la libération des échanges », in *Bulletin économique* n°130, 12 juillet 1957, pp. 3-9.

Marcy, G., « La réglementation française du commerce extérieur depuis 1945 », in *Revue économique*, mai 1958, pp. 348-384.

Marcy, G., « Libération progressive des échanges et aide à l'exportation en France depuis 1949 », in *Cahiers de l'ISEA*, Série P, n°2 (1959)2.

Braun, N. C., « Le patronat français et l'intégration européenne », in *Revue du Marché Commun*, mars 1969, pp. 134-138.

Weiller, J., « Échanges extérieurs et politique commerciale de la France depuis 1870 (3e partie) : la convertibilité monétaire de 1958 et l'abandon du protectionnisme traditionnel », in *Cahiers de l'ISEA*, tome IV, n°5, mai 1970.

Jeanneney, J. N., « Hommes d'affaires au piquet : le difficile intérim d'une représentation patronale (septembre 1944-janvier 1946) », in *Revue historique*, 1980, 263 (1), pp. 81-100.

Goetschy, J., « Néo-corporatisme et relations professionnelles dans divers pays européens », in *Revue française des affaires sociales*, février 1983.

Eck, J. F., « L'implantation industrielle française en Allemagne fédérale, de 1945 au début des années 60 : une ambition renouvelée ? », in *Vingtième siècle* n° 51, juillet 1996.

B. Articles en langue allemande (par ordre chronologique)

« Erhard verteidigt das Kartellgesetz », in *Handelsblatt*, 15 mars 1950.

« Kein Boycott der Ostzone », in *Frankfurter Allgemeine Zeitung*, 2 juin 1950.

« Kfz-Industrie weist Kartellbeschwerde zurück », in *Handelsblatt*, 7 août 1950.

« Gegen weitere Liberalisierung » et « Liberalisierung mit Vorbehalten », in *Frankfurter Allgemeine Zeitung*, 26 février 1952.

« Europa-Politik erhält neue Impulse. Zum Europa-Tag des BDI Spaak fordert gleiches Recht für Deutschland. Frankreichs Industrie stimmt zu » in *Industriekurier*, 4 novembre 1952.

« Endziel : die europaïsche Integration », in *Industriekurier*, 16 mai 1953.

« DIHT bejaht Wirtschaftseinheit Europas », in *Die Welt*, 10 juin 1953.

« Das vertagte Kartellgesetz », in *Deutsche Zeitung und Wirtschaftszeitung*, 6 février 1954.

« Industrie gegen Verzögerung des Kartellgesetzes », in *Industriekurier*, 16 février 1954.

« Bundeskanzler will vermitteln », in *Industriekurier*, 14 mars 1954.

« Kartelle für Europas wirtschaftliche Einheit lebenswichtig », in *The New York Times*, 24 mars 1954.

« Kartellfrage – Sorgenkind der Industrie », in *Badische Neueste Nachrichten*, 18 mai 1954.

« Europäische Integration verträgt kein Misstrauen », in *Industriekurier*, 18 mai 1954.

« BDI-Präsidium steht hinter Berg », in *Handelsblatt*, 18 août 1954.

« Einigung zwischen Erhard und Berg, in der Kartellfrage haben beide Seiten nachgegeben », in *Frankfurter Allgemeine Zeitung*, 19 octobre 1954.

« Kartellstreit beendet ? », in *Kölnische Rundschau*, 21 octobre 1954.

« Kartellgesetz wird aufgeweicht », in *Fuldaer Volkszeitung*, 21 octobre 1954.

« Kritik am Kartell-Kompromiss », in *Frankfurter Allgemeine Zeitung*, 21 octobre 1954.

« Verbände und Interessenten, fünf Jahre BDI », in *Die Welt* n°294, 18 décembre 1954.

Küng, E., « Zölle oder Kontingente ? », in *Aussenwirtschaft* 9, 1954, pp. 43-72.

« Aufgaben der deutschen Handelspolitik », in *Handelsblatt* n°55, 13 mai 1955.
« Acht Jahre allierte Dekartellierung, der BDI zieht Bilanz », in *Industriekurier* n°75, 14 mai 1955.
« Industrie sieht Dirigismus Gefahr », in *Handelsblatt*, 16 mai 1955.
« Das Wettrennen um Auslandsaufträge, Kritik des BDI an Aussenhandelsmethoden », in *Frankfurter Allgemeine Zeitung*, 18 mai 1955.
« Frankreichs Protektionismus nimmt nicht ab », in *Deutsche Zeitung*, 6 août 1955.
Puhlmann, A., « Die Auswirkungen von Zollsenkungen auf die deutsche Einfuhr », in *Wirtschaftsdienst* 37, 1957.
« Industrie bejaht Gemeinsamen Markt », in *Rhenische Post* n°114, 17 mai 1957.
« Gemeinsamer Markt als Übergang », in *Die Welt* n°114, 17 mai 1957.
« Aussenwirtschaftsausschuss des DIHT zum Europamarkt », in *Nachrichten für Aussenhandel*, 21 septembre 1957.
« Stellungnahme des BDI zur Freihandelszone », in *Handelsblatt*, 7 et 10 mars 1958.
« EWG erfordert grössere Krisenfestigkeit », in *Nachrichten für Aussenhandel*, 10 mai 1958.
« Schwerer Schlag gegen geplante Freihandelszone : Französische Industrie lehnt alle Vorschläge für eine allgemeine Zollsenkung ab », in *Frankfurter Rundschau*, 30 juillet 1958.
« Frankreich zur Importliberalisierung ermahnt », in *Handelsblatt*, 22 octobre 1958.
« Das grössere und das kleinere Europa », in *Frankfurter Allgemeine Zeitung*, 9 avril 1959.
« Erst die EWG verdauen », in *Der Tagesspiel*, 9 avril 1959.
« DIHT : die EWG läuft », in *Nachrichten für Aussenhandel*, 29 avril 1959.
« Die EWG noch kein Endziel », in *Industriekurier*, 15 juin 1959.
« Der BDI und die wirtschaftliche Integration Europas », in *Industriekurier*, 16 octobre 1959.
« Der deutsche Industrieverband für eine gesamteuropäische Integration » in *Neue Zürcher Zeitung*, 18 octobre 1959.
« Die Kritik an der deutschen Wettbewerbsordnung », in *Handelsblatt*, 20 octobre 1959.
« Unternehmeraktivität in der EWG », in *Nachrichten für Aussenhandel*, 16 décembre 1961.
« Zollrechtharmonisierung in der EWG », in *Aussenwirtschaft rundschreiben* n°56/63, 24 juillet 1963.
« Die deutsche Wirtschaft und die neue Phase der Integration », in *Neue Zürcher Zeitung*, 8 août 1965.

Guillen, P., « Frankreich und der europäische Wiederaufschwung. Vom Scheitern der EVG zur Ratifizierung der Verträge von Rom », in *Vierteljahreshefte für Zeitgeschichte* 28 (1980), p. 5.

Bührer, W., « Wegbereiter der Verständigung. Deutsch-französische Industriellenkontakte 1947-1955 », in *Revue d'Allemagne*, janvier-mars 1991, pp. 73-86.

Bührer, W., « Der Bundesverband der Deutschen Industrie und die Aussenpolitik der Bundesrepublik in den fünfziger Jahren », in *Vierteljahreshefte für Zeitgeschichte* 40 (1992), pp. 241-261.

Bührer, W., « Wirtschaftliche Zusammenarbeit im multilateralen Rahmen, die Bundesrepublik und Frankreich in der OECE », in *Revue d'Allemagne*, 1993.

Wilkens, A., « Das Programm von La Celle-Saint-Cloud, Der Ausbau der deutsch-französischen Wirtschaftsbeziehungen 1954-1957 », in *Revue d'Allemagne*, 1993.

Wilkens, A., « Verständigung von Wirtschaft zu Wirtschaft. Interessenausgleich zwischen deutscher und französischer Industrie 1947-1955 », in *Les relations économiques franco-allemandes 1945-1960*, *Francia*, n°42, 1997.

C. Articles en langue anglaise (par ordre chronologique)

Boyer, F. et Sallé, J. P., « The Liberalization of Intra-European Trade in the Framework of OEEC », in *International Monetary Fund*, vol. IV, septembre 1954, n°1.

Schmitter, P. C., « Still the Century of Corporatism ? », in *The Review of Politics*, n°36, 1974.

Melvin, J., « The Nonequivalence of Tariffs and Import Quotas » in *American Economic Review*, n° 76, 1986, pp. 1131-1134.

Corden, M., « Protection and Liberalization : A Review of Analytical Issues », in *International Monetary Fund*, Washington D.C., août 1987.

Sources

I. Archives privées d'organisations patronales

A. Archives françaises

1. Rapports

Bulletin du CNPF de 1946 à 1948, devenu *CNPF* de 1949 à 1959, puis *Patronat français* de 1960 à 1962

Bulletin de l'ACADI (Association des Cadres Dirigeants de l'Industrie)

2. Archives du Conseil National du Patronat Français (Centre des archives du monde du travail, Roubaix)

Ces archives, très riches, comprennent les procès-verbaux des grandes commissions internes du CNPF, des dossiers sur la Conférence de Westminster, sur le Conseil des fédérations industrielles d'Europe, etc.

B. Archives allemandes

1. Au Bundesarchiv (Coblence)

Documents du BDI et du BDA, ainsi que des archives personnelles de Günter Henle, Président de Klöckner Werke.

2. Au siège du Bundesverband der Deutschen Industrie (Cologne)

Rapports annuels du BDI

Rapports d'activité du BDI

Rapports du Comité de direction du BDI

« Mitteilungen des BDI », informations du BDI, pour l'ensemble de la période.

DIHT, le Bulletin de l'organe central des Chambres de Commerce et d'Industrie allemandes

Quelques documents à *l'Institut der Deutschen Wirtschaft* sur les cartels et la politique douanière

3. Rheinisch-Westfälisches Wirtschaftsarchiv zu Köln (Cologne) : documents de la Chambre de Commerce de Cologne et du DIHT

Ce centre d'archives détient des documents de la Chambre de Commerce et d'Industrie de Cologne, ainsi que certains documents du DIHT.

II. Autres archives privées

Le fonds Wilfrid Baumgartner conservé à la Fondation Nationale des Sciences Politiques (Paris) contient des prises de position intéressantes émanant de la Banque de France, ainsi que des coupures de presse.

III. Archives nationales

A. Archives françaises

1. Ministère des Finances, Service des Archives économiques et financières (Paris)

Nous avons principalement consulté les archives de la direction des Relations économiques extérieures qui abordent les questions de libération des échanges d'un point de vue technique, ainsi que les dossiers des cabinets ministériels d'Edgar Faure, de Maurice Petsche, de Pierre Pfimlin et de Paul Ramadier.

2. Ministère des Affaires étrangères (Paris)

Nous avons consulté les fonds de la direction européenne de coopération économique (DE-CE) qui traitent les questions de libération des échanges sous l'angle des enjeux politiques et ceux de la direction européenne des accords bilatéraux (DE-AB) pour les traités de commerce franco-allemands des années 50.

3. Ministère de l'Industrie et du Commerce (Fontainebleau)

Les archives du ministère de l'Industrie et du Commerce contiennent le détail des négociations entre les industriels et leur direction de tutelle (direction des Industries diverses et textiles, direction des Industries mécaniques et électriques, etc.). Nous avons également pu y consulter les archives de M. Bellier, responsable de la direction des Industries mécaniques et électriques au ministère de l'Industrie.

4. Secrétariat Général du Comité Interministériel pour les questions de CEE

À Fontainebleau, il existe des dossiers portant sur le Marché Commun et la Zone de libre-échange. Au CARAN se trouve le dossier concernant le Comité Verret, les opinions privées sur le traité de Rome, etc.

B. Archives allemandes

1. Bundesarchiv (Coblence)

Nous avons principalement consulté les fonds du *Bundeswirtschaftsministerium* (B 102) retraçant les négociations entre le ministère fédéral de l'Économie et les organisations patronales. Mais également, le *Bundesministerium für den Marshallplan / Bundesministerium für wirtschaftlische Zusammenarbeit* (B146).

2. Handelspolitisches Archiv des Auswärtigen Amtes (Bonn)

Nous y avons consulté les dossiers de politique commerciale (libération des échanges, négociations tarifaires internationales, réductions tarifaires, tarif extérieur commun, etc.).

C. Archives Historiques des Communautés Européennes (Florence)

Les archives de Florence détiennent les procès-verbaux des réunions du Conseil, du Comité Exécutif et du Comité de direction des échanges de l'Organisation européenne de coopération économique (OECE).

Index

A

Abs, Hermann-Josef 35, 259
Adenauer, Konrad 24, 34, 39, 40, 51, 99, 209, 217, 235, 250
Allais, Maurice 57
Ardant, Gabriel 205
Armengaud, André 43
Arnaud, René 57
Aron, Alexis 85
Aron, Raymond 57

B

Baumgartner, Wilfrid 43, 140, 252, 273
Beaurepaire, Claude 72, 205, 208, 212, 267
Bellier 53, 76, 80, 87, 123, 140, 264
Berg, Fritz 34, 35, 40, 41, 50, 99, 124, 128, 159, 248, 270, 273, 279
Beutler, Wilhelm 35, 209, 210, 238, 247
Bidault, Georges 101, 139
Blum, Léon 23, 64
Boissard, Adéodat 168
Brulfer, Maurice 230
Buron, Robert 52, 101

C

Calan, Pierre de 250
Carli, Guido 233
Chalopin, Jean 151, 171, 172, 173, 205, 229
Clappier, Bernard 44, 45, 64, 171, 172, 180, 181, 207, 262, 273
Closon, Francis 57
Constant, Jean 119
Courtin, René 57, 58
Couve de Murville, Maurice 224, 234, 237, 273, 274, 275
Cripps, Stafford 63, 64
Cusenier, Marcel 57

D

Davezac, Henri 23
Dillon, Douglas 243, 266
Donnedieu de Vabres, Jacques 43, 151, 173, 205
Dreyfus, Marcel 93, 147, 231
Drillien, Georges 44, 46
Duchemin, René-Paul 86
Ducros, Jean 57

E

Erhard, Ludwig 36, 40, 79, 97, 99, 126, 156, 162, 181, 184, 191, 235, 241, 243, 247, 248, 270
Etzel, Franz 40, 241

F

Faure, Edgar 137, 140, 145, 147, 148, 150, 151, 167, 169, 283
Faure, Maurice 204, 228
Fayol, Henri 43, 135, 220
Filippi, Jean 44, 45, 66
François-Poncet, André 86, 205

G

Gaillard, Félix 176, 177
Gaulle, Charles de 217, 251, 252
Gignoux, Claude 252
Gingembre, Léon 33
Guerlain, Jean-Jacques 43
Guindey, Guillaume 41, 44

H

Haberland, Ulrich 185
Hagemann 78, 161
Hallstein, Walter 40, 167, 271, 272, 273
Hartmann 76, 191
Henle, Günter 35
Hirsch, Étienne 205
Hoffman, Paul 65
Huvelin, Paul 220

I

Iveroth, Axel 237, 239, 240, 241, 280, 285

J

Jeanneney, Jean-Marcel 252, 262
Jouhaux, Léon 57
Jouven, Pierre 93

K

Kojève, Alexandre 147

L

Laniel, Joseph 43, 101, 148
Louis, Jean 130, 220, 250
Louvel, Jean-Marie 43, 44, 146, 147, 148

M

Marcou, Jean 49, 50
Marjolin, Robert 205
Marshall, Georges C. 37, 43, 69, 128
Masson, Jean 138
Maudling, Reginald 223, 234, 243
Mayer, René 43
Mayolle, Emmanuel 43, 148, 276
Méline, Jules 21, 22
Mendès France, Pierre 33, 43, 51
Menne, Wilhelm-Alexander 36 126, 184
Métral, A.-R. 50, 147
Meunier, Marcel 43
Mollet, Guy 204, 217, 250
Monnet, Jean 21, 44, 67, 70, 101, 120
Münchmeyer, Alwin 241

N

Nathan, Roger 33, 43, 45, 141, 142, 143, 146
Noiret 87, 92, 103

P

Perrin, René 57, 87, 103
Petsche, Maurice 63, 64, 69, 90
Peugeot, François 93, 147, 231, 250, 274, 275
Pfimlin, Pierre 167, 216
Piaton, René 57
Pinay, Antoine 27, 43, 130, 134, 233, 235, 261, 265, 266
Pineau, Christian 40, 210, 213, 224, 230, 247
Pleven, René 101, 130, 175
Précigout, Jean de 43

R

Ramadier, Paul 103, 138, 151, 173, 175, 212
Ribeyre, Paul 177
Ricard, Pierre 43, 44, 50, 57, 86, 102, 142
Riedberg, Gerd 51
Rueff, Jacques 57, 179, 251, 252, 253, 254, 255, 265

S

Sadrin, Jean 44
Saltes, Jean 252
Schuman, Robert 21, 40, 61, 65, 75, 80, 88
Schweitzer, Pierre-Paul 43, 252
Sergent, René 223
Spaak, Paul-Henri 59, 203, 204, 205, 206, 207, 208, 214, 215, 218

T

Thorneycroft, Peter 223

U

Uri, Pierre 66, 111, 130

V

Valéry, François 205
Verret, Pierre-Alexandre 57, 205, 207, 208, 217
Villiers, Georges 34, 35, 50, 52, 57, 67, 89, 130, 137, 143, 170, 220, 228, 236, 237, 250, 255, 266, 273, 277
Vitry, Raoul de 252
von Bülow 24, 82
von Maltzan 90, 153
von Mangoldt, Hans-Karl 55
von Thoenissen, Max 79, 226

W

Wigny, Pierre de 271
Winnacker, Karl 269, 270
Wormser, Olivier 44, 102, 116, 139, 202, 205, 217, 228, 229, 249, 271

Table des matières développée

Avant-propos 7

Table des matières abrégée 9

Liste des abréviations 13

Liste des références d'archives 15

Préface 17
Par Alain Plessis

Introduction générale 21

PARTIE I – LA CONCEPTION PATRONALE
DE LA CONSTRUCTION EUROPÉENNE
DANS L'IMMÉDIAT APRÈS-GUERRE

Présentation des parties en présence 33

I. Les organisations patronales des deux pays 33
II. Leurs interlocuteurs ministériels 36

Chapitre I – Le rôle des groupes patronaux dans l'élaboration de la politique commerciale 39

I. Les pressions des groupes patronaux dans les deux pays 39
A. Une intervention directe des organisations patronales allemandes dans les négociations 39
B. Une intervention indirecte des organisations patronales françaises dans les négociations 41
1. La complexité administrative
2. Des contacts nombreux
3. Une concertation croissante avec la direction des Relations économiques extérieures
4. Les comités techniques d'importation

II. Des structures d'influence bilatérales pour les industriels 49
A. La multiplication des contacts 49
B. Les premiers traités de commerce bilatéraux 51
C. Un net accroissement des échanges 54

III. Le lobbying dans le cadre européen 56
A. La charte européenne du patronat à Westminster 56
B. Des structures professionnelles d'influence transnationales 59

IV. Conclusion 61

Chapitre II – Le début du démantèlement de la protection des économies européennes à partir de 1949 63

I. Les débuts de l'abolition des restrictions quantitatives 63

A. La course à la libération des échanges 63

B. Les enjeux politiques 64

C. Les enjeux économiques 66

1. Le préalable monétaire à la libération
2. L'essor de productivité
3. Les craintes à l'égard de la République fédérale
4. Le maintien des échanges au sein de l'Union française

II. La hausse des tarifs douaniers accompagne les débuts de libération des échanges 74

A. Des pressions pour augmenter les tarifs douaniers en France 74

B. Les exigences tarifaires des industriels allemands 76

C. La stagnation des réductions tarifaires au sein du GATT 80

D. De nouveaux tarifs douaniers plus élevés 81

III. Conclusion 83

Chapitre III – Le type de relance européenne choisi par les organisations patronales françaises et allemandes 85

I. Les ententes, pivot du mouvement d'unification dans la pensée patronale 85

A. Les plans d'entente industrielle en Europe 85

B. La réticence des industriels à mettre en place des ententes 86

C. Les ententes au cœur de l'intégration européenne 88

D. Le traité de Rome opposé aux ententes 89

II. Le patronat européen se mobilise pour conserver les ententes 92

A. La renaissance des ententes professionnelles dès l'immédiat après-guerre 92

B. La pression américaine contre les ententes 94

C. La lutte contre les ententes en République fédérale 97

D. Les attaques contre les ententes en France 100

E. La persistance des ententes malgré la réglementation 104

III. Conclusion 105

Conclusion de la première partie 107

PARTIE II – L'ACTION DES INDUSTRIELS SUR LA LIBÉRATION DES ÉCHANGES DANS LE CADRE DE L'OECE

Les enjeux de la libération des échanges 111

Chapitre I – Une première tentative de libération des échanges (1949-1952) 115

I. Une libération très limitée 115
   A. Le processus de libération 115
   B. La liste commune pour les produits libérés 116
   C. Une libération des échanges assortie d'une libération des changes ? 118
II. Une réaction en demi-teinte des industriels 119
   A. Les réactions en France 119
      1. Le principe de la libération
      2. La méthode employée
   B. Les réactions en République fédérale 123
III. L'échec de la libération des échanges 127
IV. Conclusion 131

Chapitre II – Une attitude opposée des industriels français et allemands face à la libération des échanges (1952-1955) 133

I. Un consensus entre l'État français et les industriels pour retarder l'ouverture des frontières ? 133
   A. Les difficultés commerciales françaises 133
   B. Les raisons de ces difficultés 134
      1. Des prix trop élevés
      2. Un accès restreint à l'investissement
      3. Le mauvais fonctionnement des aides à l'exportation
   C. Des réticences partagées par la plupart des acteurs économiques à l'égard de la libération des échanges 139
      1. Les ministères en charge des questions commerciales
      2. Les industriels
   D. La difficile relance de la libération des échanges 144
      1. La pression des partenaires commerciaux
      2. Le principe de la taxe temporaire de compensation
      3. Les effets de cette taxe sur les échanges commerciaux
      4. Le blocage du processus de libération à l'égard de la zone dollar
II. Une libération des échanges effective en République fédérale 152
   A. Une progression linéaire 152

B. La libération des échanges avec la zone dollar 153
C. Les atouts de l'économie allemande 155
1. La sous-évaluation du DM
2. Des aides à l'exportation efficaces
D. Certaines limites à la libération des échanges 158
1. Les réticences de certaines branches industrielles
2. Des attaques contre la politique commerciale allemande
E. Les discussions tarifaires en République fédérale 159
III. Conclusion 163

Chapitre III – Les industriels français et allemands s'opposent à la poursuite de la libération des échanges (depuis 1955) 165

I. L'attachement des industriels français à la protection de leur économie 165
A. Une reprise de libération assortie de nombreuses précautions 165
1. Des modalités plus souples de libération des échanges
2. Un début de concertation entre les industriels et les pouvoirs publics
3. L'importance des taxes compensatoires et autres moyens de protection
4. Les limites du pourcentage réel de libération
B. Une certaine résignation des industriels à l'égard de la reprise du processus de libération 168
1. La libération à l'égard des pays de l'OECE
2. La libération à l'égard de la zone dollar
C. Le déficit commercial, condition de l'expansion française (1956-1957) 173
1. Un profond déséquilibre de la balance des paiements
2. La suspension de la libération des échanges
3. Les dangers de cette suspension pour l'économie française
D. Une politique restrictive à partir de 1957 178
1. La prise de conscience de la nécessité de réduire la consommation intérieure
2. Le renoncement progressif à la taxe à l'importation
II. Les industriels allemands se désolidarisent de la politique commerciale de leur pays 181
A. Une nouvelle politique commerciale 181
B. L'industrie manifeste son opposition 183
1. La critique des abaissements tarifaires unilatéraux
2. La revendication de noyaux de protectionnisme
C. La République fédérale critiquée au sein du GATT 188
D. Le choix de la convertibilité des monnaies 191
III. Conclusion 192

Conclusion de la deuxième partie 195

PARTIE III – L'ATTITUDE DES INDUSTRIELS DANS LA PETITE EUROPE

Les implications du Marché Commun en termes de politique commerciale 201

Chapitre I – Marché Commun ou Zone de libre-échange ? 203

I. Les prémices du Marché Commun 203
A. Le rapport Spaak 203
B. Le rôle des organisations professionnelles 204
C. La position française 205
D . La position allemande 209
II. Les conceptions divergentes entre industriels allemands et français sur le contenu du Marché Commun 210
A. La question des territoires d'outre-mer 210
B. L'harmonisation de la législation sociale 215
C. Le tarif extérieur commun 218
D. La question monétaire 219

Chapitre II – Le débat sur la Zone de libre-échange 223

I. Le comité Maudling 223
A. La genèse de l'idée 223
B. Un accueil plutôt mitigé auprès des industriels 224
C. Un glissement progressif en faveur du projet 231
D. L'échec des négociations 233
II. La tentative de relance patronale 235
A. Les comités professionnels de Bruxelles 235
B. Le comité Iveroth 237
C. Les efforts des Chambres de Commerce et d'Industrie 241
D. La signature de l'Association européenne de libre-échange 242
III. De nouvelles bases de discussion 243
A. Les États-Unis parties prenantes des débats 243
B. La position allemande 243

Chapitre III – Le ralliement au Marché Commun 247

I. La résignation des industriels allemands 247
II. L'adhésion des industriels français 248
III. Le plan Rueff, un choix politique fort 251
IV. Les doutes persistants sur l'entrée de la France dans le Marché Commun 256

Chapitre IV – La réalisation du Marché Commun (1959-1961)........261

I. La reprise de la libération des échanges français 261
   A. Une libération acceptée par tous..261
   B. Le maintien de quelques restrictions...264
   C. L'accord des industriels...264
II. Les réactions des industriels aux ajustements tarifaires................265
   A. La mise en place du tarif extérieur commun en France 265
   B. La mise en place du tarif extérieur commun en République fédérale 268
III. L'accélération du Marché Commun..271
   A. Les raisons 271
   B. La réaction des industriels en République fédérale 271
   C. La réaction des industriels en France...273
IV. Conclusion...275

Conclusion de la troisième partie 279

Conclusion générale...281

Bibliographie...287

I. Ouvrages 287
   A. Le contexte économique d'après-guerre.......................................287
   B. Le calcul de la protection de l'économie 288
   C. Les groupes de pression...289
   D. L'intégration économique européenne 290
II. Articles..293
   A. Articles en langue française (par ordre chronologique)............... 293
   B. Articles en langue allemande (par ordre chronologique)............. 295
   C. Articles en langue anglaise (par ordre chronologique) 297

Sources...299

I. Archives privées d'organisations patronales.....................................299
   A. Archives françaises..299
      1. Rapports
      2. Archives du Conseil National du Patronat Français (Centre des archives du monde du travail, Roubaix)
   B. Archives allemandes..299
      1. Au Bundesarchiv (Coblence)
      2. Au siège du Bundesverband der Deutschen Industrie (Cologne)
      3. Rheinisch-Westfälisches Wirtschaftsarchiv zu Köln : documents de la Chambre de Commerce et d'Industrie de Cologne et du DIHT

II. Autres archives privées 300
III. Archives nationales 300
A. Archives françaises 300
1. ministère des Finances, Service des Archives économiques et financières (Paris)
2. ministère des Affaires étrangères (Paris)
3. ministère de l'Industrie et du Commerce (Fontainebleau)
4. Secrétariat Général du Comité interministériel pour les questions de CEE
B. Archives allemandes 301
1. Bundesarchiv (Coblence)
2. Handelspolitisches Archiv des Auswärtigen Amtes (Bonn)
C. Archives Historiques des Communautés Européennes (Florence) 301

Index 303

Ouvrages parus

EUROCLIO - Ouvrages parus

* *L'Europe du Patronat. De la guerre froide aux années soixante.* Textes réunis par Michel DUMOULIN, René GIRAULT, Gilbert TRAUSCH. (Études et documents. 1993)
* La Ligue Européenne de Coopération Economique (1946-1981). Un groupe d'étude et de pression dans la construction européenne. *Michel Dumoulin, Anne-Myriam Dutrieue.* (Études et documents. 1993)
* *Naissance et développement de l'information européenne.* Textes réunis par Felice DASSETTO, Michel DUMOULIN. (Études et documents. 1993)
* L'énergie nucléaire en Europe. Des origines à Euratom. Textes réunis par Michel DUMOULIN, Pierre GUILLEN, Maurice VAISSE. (Études et documents. *1994)*
* *Histoire des constructions européennes au XXe siècle. Bibliographie thématique commentée des travaux français.* Gérard BOSSUAT. (Références. 1994)
* *Péripéties franco-allemandes. Du milieu du XIXe siècle aux années 1950. Recueil d'articles.* Raymond POIDEVIN (Études et documents. 1995)
* L'Europe en quête de ses symboles. *Carole Lager* (Études et documents. 1995)
* *France, Allemagne et «Europe verte».* Gilbert NOËL (Études et documents. 1995)
* *La France et l'intégration européenne. Essai d'historiographie.* Pierre GERBET (Références. 1995)
* *Dynamiques et transitions en Europe. Approche pluridisciplinaire.* Sous la direction de Claude TAPIA (Études et documents. 1997)
* *Le rôle des guerres dans la mémoire des Européens. Leur effet sur leur conscience d'être européen.* Textes réunis par Antoine FLEURY et Robert FRANK (Études et documents. 1997)

* *Jalons pour une histoire du Conseil de l'Europe. Actes du Colloque de Strasbourg (8-10 juin 1995).* Textes réunis par Marie-Thérèse BITSCH. (Études et documents. 1997)
* *L'agricoltura italiana e l'integrazione europea.* Giuliana LASCHI (Études et documents. 1999)
* *Le Conseil de l'Europe et l'agriculture. Idéalisme politique européen et réalisme économique national (1949-1957).* Gilbert NOËL (Études et documents. 1999)
* *La Communauté Européenne de Défense, leçons pour demain ? The European Defence Community, Lessons for the Future?* Michel DUMOULIN (ed.) (Études et documents. 2000)
* *Naissance des mouvements européens en Belgique (1946-1950).* Nathalie TORDEURS (Études et documents. 2000)
* *Le Collège d'Europe à l'ère des pionniers (1950-1960).* Caroline VERMEULEN (Études et documents. 2000)
* *The "Unacceptables". American Foundations and Refugee Scholars between the Two Wars and after.* Giuliana GEMELLI (ed.) (Études et documents. 2000)
* *1848. Memory and Oblivion in Europe.* Charlotte TACKE (ed.) (Études et documents. 2000)
* *États-Unis, Europe et Union européenne. Histoire et avenir d'un partenariat difficile (1945-1999) – The United States, Europe and the European Union. Uneasy Partnership (1945-1999).* Gérard BOSSUAT & Nicolas VAICBOURDT (eds.) (Études et documents. 2001)
* *Visions et projets belges pour l'Europe. De la Belle Époque aux Traités de Rome (1900-1957).* Geneviève DUCHENNE (Études et documents. 2001)
* *L'ouverture des frontières européennes dans les années 50. Fruit d'une concertation avec les industriels ?* Marine MOGUEN-TOURSEL (Études et documents. 2001)

Les neufs volumes de la collection HISTOIRE DE LA CONSTRUCTION EUROPÉENNE, à l'origine de la création de la présente collection EUROCLIO, sont disponibles auprès des Éditions Artel (Namur) ou de leurs diffuseurs.

Ouvrages parus

* *La construction européenne en Belgique (1945-1957). Aperçu des sources.* Michel DUMOULIN. (1988)

* *Robert Triffin, le C.A.E.U.E. de Jean Monnet et les questions monétaires européennes (1969-1974). Inventaire des Papiers Triffin.* Michel DUMOULIN. (1988)

* *Benelux 1946-1986. Inventaire des archives du Secrétariat Général de Benelux.* Thierry GROSBOIS. (1988)

* *Jean Monnet et les débuts de la fonction publique européenne. La haute autorité de la CECA (1952-1953).* Yves CONRAD. (1989)

* *D'Alger à Rome (1943-1957). Choix de documents.* Gérard BOSSUAT. (1989)

* *La Guerre d'Algérie (1954-1962). Biblio- et filmographie.* Denix LUXEN. (1989)

* *Le patronat belge face au plan Schuman (9 mai 1950 - 5 février 1952).* Elisabeth DEVOS. (1989)

* *Mouvements et politiques migratoires en Europe depuis 1945.* Michel DUMOULIN. (1989)

* *Benelux, «laboratoire» de l'Europe. Témoignage de Jean-Charles Snoy et D'Oppuers.* Thierry GROSBOIS. (1990)

Réseau européen Euroclio

Répertoire permanent des sources et de la bibliographie relatives à l'histoire de la construction européenne

Coordination:

Collège Erasme, 1, place Blaise-Pascal,
B-1348 Louvain-la-Neuve

Allemagne :

Prof. Dr. Wilfried Loth
Dr. August Hermann Leugers-Scherzberg

Belgique :

Jocelyne Collonval
Yves Conrad
Pascal Deloge
Anne de Smedt
Prof. Michel Dumoulin
Anne-Myriam Dutrieue
Thierry Grosbois
Bernard Hemblenne
Thierry Mommens
Yves Stelandre
Nathalie Tordeurs
Prof. Leen van Molle

France :

Prof. Marie-Thérèse Bitsch
Prof. Raymond Poidevin
Bruno Leuvrey
Prof. Gérard Bossuat
Prof. Philippe Mioche

Italie :

Dr. ssa Elena Calandri
Dr. ssa Marinella Neri Gualdesi
Prof. Antonio Varsori

Luxembourg :

Charles Barthel
Jean-Marie Majerus
Martine Nies-Berchem
Prof. Gilbert Trausch
Edmée Schirz

Pays-Bas :

Dr. Anjo Harryvan
Dr. Bert Zeemann

Suisse :

Prof. Antoine Fleury
Lubor Jilek

FSC
www.fsc.org
MIX
Papier | Fördert
gute Waldnutzung
FSC® C083411

Kolibri 360 GmbH
Ferdinand-Jühlke-Straße 7
99095 Erfurt, Deutschland
produktsicherheit@kolibri360.de